Nicky Gumbel

Fragen an das Leben

Eine praktische Einführung
in den christlichen Glauben

Über den Autor

Nicky Gumbel studierte Jura und Theologie in Oxford und Cambridge und war danach sechs Jahre als Rechtsanwalt tätig, bevor er als Pfarrer der anglikanischen Kirche *Holy Trinity Brompton* in London ordiniert wurde. Seit 1990 verantwortet und koordiniert er Alpha, an dem weltweit bisher schon viele Millionen Menschen teilnahmen. Alpha gilt damit auch als der meistverbreitete Glaubenskurs der Welt.

Da er selbst nicht aus einem christlichen Elternhaus stammt und erst während seines ersten Jahres an der Universität zum Glauben kam, weiß er natürlich sehr genau, was die Menschen bewegt. Er spricht regelmäßig auf nationalen und internationalen Alpha-Konferenzen und ist Autor einiger Bücher, die sich mit den grundlegenden Fragen des Lebens befassen.

www.alphakurs.de
www.alphalive.ch
www.alpha.at

Nicky Gumbel

Fragen
an das
Leben

Aus dem Englischen von
Manfred Schmidt und Jokim Schnöbbe

„Alpha" wird in der Schweiz unter dem Markennamen „Alphalive" geführt.

Die englische Originalausgabe erschien bei
Alpha International, Holy Trinity Brompton, Brompton Road, London SW7 1JA,
United Kingdom, unter dem Titel „Questions of Life".
© 2010 by Alpha International
© 2010 der überarbeiteten und erweiterten deutschen Ausgabe
by Gerth Medien in der SCM Verlagsgruppe GmbH,
Berliner Ring 62, 35576 Wetzlar

Sofern nicht anders vermerkt, wurden die Bibelzitate der Einheitsübersetzung
(1980) entnommen; in Ausnahmefällen wurden sie an den Luthertext (1984)
oder das englische Original (New International Version) angeglichen.

6. Auflage 2025
Bestell-Nr. 817286
ISBN 978-3-95734-286-7

Umschlaggestaltung: Alpha International
Lektorat und Satz: Nicole Schol
Druck und Verarbeitung: GGP Media GmbH, Pößneck
Printed in Germany

www.gerth.de

Inhalt

Geleitwort

Jesus Christus hat Sturm geklingelt ...

„Ja, Gott hat niemals Sein Auge von mir abgewandt. Ich kann gerne bestätigen, was in Psalm 91 steht: ‚Er hat seinen Engeln befohlen, dass sie dich behüten auf allen deinen Wegen.' Jetzt hat sich aber mein geliebter Jesus Christus gemeldet; Er hat Sturm bei mir geklingelt. Er ist doch mein ältester und mein liebster Bruder, mein bester und treuester Freund, mein Ein und mein Alles – wie soll ich Ihm die Tür etwa nicht aufmachen?" Diese – zugegebenermaßen etwas ungewöhnlichen – Zeilen stammen nicht von einem bieder-frommen Zeitgenossen, sie sind kein Tagebucheintrag eines klösterlichen Menschen. Diese Zeilen stammen von Nina Hagen[1], für die die Adjektive „schrill", „grell" und „schräg" überhaupt erst erfunden werden mussten. Eine der begabtesten und wildesten Gestalten der Popszene hat sich taufen lassen. So ist das: Menschen, bei denen man es nicht unbedingt erwartet, entdecken Gott. Allerdings würde Nina Hagen es genau anders herum sagen: Gott hat sie entdeckt und „Sturm geklingelt". Da wurde etwas wach und brachte sich zu Gehör, ließ nicht mehr los und wurde zu der großen Entdeckung eines neuen Lebens. Gott, nicht als fernes „Sittengesetz", nicht als stummes Schicksal, nicht als ferner, guter Lenker hinterm Sternenzelt. Gott, nah, voller Wärme, Zuneigung und zum größten Erstaunen gerade an mir interessiert, auf der Suche nach Kontakt mit mir, voller Sehnsucht, mich zu beschenken und mein Vertrauen zu erringen. Manchmal scheint es, als habe sich die Frage nach Gott erledigt und werde nur noch von einer kleinen Minderheit gestellt, die als aussterbende Art unter besonderen Schutz gestellt werden müsste. Dann wieder wird deutlich: Die Menschheit wird diese Frage nicht los. Wie Nina Hagen glaube ich: Sie wird diese Frage nicht los, weil Gott uns nicht loslässt und weil wir auch in tiefster Dunkelheit Gott nicht loswerden.

Alpha – eine Entdeckungstour für Suchende, Zweifler und religiös eigentlich Unmusikalische

Wir können die Frage nach Gott zulassen und eigene Entdeckungen machen. Die Gedanken von Nicky Gumbel über „Fragen an das Leben" sind eine kluge und humorvolle Einführung in den christlichen Glauben. Wer Argumente liebt und britischen Humor, wer endlich Klarheit gewinnen möchte über Gott und das eigene Leben, wer von dieser merkwürdigen Sehnsucht nach Ewigkeit nicht loskommt und wer einen Zugang zur Bibel sucht, der hat zum richtigen Buch gegriffen. Nicht über alles und jedes, aber über die Kernfragen des Glaubens bekommt der Leser Auskunft. Und diese Auskunft hat immer mit dem zu tun, was denn passiert, wenn Menschen das „Klingeln" Gottes hören und ihre Tür für ihn öffnen. Noch besser ist es, die Lektüre mit Alpha zu verbinden, einem Gesprächsangebot, das viele christliche Gemeinden im Land organisieren. Kurse zum Glauben sind zurzeit „in": Christliche Gemeinden unterschiedlicher Konfessionen schaffen im ganzen Land Gelegenheiten für Erwachsene, sich noch einmal oder erstmals gründliche Informationen über den christlichen Glauben zu verschaffen, um eine begründete Entscheidung treffen zu können, ob dieser Glaube zu ihrem Leben passt oder nicht. Auf der ganzen Welt machen Menschen die Erfahrung, dass ihnen auch Alpha auf ihrer Suche hilft. Vielleicht führt die Lektüre oder aber das Gespräch mit ganz normalen Christen in einem Alpha-Treffen sogar zu einer überraschenden Entdeckung. Gott könnte sich selbst melden, sei es, dass er Sturm klingelt oder (wie es auch seine Art ist) leise anklopft.

Prof. Dr. Michael Herbst, Greifswald

[1] Nina Hagen: „Bekenntnisse". München 2010, S. 269.

Vorwort

Als vor 16 Jahren die erste Auflage des Buches „Fragen an das Leben" erschien, gab es nur eine Handvoll Alpha-Kurse. Inzwischen haben weltweit 14 Millionen Menschen in 163 Ländern an einem Alpha-Kurs teilgenommen.

Ein Großteil davon ist der Hingabe, Flexibilität und harten Arbeit von Nicky Gumbel zu verdanken. Doch er wäre der Erste, der noch einen weiteren maßgeblichen Faktor hervorheben würde: Der Geist Gottes scheint sich des Kurses angenommen und ihm Wind in die Segel geblasen zu haben.

Im Mittelpunkt dieses Phänomens steht das Buch „Fragen an das Leben". Als Alpha-Kurs in Buchform ist es zu einem internationalen Bestseller avanciert, durch den Tausende zum ersten Mal mit Jesus Christus in Berührung gekommen sind.

In dem Buch gibt Nicky einige Antworten auf den Hunger und die wachsende Hoffnung im Herzen der Menschen, dass es eine zeitgemäße Antwort auf die zeitlose Frage geben muss: „Was ist Wahrheit und wie und wo kann ich sie finden?"

„Fragen an das Leben" bleibt ein einfühlsam geschriebenes, faszinierendes und außerordentlich lesenswertes Buch für Menschen, die Jesus Christus näher kennenlernen wollen – nach wie vor eine der lohnendsten Bekanntschaften, die wir in unserem Leben machen können. Nicky Gumbels intelligenter und solider Ansatz sorgt dafür, dass die Suche nach der Wahrheit nicht nur unser Herz, sondern auch unseren Verstand in Beschlag nimmt.

Ich kann dieses wichtige Buch weiterhin nur wärmstens empfehlen.

Sandy Millar

Einleitung

Heutzutage ist das Interesse am christlichen Glauben, insbesondere an der Person Jesus, neu entfacht. Mehr als 2.000 Jahre sind seit seiner Geburt vergangen und inzwischen hat er mehr als zwei Milliarden Anhänger. Verständlicherweise sind Christen von ihrem Glaubensgründer und dem Herrn ihres Lebens fasziniert, doch nun blüht auch unter Kirchenfernen wieder neues Interesse auf. Viele Leute stellen Fragen über Jesus: „War er nur ein Mensch oder ist er der Sohn Gottes?", oder: „Wenn er der Sohn Gottes ist, welche Folgen hat das dann für unseren Alltag?"

Dieses Buch möchte einige Schlüsselfragen beantworten, die sich mit dem Kern des christlichen Glaubens befassen.

Es basiert auf dem Alpha-Kurs, der für Menschen konzipiert wurde, die entweder gar nicht zur Kirche gehen, die gerne mehr über das Christentum erfahren wollen oder erst vor Kurzem zum Glauben an Jesus Christus gefunden haben. Zu unserem eigenen Erstaunen ist Alpha auf 40.000 Kurse in aller Welt angewachsen. Millionen von Frauen und Männern kamen mit all ihren Fragen in die Kurse und sind fündig geworden. Sie haben für sich erkannt, dass Gott ihr Vater ist, sie haben Jesus Christus als ihren Herrn und

Erlöser angenommen und den Heiligen Geist als ihren inneren Beistand.

Ich möchte meinen Dank an jeden richten, der die Manuskripte gelesen und konstruktive Kritik geübt hat, sowie an Cressida Inglis-Jones. Sie hat das ursprüngliche Manuskript und alle Überarbeitungen schnell, effizient und mit viel Geduld abgetippt.

Nicky Gumbel

Kapitel 1

Hat das Leben mehr zu bieten?

Viele Jahre lang hatte ich am christlichen Glauben drei Dinge auszusetzen: Erstens hielt ich ihn für langweilig. Die Andachten in der Schule fand ich äußerst eintönig. Ich hatte großes Verständnis für Robert Louis Stevenson, der einmal als außergewöhnliches Ereignis in seinem Tagebuch vermerkte: „Heute war ich in der Kirche und bin nicht deprimiert." Mein Eindruck war, dass der christliche Glaube eintönig und fade sei.

Zweitens schien er mir nicht der Wahrheit zu entsprechen. Ich hatte intellektuelle Einwände gegen den christlichen Glauben. Anmaßend, wie ich war, bezeichnete ich mich als einen „logischen Deterministen". Mit 14 Jahren schrieb ich im Religionsunterricht einen Aufsatz, in dem ich versuchte, das ganze Christentum mitsamt der Existenz Gottes zu widerlegen. Zu meiner Überraschung wurde ich dafür für den Schulpreis in Religion nominiert! Ich hatte schlagende Argumente gegen den christlichen Glauben und genoss es, mit Christen zu diskutieren, denn ich fühlte mich ihnen intellektuell überlegen.

Drittens hielt ich das Christentum für unwichtig. Ich konnte einfach nicht einsehen, warum ein Ereignis, das vor 2.000 Jahren 2.000 Meilen entfernt geschehen war, für mein Leben noch von Belang sein sollte. Wir sangen damals oft das beliebte Kirchenlied „Jerusalem", in dem es heißt: „Und schritten diese Füße je auf Englands Bergen so grün?" Wir kannten natürlich alle die Antwort auf diese Frage: „Natürlich nicht!" Das Christentum erschien mir für mein Leben vollkommen unwichtig.

Im Nachhinein ist mir klar, dass dies zum Teil meine eigene Schuld war, weil ich mir nie die Mühe gemacht hatte, wirklich zuzuhören. Ich wusste in Wirklichkeit absolut nichts über den christlichen Glauben. In unserer heutigen säkularisierten Gesellschaft gibt es viele Menschen, die nicht viel über Jesus Christus, sein Wirken oder das Christentum wissen. Ein Krankenhausgeistlicher schrieb einmal alle Antworten auf, die er auf die Frage erhielt: „Wünschen Sie das heilige Abendmahl?" Hier ein paar Beispiele:

„Nein, danke, ich bin Anglikaner."

„Nein, danke, ich wollte eigentlich Cornflakes!"

„Nein, danke, ich bin nicht beschnitten!"[1]

Heute ist mir bewusst, dass ich damals nicht nur wenig über den christlichen Glauben wusste, sondern dass mir ganz grundsätzlich etwas im Leben fehlte.

In seinem Buch „Hoffnung wagen" berichtet der amerikanische Präsident Barack Obama über seine eigene Entscheidung für den christlichen Glauben und schreibt dabei über den Hunger im Herzen eines jeden Menschen:

Jeden Tag, so scheint es, absolvieren die Amerikaner ihr Routineprogramm: die Kinder zur Schule bringen, ins Büro fahren, zu einem Geschäftstermin fliegen, einkaufen im Supermarkt, versuchen, die letzte Diät durchzuhalten. Und irgendwann erkennen sie, dass etwas fehlt. Sie kommen zu dem Schluss, dass ihre Arbeit, ihr Besitz, ihre Unterhaltungen, ihr dauerndes Beschäftigtsein nicht genug sind. Sie wollen ein Ziel haben, einen Rahmen für ihr Leben, etwas, das gegen eine chronische Einsamkeit hilft oder sie aus der öden Tretmühle des Alltags herausholt. Sie möchten, dass jemand Anteil an ihrem Leben nimmt und ihnen zuhört. Sie streben nach der Gewissheit, dass ihr Leben nicht nur eine lange Reise ins Nichts ist."[2]

Die Menschen wurden dazu erschaffen, in einer Beziehung zu Gott zu leben. Ohne diese Beziehung wird immer ein Hunger bestehen, eine Leere, ein Gefühl, dass etwas fehlt. Bernard Levin, der vielleicht größte englische Kolumnist unserer Generation, schrieb einmal einen Artikel mit der Überschrift: „Das Leben, ein großes Rätsel – und keiner hat Zeit, der Sache auf den Grund zu gehen." Darin äußerte er die Befürchtung, trotz seiner außerordentlich erfolgreichen zwanzigjährigen Karriere als Kolumnist „die Wirklichkeit bei der Jagd auf Träume" vergeudet zu haben. Er schrieb:

„Um es frei heraus zu sagen: Habe ich Zeit zu entdecken, warum ich geboren wurde, bevor ich sterbe? [...] Bisher ist es mir noch nicht gelungen, diese Frage zu beantworten. Und egal, wie viele Jahre ich noch vor mir habe, es sind mit Sicherheit weniger, als ich hinter mir habe. Offensichtlich besteht die Gefahr, dass man diese Frage aufschiebt, bis es zu spät ist. [...] Weshalb muss ich denn wissen, warum ich geboren wurde? Weil ich einfach nicht glauben kann, dass es ein Zufall war! Wenn es aber keiner war, dann muss ein Sinn dahinterstecken!"[3]

Er ist kein Christ. Kürzlich hat er geschrieben: „Zum vierzehntausendsten Mal: Ich bin kein Christ." Dennoch scheint er nur zu gut zu wissen, wie unzulänglich die üblichen Antworten auf die Frage nach dem Sinn des Lebens sind. Vor einigen Jahren schrieb er:

„Länder wie das unsere sind voller Menschen, die alle materiellen Annehmlichkeiten haben, die sie sich nur wünschen können. Zudem haben sie nichtmaterielle Güter wie eine glückliche Familie, und dennoch leben sie in einer stillen, manchmal dennoch lautstarken Verzweiflung. Sie sehen nur das eine: dass in ihrem Inneren ein Loch ist. Egal, wie viel Essen und Getränke sie auch hineinstopfen, egal, wie viele Autos und Fernseher, wie viele wohlerzogene Kinder und echte Freunde sie drum herum aufmarschieren lassen: Der Schmerz bleibt."[4]

Jesus hat einmal gesagt: „Ich bin der Weg und die Wahrheit und das Leben" (Johannes 14,6). Die Schlussfolgerungen dieser Aussage sind im 21. Jahrhundert noch genauso verblüffend, wie sie es im 1. Jahrhundert waren.

Wegweiser für eine verlorene Welt

Zunächst sagte Jesus: „Ich bin der Weg." Bekannte von mir hatten früher, als ihre Kinder noch klein waren, eine Zeit lang ein schwedisches Kindermädchen.

Sie kämpfte mit der englischen Sprache und war noch nicht mit allen Redewendungen vertraut. Einmal fingen die Kinder in ihrem Schlafzimmer an zu streiten. Das Kindermädchen eilte nach oben, um den Streit zu schlichten. Eigentlich wollte sie sagen: „Was um alles in der Welt macht ihr hier?" Stattdessen sagte sie jedoch: „Was macht ihr auf der Welt?" Das ist wirklich eine gute Frage: „Was machen wir auf der Welt?"

Leo Tolstoi, der Autor von „Krieg und Frieden" und „Anna Karenina", schrieb 1879 ein Buch mit dem Titel „Meine Beichte", in dem er seine Suche nach dem Sinn des Lebens schildert: Als Kind hatte er sich vom Christentum abgewandt. Er verließ die Universität mit der Absicht, das Leben in vollen Zügen zu genießen. Er schloss sich den gesellschaftlichen Kreisen von Moskau und St. Petersburg an, trank viel, hatte viele Frauen, frönte dem Glücksspiel und führte ein ausschweifendes Leben. Doch all das befriedigte ihn nicht.

Dann wurde Geld sein Lebensinhalt. Er hatte viel geerbt und verdiente mit seinen Büchern viel Geld. Aber er war immer noch nicht zufrieden. So strebte er nach Erfolg, Ruhm und Einfluss. Auch das erreichte er. Eines seiner Bücher wird in der „Encyclopaedia Britannica" als „einer der zwei oder drei besten Romane der Weltliteratur" eingestuft. Trotz allem ließ ihn die Frage nicht los: „Nun gut – was soll's?" Eine Antwort darauf hatte er nicht.

Dann richtete er seinen Ehrgeiz auf seine Familie, der er das bestmögliche Leben bieten wollte. 1862 hatte er eine freundliche, liebevolle Frau geheiratet, mit der er 13 Kinder hatte (die ihn nach eigener Aussage gründlich von der Suche nach dem Sinn des

Lebens abhielten!). Sämtliche Ziele, die er sich gesteckt hatte, waren erreicht; sein Glück war scheinbar vollkommen. Und dennoch trieb ihn diese eine Frage an den Rand des Selbstmords: „Gibt es einen Sinn in meinem Leben, der nicht durch die Unvermeidlichkeit meines Todes zunichte wird?"

Überall in Wissenschaft und Philosophie suchte er die Antwort auf die Frage: „Warum lebe ich?" Die einzige Antwort, die er finden konnte, lautete: „Raum und Zeit sind unendlich und darin verändern sich unendlich kleine Teile mit einer unendlichen Komplexität." Wenn er sich unter seinen Zeitgenossen umsah, stellte er fest, dass sich nur wenige überhaupt mit den Grundfragen des Lebens beschäftigten: „Woher komme ich?", „Wohin gehe ich?", „Wer bin ich?", „Worum geht es im Leben?" Schließlich entdeckte er, dass die einfachen Bauern Russlands diese Fragen aufgrund ihres christlichen Glaubens beantworten konnten. Er erkannte, dass die Antwort nur in Jesus Christus zu finden ist. Nach seiner Entscheidung für Jesus schrieb Tolstoi, er sei durch seine Lebenserfahrung „zur unvermeidlichen Schlussfolgerung" gekommen, dass das Leben „nur durch den Glauben einen Sinn bekommt".[5]

Über ein Jahrhundert später hat sich daran nichts geändert. Freddie Mercury, der Leadsänger der Rockgruppe „Queen", der Ende 1991 starb, schrieb in einem seiner letzten Songs auf dem Album „The Miracle": „Weiß irgendjemand, wofür wir leben?" Trotz des riesigen Vermögens, das er angehäuft hatte, und den Tausenden von Fans, die ihm huldigten, gab er kurz vor seinem Tod in einem Interview zu, dass er entsetzlich einsam war. Er sagte: „Das Bitterste ist, dass du alles auf der Welt haben kannst und doch der einsamste Mensch bist. Der Erfolg hat mich zum Idol gemacht und mir Millionen Pfund eingebracht, aber er hat mir das eine vorenthalten, was wir alle brauchen: eine dauerhafte, liebevolle Beziehung."

Mit seiner Behauptung, dass wir alle eine „liebevolle Beziehung" brauchen, hatte er recht. Trotzdem kann uns keine zwischenmenschliche Beziehung restlos zufriedenstellen. Ebenso wenig kann sie wirklich von Dauer sein. Irgendetwas fehlt immer. Der Grund dafür ist, dass wir alle für ein Leben in der Beziehung zu Gott erschaffen wurden. Jesus sagte: „Ich bin der Weg." Er ist der Einzige, der uns eine Beziehung zu Gott schenken kann, die bis in die Ewigkeit hinein Bestand hat.

In meiner Kindheit hatten wir zu Hause einen alten Schwarz-Weiß-Fernseher. Der Empfang war immer schlecht, das Bild war unscharf und voller Streifen. Wir waren aber recht zufrieden mit dem Gerät, da wir es ja nicht anders kannten. Eines Tages erfuhren wir, dass man eine Dachantenne braucht, um das Bild zu verbessern! Plötzlich empfingen wir klare, deutliche Bilder. Unser Fernsehgenuss bekam eine neue Dimension. Ein Leben ohne eine Beziehung zu Gott durch Jesus Christus ist wie ein Fernsehgerät ohne Antenne. Manche Menschen scheinen glücklich zu sein, weil sie nicht wissen, dass es etwas Besseres gibt. Wenn wir aber einmal erlebt haben, wie die Beziehung zu Gott aussieht, dann wird uns klar, was der Sinn des Lebens ist. Wir erkennen Dinge, die uns nie zuvor bewusst waren; es wäre dumm, wenn wir zu unserem alten Leben zurückkehren wollten. Wir verstehen jetzt, warum wir erschaffen wurden.

Wirklichkeit in einer konfusen Welt

Des Weiteren sagte Jesus: „Ich bin die Wahrheit." Manche sagen: „Es ist egal, was man glaubt, solange man dabei sich selbst treu bleibt." Aber man kann sich selbst treu bleiben und zutiefst unrecht haben, wie man am Beispiel von Adolf Hitler sieht. Seine Ansichten brachten Millionen den Tod. Auch der berüchtigte Serienmörder von Yorkshire glaubte, Gottes Willen zu tun, als er Prostituierte ermordete. Er hatte Unrecht und blieb sich dabei doch selbst treu. Sein Handeln wurzelte in seiner Überzeugung. Diese Beispiele sind extrem, doch sie machen deutlich, dass es von enormer Bedeutung ist, was wir inhaltlich glauben, denn unsere Überzeugungen bestimmen unser Leben.

Eine andere Reaktion könnte sein: „Für dich mag das gut sein, aber für mich ist das nichts." Diese Haltung ist unlogisch. Wenn der christliche Glaube wahr ist, dann ist er für jeden von uns von größter Bedeutung. Ist er nicht wahr, dann leben Christen in einer Illusion, und das ist alles andere als „gut für uns"; es ist tragisch, und je eher wir davon loskommen, desto besser. Der Schriftsteller und Geisteswissenschaftler C. S. Lewis drückte es folgendermaßen aus: „Der christliche Glaube ist eine Aussage, die völlig bedeutungslos ist, wenn sie falsch ist; ist sie aber wahr, dann hat sie eine unendliche Bedeutung. Eines aber kann sie nicht sein: halbwegs wichtig."[6]

Ist der christliche Glaube wahr? Gibt es dafür Beweise? Jesus sagte: „Ich bin die Wahrheit." Lässt sich diese Aussage begründen? Auf diese Fragen werden wir später in diesem Buch noch genauer zurückkommen. Die Auferstehung Jesu Christi ist der Dreh- und Angelpunkt des Christentums, und dafür gibt es zahlreiche Beweise, die wir im nächsten Kapitel behandeln werden.

Ich war mir überhaupt nicht bewusst, wie stark der Lauf der Geschichte von Menschen beeinflusst worden ist, die wirklich daran glaubten, dass Jesus „die Wahrheit" ist. Lord Denning, der in weiten Kreisen als einer der bedeutendsten Juristen des 20. Jahrhunderts gilt, war fast 40 Jahre lang Präses der Christlichen Juristengemeinschaft. Er hatte seine legendäre Analysefähigkeit auf die historischen Befunde bezüglich der Geburt, dem Tod und der Auferstehung Jesu angewandt und war zu dem Schluss gelangt, dass der christliche Glaube Hand und Fuß hat.

Genauso wenig hatte ich zu würdigen gewusst, dass einige der anspruchsvollsten westlichen Philosophen – Aquin, Locke, Pascal, Leibniz, Kant – überzeugte Christen waren. Selbst Charles Taylor und Alasdair MacIntyre, zwei der einflussreichsten Philosophen der heutigen Zeit, haben einen Großteil ihres Werks in ihrer Hingabe an Jesus Christus verankert.

Auch hatte ich verkannt, wie viele Pioniere der modernen Wissenschaft gläubige Christen gewesen sind: Galileo, Kopernikus, Kepler, Newton, Mendel, Pasteur und Maxwell. Das trifft auch heute noch auf führende Wissenschaftler zu. Francis Collins war der Leiter des Humangenomprojekts und einer der angesehensten Genetiker auf der Welt. Im Juli 2009 wurde er vom amerikanischen Präsidenten Obama zum Direktor der Nationalen Gesundheitsbehörde berufen. In dieser Eigenschaft ist er für 18.000 Mitarbeiter verantwortlich. Er berichtet von einer Bergwanderung, bei der er so von der Schönheit der Schöpfung überwältigt war, dass er, wie er es ausdrückt, „beim Sonnenaufgang im taubenetzten Gras niederkniete" und sich „Jesus Christus auslieferte".[7]

Diese Worte weisen darauf hin, dass Jesus, wenn er sagt: „Ich bin die Wahrheit", damit mehr meint als eine rein intellektuelle Wahrheit. Das biblische Konzept von Wahrheit umschließt auch das Tun und die Erfahrung der Wahrheit. Es geht um mehr als um eine bloße gedankliche Zustimmung zur Wahrheit des christlichen Glaubens. Es geht darum, Jesus Christus zu kennen, der selbst die Wahrheit ist.

Angenommen, ich hätte ein Buch über meine Frau Pippa gelesen, bevor ich sie persönlich kennengelernt hätte. Nach der Lektüre hätte ich gedacht: *Das klingt nach einer wunderbaren Frau. Diese Frau möchte ich heiraten.* Es lägen Welten zwischen meiner damaligen Auffassung – der gedanklichen Überzeugung, dass sie wunderbar ist – und meiner jetzigen Auffassung, wo ich aus der Erfahrung vieler Ehejahre sagen kann: „Ich weiß, dass sie ein wunderbarer Mensch ist." Wenn ein gläubiger Christ sagt: „Ich weiß, dass Jesus die Wahrheit ist", meint er damit nicht nur das intellektuelle Wissen darum, sondern seine persönliche Erfahrung dieser Tatsache. Wenn wir in eine Beziehung zu dem eintreten, der die Wahrheit selbst ist, dann ändert sich unsere Wahrnehmung, und wir beginnen, die Wahrheit über die Welt zu verstehen, in der wir leben.

Drittens sagte Jesus: „Ich bin das Leben." Christen glauben, dass wir nach Gottes Bild erschaffen wurden; deshalb tragen alle Menschen etwas Edles in sich. Diese Überzeugung war die treibende Kraft hinter dem Streben vieler großer Sozialreformer, von William Wilberforce bis Martin Luther King und Desmond Tutu. Doch diese Medaille hat auch eine Kehrseite.

"Gottes Ebenbild? ... an einem schlechten Tag."

Der russische Schriftsteller und Nobelpreisträger Alexander Solschenizyn schrieb: „Allmählich wurde mir offenbar, dass die Grenze, die Gut und Böse trennt, nicht zwischen Staaten, nicht zwischen Klassen und nicht zwischen Parteien verläuft, sondern quer durch jedes Menschenherz."[8]

Ich hatte mich immer für einen „anständigen" Menschen gehalten, weil ich weder Banken ausgeraubt noch sonstige schwere Verbrechen begangen hatte. Erst als ich mein Leben im Licht des Lebens Christi sah, wurde mir klar, wie viel im Argen lag.

Wir alle sind auf Vergebung angewiesen; und die finden wir nur bei Jesus Christus. Die Humanistin Margharita Laski machte bei einer Fernsehdiskussion mit einem Christen ein überraschendes Eingeständnis. Sie sagte: „Worum ich Sie als Christen am meisten beneide, ist die Vergebung." Dann fügte sie ziemlich kleinlaut hinzu: „Ich habe niemanden, der mir vergeben könnte."[9]

Als Jesus für uns ans Kreuz geschlagen wurde, bezahlte er damit die Strafe für alles, was wir je getan haben. In Kapitel 3 werden wir dieses Thema näher beleuchten. Wir werden sehen, dass er starb, um unsere Schuld zu begleichen und uns von Abhängigkeiten, Angst und letztlich vom Verhängnis des Todes zu befreien.

Jesus ist jedoch nicht nur für uns gestorben, sondern auch von den Toten auferstanden. Durch diese Tat hat er den Tod besiegt. Jesus ist gekommen, um uns „ewiges Leben" zu bringen. „Ewig" meint im biblischen Sinne eine Qualität des Lebens, die aus einer persönlichen Beziehung zu Gott und Jesus Christus heraus erwächst (Johannes 17,3). Jesus versprach keinem Menschen ein leichtes Leben. Er versprach das Leben in Fülle (Johannes 10,10).

Der altgediente Rocker Alice Cooper gab der „Sunday Times" einmal ein Interview, das den Titel trug: „Alice Coopers dunkles Geheimnis – der 53-jährige Rocker ist Christ." In dem Interview beschreibt er seine Hinwendung zum Christentum. „Es war nicht leicht, Religion und Rockmusik unter einen Hut zu bekommen. Ich habe noch nie so etwas Rebellisches getan. Bier zu trinken ist leicht. Hotelzimmer zu demolieren ist leicht. Aber Christ sein, das hat's in sich. Das ist wahre Rebellion."[10]

Der Theologe und Philosoph Paul Tillich sah das menschliche Dasein von drei Ängsten bestimmt: der Angst vor der Sinnlosigkeit, der Angst vor dem Tod und der Angst vor der Schuld. Jesus Christus überwindet diese Ängste. Er ist für jeden Menschen von entscheidender Bedeutung, weil er „der Weg, die Wahrheit und das Leben" ist.[11]

"... und die Angst vor einem Leben ohne Schokolade ..."

Kapitel 2

Wer ist Jesus?

Viele Jahre lang interessierte ich mich überhaupt nicht für das Christentum. Mein Vater war zwar Jude, praktizierte seinen Glauben aber nicht, und auch meine Mutter ging selten zur Kirche. Ich war unsicher, was ich glauben sollte, und daher phasenweise Atheist und dann wieder Agnostiker. In der Schule haben wir uns zwar im Religionsunterricht mit der Bibel beschäftigt, zum Schluss lehnte ich jedoch alles ab, was damit zu tun hatte, und argumentierte gegen den christlichen Glauben. Eines Abends, am Valentinstag 1974, forderte mein bester Freund Nicky Lee meine Überzeugungen heraus. Ich war gerade von einer Party zurückgekommen, als Nicky und seine Freundin Sila vorbeikamen und mir erzählten, sie seien Christen geworden. Ich war entsetzt! Damals – in der Zeit zwischen Schulabschluss und Universität – hatte ich mir ein Jahr freigenommen. In dieser Zeit war ich mehreren Christen begegnet, und ich traute ihnen nicht über den Weg, vor allem, weil sie immer so viel lächelten.

Mir war klar, dass ich meinen Freunden helfen musste, also dachte ich mir, ich sollte das Thema einmal eingehend recherchieren. In meinem Regal stand zufällig noch eine eingestaubte Bibel, und so nahm ich sie an jenem Abend heraus und begann, darin zu lesen. Ich schaffte es ganz durch Matthäus, Markus, Lukas und halb durch das Johannesevangelium, bevor ich einschlief. Als ich aufwachte, las ich Johannes zu Ende und machte mit der Apostelgeschichte, dem Römerbrief sowie dem 1. und 2. Korintherbrief weiter. Ich war von dem, was ich las, völlig gefesselt. Ich hatte das Neue Testament früher schon einmal gelesen; da hatte es mir im Grunde nichts bedeutet. Dieses Mal wurde es jedoch lebendig und ich konnte es einfach nicht beiseitelegen. Es hatte etwas Authentisches an sich und sprach mich mit einer solchen Eindringlichkeit an, dass ich einfach auf das Gelesene reagieren musste.

Kurz darauf entschied ich mich für den Glauben an Jesus Christus.

Später studierte ich jedoch fast zehn Jahre lang Jura und arbeitete als Rechtsanwalt. Folglich spielten Beweise und Indizien für mich eine wichtige Rolle. Ein blinder Glaubenssprung kam für mich nicht infrage, aber ich war bereit, anhand von verlässlichen historischen Beweisen einen Glaubensschritt zu wagen. In diesem Kapitel möchte ich einige dieser Beweise und Indizien unter die Lupe nehmen.

Jemand erzählte mir, dass Jesus Christus in einem alten kommunistischen Lexikon aus der UdSSR als „mythische Gestalt, die nie existierte" bezeichnet wird. Kein ernst zu nehmender Historiker würde heute noch so etwas behaupten. Es gibt zahlreiche Beweise für die Existenz Jesu, und zwar nicht nur in den Evangelien und anderen christlichen Schriften, sondern auch in nichtbiblischen Quellen. So erwähnen ihn etwa die römischen Historiker Tacitus und Sueton. Der jüdische Geschichtsschreiber Flavius Josephus, der im Jahre 37 n. Chr. geboren wurde, schrieb Folgendes über Jesus und seine Nachfolger:

„Nun gab es um diese Zeit Jesus, einen weisen Menschen, wenn es denn recht ist, ihn einen Menschen zu nennen, denn er war ein Wundertäter und ein Lehrer für die, die die Wahrheit mit Freuden annehmen. Er gewann viele Juden und viele Heiden als Gefolgschaft."[12]

Es gibt also auch außerhalb des Neuen Testaments Belege für die Existenz Jesu. Zudem sind die Belege im Neuen Testament sehr überzeugend. Manchmal wird gefragt: „Das Neue Testament wurde vor langer Zeit geschrieben. Woher wissen wir, dass es nicht im Laufe der Jahre verändert wurde?" Nun, wir wissen sehr zuverlässig, was die Verfasser des Neuen Testaments niedergeschrieben haben – und zwar aufgrund der wissenschaftlichen Methode der Textkritik. Grundsätzlich gilt dabei: Je mehr alte Handschriften uns vorliegen, desto weniger Zweifel gibt es am Original.

Der inzwischen verstorbene Professor F. F. Bruce, ehemaliger Rylands-Professor für Neues Testament an der Universität Manchester, schrieb ein Buch mit dem Titel: *The New Testament Documents: Are they Reliable?* („Sind die neutestamentlichen Dokumente zuverlässig?"). Darin zeigt er auf, wie umfangreich und damit zuverlässig die neutestamentliche Textüberlieferung im Vergleich zu anderen antiken Dokumenten ist.[13] Die folgende Tabelle fasst die wesentlichen Fakten zusammen und macht den Umfang der neutestamentlichen Textüberlieferung deutlich.

Werk	Abfassungs-zeit	erste Handschrift	Zeitspanne (in Jahren)	Anzahl der Handschriften
Herodot	488–428 v. Chr.	900 n. Chr.	1.300	8
Thukydides	460–400 v. Chr.	ca. 900 n. Chr.	1.300	8
Tacitus	100 n. Chr.	1100 n. Chr.	1.000	20
Cäsar Gallischer Krieg	58–50 v. Chr.	900 n. Chr.	950	9–10
Livius Röm. Geschichte	59 v.–17 n. Chr.	900 n. Chr.	900	20
Neues Testament	40–100 n. Chr.	130/350* n. Chr.	300	mehr als 5.000 griechische, 10.000 lateinische und 9.300 andere Handschriften

* 130 n. Chr.: Teile einzelner Handschriften;
350 n. Chr.: alle Handschriften des Neuen Testaments komplett

Wie F. F. Bruce anmerkt, sind von Cäsars „Der Gallische Krieg" neun oder zehn Exemplare erhalten, von denen das älteste 950 Jahre nach Cäsars Tod geschrieben wurde. Von Livius' „Römische Geschichte" haben wir nicht mehr als 20 Exemplare, von denen das älteste ebenfalls etwa aus dem Jahr 900 n. Chr. stammt. Von den 14 Büchern der „Historien" des Tacitus sind nur 20 Exemplare erhalten; bei den 16 Büchern seiner

„Annalen" sieht es ähnlich aus. 10 Teile seiner beiden großen historischen Werke stützen sich ausschließlich auf zwei Manuskripte, das eine aus dem 9. Jahrhundert, das andere aus dem 11. Jahrhundert. Die Geschichte des Peloponnesischen Krieges von Thukydides kennen wir fast ausschließlich aus 8 Manuskripten aus der Zeit um 900 n. Chr. Das Gleiche gilt für die „Historien" des Herodot. Trotz der langen Zeitspannen zwischen Original und erhaltenen Abschriften und trotz der relativ geringen Zahl der Handschriften bezweifelt kein Altertumswissenschaftler die Echtheit dieser Werke.

Was das Neue Testament betrifft, liegt uns dagegen Material in Hülle und Fülle vor. Die Schriften des Neuen Testaments wurden wahrscheinlich zwischen 40 und 100 n. Chr. verfasst. Aus dem Jahr 350 n. Chr. haben wir bereits ausgezeichnete Abschriften des gesamten Neuen Testaments, was eine maximale Zeitspanne von lediglich 300 Jahren bedeutet. Zudem existieren schon aus dem 3. Jahrhundert Papyri, die die meisten Schriften des Neuen Testaments enthalten. Vom Johannesevangelium gibt es sogar ein Fragment, das von Wissenschaftlern auf 125 n. Chr. datiert wurde. Insgesamt gibt es über 5.000 griechische Handschriften, mehr als 10.000 lateinische sowie 9.300 weitere in anderen alten Sprachen. Darüber hinaus liegen uns über 36.000 Zitate in den Texten der frühen Kirchenväter vor. Einer der größten Textkritiker aller Zeiten, F. J. A. Hort, schrieb: „Was Vielfalt und Umfang der Belege anbelangt, steht der Text des Neuen Testaments absolut unangefochten und einzigartig da, weit vor allen anderen antiken Prosaschriften."[14]

Bruce fasst dies mit einem Zitat von Frederic Kenyon zusammen, einem der führenden Gelehrten auf diesem Gebiet:

„Die Zeitspanne zwischen der ursprünglichen Abfassung und den ältesten erhaltenen Manuskripten ist so gering, dass sie praktisch nicht erwähnenswert ist. Somit ist der letzte Zweifel hinfällig, ob die Schriften uns im Wesentlichen so überliefert wurden, wie sie geschrieben wurden. Authentizität wie grundsätzliche Integrität der Schriften des Neuen Testaments können damit als endgültig gesichert gelten."[15]

Die Existenz Jesu ist demnach sowohl durch Hinweise innerhalb wie außerhalb des Neuen Testaments belegt.[16] Aber wer ist er? Ich hörte den Filmregisseur Martin Scorsese in einem Fernsehinterview sagen, dass er mit seinem Film „Die letzte Versuchung Christi" zeigen wollte, dass Jesus ein Mensch war. Aber das ist heute gar nicht mehr das Problem. Heute zweifelt wohl kaum jemand daran, dass Jesus voll und ganz Mensch war. Er hatte einen menschlichen Körper, war müde (vgl. Johannes 4,6) und hungrig (vgl. Matthäus 4,2). Er empfand menschliche Emotionen: Zorn (vgl. Markus 11,15–17), Liebe (vgl. Markus 10,21) und Trauer (vgl. Johannes 11,35). Er erlebte, was alle Menschen erleben: Er war mit Versuchungen konfrontiert (vgl. Markus 1,13), er lernte (vgl. Lukas 2,52), er arbeitete (vgl. Markus 6,3) und er gehorchte seinen Eltern (vgl. Lukas 2,51).

Weitaus häufiger wird heute die Ansicht vertreten, Jesus sei zwar ein bedeutender religiöser Lehrer gewesen, allerdings *nur* ein Mensch. Der Kabarettist Billy Connolly hat sich zum Sprecher vieler gemacht, als er sagte: „An das Christentum kann ich nicht glauben, aber ich halte Jesus für einen großartigen Menschen." Welche Hinweise haben wir dafür, dass Jesus mehr als nur ein großartiger Mensch oder ein bewundernswerter Lehrer war? Wie wir sehen werden, gibt es eine ganze Menge davon. Sie stützen den Anspruch des Christentums, dass Jesus der einzigartige Sohn Gottes war und ist. Tatsächlich ist er Gott der Sohn, die zweite Person der göttlichen Trinität.

Was hat Jesus über sich selbst gesagt?

Manche vertreten die Ansicht: „Jesus hat nie behauptet, Gott zu sein!" Tatsächlich zog Jesus wirklich nicht herum und verkündete überall: „Ich bin Gott." Aber wenn man berücksichtigt, was er lehrte und welche Ansprüche er erhob, dann kann es keinen Zweifel daran geben, dass er sich für einen Mensch hielt, dessen Identität Gott war.

Im Mittelpunkt der Lehren Jesu steht er selbst

Einer der faszinierendsten Aspekte an Jesus ist die Tatsache, dass ein Großteil seiner Lehren seine eigene Person betrifft. Die meisten religiösen Lehrer weisen auf Gott, weg von sich selbst, und das ist ja auch zu erwarten. Jesus, der überaus demütig und zurückhaltend war, wies dennoch auf sich selbst, um Menschen auf Gott zu verweisen. Er sagte den Menschen sinngemäß: „Wer eine Beziehung zu Gott haben möchte, muss zu mir kommen" (vgl. Johannes 14,6). Durch eine Beziehung zu Jesus können wir also Gott begegnen.

Im Herzen eines jeden Menschen nagt ein tiefer

Hunger. Drei führende Psychologen des 20. Jahrhunderts haben dies erkannt. Sigmund Freud meinte, die Leute hungerten nach Liebe. C. G. Jung glaubte, sie hungerten nach Sicherheit. Und Alfred Adler meinte, sie hungerten nach Bedeutung. Jesus sagt: „Ich bin das Brot des Lebens" (Johannes 6,35). Mit anderen Worten: „Wer seinen Hunger stillen will, komme zu mir!"

Suchtkrankheiten sind in unserer Gesellschaft weit verbreitet. Jesus hat von sich selbst gesagt: „Wenn nun der Sohn euch frei machen wird, so werdet ihr wirklich frei sein" (Johannes 8,36).

Viele Menschen leben heute in Dunkelheit, Depression, Enttäuschung und Verzweiflung. Jesus sagte: „Ich bin das Licht der Welt. Wer mir folgt, wird nicht

in der Dunkelheit leben, sondern das Licht des Lebens haben" (Johannes 8,12). Als ich Christ wurde, war es wie in einem Zimmer, in dem plötzlich das Licht angeschaltet wird: Ich konnte alles zum ersten Mal *wirklich* sehen.

Viele Menschen haben Angst vor dem Tod. Eine

Frau erzählte mir, dass sie manchmal nicht schlafen könne und immer wieder schweißgebadet aufwache. Sie hatte Angst vor dem Tod, da sie nicht wusste, was danach mit ihr geschehen würde. Jesus sagt: „Ich bin die Auferstehung und das Leben. Wer an mich glaubt, wird leben, auch wenn er stirbt, und jeder, der lebt und an mich glaubt, wird auf ewig nicht sterben" (Johannes 11,25–26). Kurz vor ihrem Tod wurde Mutter Teresa gefragt, ob sie Angst vor dem Sterben habe. Darauf entgegnete sie: „Wie könnte ich? Sterben heißt, nach Hause zu Gott zu gehen. Ich habe nie Angst davor gehabt. Nein. Ganz im Gegenteil, ich freue mich sogar darauf!"

So viele Menschen leiden unter der Last ihrer Sorgen, unter Ängsten und Schuldgefühlen. Jesus sagt: „Kommt zu mir alle, die ihr bedrückt und belastet seid; ich schenke euch Ruhe" (Matthäus 11,28). Viele wissen einfach nicht, wie sie ihr Leben führen sollen oder wen sie sich zum Vorbild nehmen sollen. Ich kann mich an die Zeit erinnern, bevor ich Christ wurde: Damals war ich immer wieder von unterschiedlichen Leuten beeindruckt. Jedes Mal wollte ich dem Betreffenden ähnlich werden. Jesus sagt: „Folgt *mir* nach!" (Markus 1,17).

Er sagte, ihn aufzunehmen, bedeute Gott aufzunehmen (Matthäus 10,40; Markus 9,37), und ihn gesehen zu haben bedeute, Gott gesehen zu haben (Johannes 14,9). Ein kleiner Junge malte einmal ein Bild. Die Mutter fragte ihn: „Was machst du denn da?" Der Junge antwortete: „Ich male ein Bild von Gott!" Darauf meinte seine Mutter: „Das geht doch nicht! Es weiß doch keiner, wie Gott aussieht." Darauf erwiderte das Kind: „Warte nur, bis ich mein Bild fertig habe!" Jesus sagte sinngemäß: „Wer wissen will, wie Gott aussieht, der soll mich anschauen."

Indirekte Ansprüche

Jesus machte eine Reihe von Aussagen, die zwar keinen direkten Anspruch darstellen, dass er sich selbst als Gott betrachtete, die aber dennoch zeigen, dass er sich auf einer Stufe mit ihm sah. Dazu ein paar Beispiele: Bekannt ist sein Anspruch, Schuld vergeben zu können. Zu einem gelähmten Mann sagte er: „Mein Sohn, deine Sünden sind dir vergeben" (Markus 2,5). Die Reaktion der religiösen Führer war dann: „Wie kann dieser Mensch so reden? Er lästert Gott. Wer kann Sünden vergeben außer dem einen Gott?" Daraufhin stellte Jesus seine Vollmacht, Sünden zu vergeben, unter Beweis, indem er den gelähmten Mann heilte. Dieser Anspruch, Schuld vergeben zu können, ist in der Tat höchst bemerkenswert.

C. S. Lewis hat dies deutlich formuliert:

„Dabei entgeht uns oft ein gewisser Aspekt seiner Behauptung. Wir haben ihn schon so oft gehört, dass wir gar nicht mehr wissen, was damit eigentlich gesagt wird. Ich meine den Anspruch, Sünden zu vergeben. Diese Behauptung ist wirklich so ungeheuerlich, dass sie komisch wirken muss, solange sie nicht von Gott selbst kommt. Wir alle wissen, wie ein Mensch ihm angetanes Unrecht vergibt. Jemand tritt mir auf den Fuß, und ich verzeihe ihm; jemand stiehlt mir mein Geld, und ich vergebe ihm. Was aber würden wir von einem Menschen halten, der – selber unberaubt und unbehelligt – verkündet, er vergebe allen, die anderen Leuten auf die Füße treten und anderer Leute Geld stehlen?

Eselsdumme Albernheit wäre noch die zarteste Um-
schreibung für ein derartiges Verhalten.

Und doch hat Jesus eben dies getan. Er sagte den
Menschen, ihre Sünden seien ihnen vergeben, ohne
erst all die anderen zu fragen, denen sie mit ihren
Sünden Unrecht getan hatten. Er verhielt sich ein-
fach so, als sei er der am meisten Betroffene, als sei
er derjenige, demgegenüber man sich am meisten ver-
gangen habe. Das ist jedoch nur dann verständlich,
wenn er wirklich der Gott ist, dessen Gesetze geb-
rochen werden und dessen Liebe durch jede Sünde
verletzt wird. Im Mund jedes anderen, der nicht Gott
ist, würden diese Worte doch wohl ein Maß von Ein-
fältigkeit und Einbildung zum Ausdruck bringen, das
in der Geschichte seinesgleichen suchen müsste."[17]

Mit der Aussage, eines Tages werde er die Welt richten, erhob Jesus einen weiteren außergewöhnlichen
Anspruch (Matthäus 25,31–32). Über seine Wiederkunft sagte er: „Dann wird er sich auf den Thron seiner
Herrlichkeit setzen" (Vers 31). Alle Nationen würden
vor ihm versammelt und er werde sie richten. Einige
sollten dann ewiges Leben erhalten und ein Erbe, das
seit Erschaffung der Welt für sie bereitstehe, während
andere die Strafe erleiden müssten, auf ewig von ihm
getrennt zu sein.

Jesus nimmt für sich also in Anspruch, entscheiden
zu können, was mit jedem von uns am Ende der Zeit
geschehen soll. Er wird nicht nur der Richter sein,
sondern auch der Maßstab, an dem sich das Gericht
orientiert. Davon, wie wir in diesem Leben auf Jesus
reagieren, hängt ab, was am Jüngsten Tag mit uns geschehen wird (vgl. Matthäus 25,40.45).

Angenommen, Sie würden einen Mann sehen, der über ein Megafon ruft: „Beim Jüngsten Gericht werden Sie alle vor mir erscheinen. Ich werde dann darüber entscheiden, welches Schicksal Sie in der Ewigkeit erwartet. Was mit Ihnen geschieht, hängt davon ab, wie Sie mit mir und meinen Anhängern umgegangen sind." Wenn ein normaler Mensch einen solchen Anspruch erhebt, dann ist das geradezu grotesk. Und deshalb haben wir hier einen weiteren indirekten Anspruch Jesu auf die Identität Gottes.

Direkte Ansprüche

Als man Jesus die Frage stellte: „Bist du der Messias, der Sohn des Hochgelobten?", antwortete er: „Ich bin es! Und ihr werdet den Menschensohn zur Rechten der Macht sitzen und mit den Wolken des Himmels kommen sehen."

Da zerriss der Hohepriester sein Gewand und rief: „Wozu brauchen wir noch Zeugen? Ihr habt die Gotteslästerung gehört! Was ist eure Meinung?" (Markus 14,61–64). Nach diesem Bericht wird Jesus wegen seines Anspruchs zum Tode verurteilt. Aus der Sicht der Juden stellte dieser Anspruch eine Gotteslästerung dar, die den Tod verdiente.

Bei einer anderen Gelegenheit wollten die Juden Jesus gerade steinigen, als er sie fragte: „Warum wollt ihr mich steinigen?" Sie antworteten ihm: „Wegen Gotteslästerung! Denn du bist nur ein Mensch und machst dich selbst zu Gott" (Johannes 10,33).

Seine Feinde waren also eindeutig der Meinung, dass er diesen Anspruch erhob.

Als Thomas, einer seiner Jünger, vor Jesus niederkniete und ausrief: „Mein Herr und mein Gott!" (Johannes 20,28), wies Jesus ihn *nicht* zurecht und sagte: „Nein, nein, das darfst du nicht sagen. Ich bin nicht Gott." Stattdessen erwiderte er: „Weil du mich gesehen hast, glaubst du. Selig sind die, die nicht sehen und doch glauben!" (Johannes 20,29). Er tadelte also Thomas, dass er so lange gebraucht hatte, um das zu erkennen.

Wenn jemand einen solchen Anspruch erhebt, muss man das prüfen. Die unterschiedlichsten Menschen erheben die unterschiedlichsten Ansprüche. Die bloße Tatsache, dass einer beansprucht, irgendjemand zu sein, bedeutet noch lange nicht, dass er auch recht hat. Es gibt genügend Personen, die sich täuschen. Manche davon befinden sich in einer psychiatrischen Anstalt. Sie halten sich für Napoleon oder den Papst, aber sie sind es nicht. Wie prüfen wir solche Ansprüche?

Jesus nahm für sich in Anspruch, Gottes einziger Sohn zu sein: der Mensch gewordene Gott. Logisch gesehen gibt es drei Möglichkeiten: Ist der Anspruch falsch und Jesus war sich dessen bewusst, dann war er ein Betrüger der übelsten Sorte. Das ist die erste Möglichkeit. Oder der Anspruch ist falsch, aber er wusste es nicht. Dann hat er sich getäuscht und war verrückt. Das ist die zweite Möglichkeit. Und die dritte Möglichkeit ist, dass sein Anspruch stimmt.

C. S. Lewis formuliert dies so:

„Ein bloßer Mensch, der solche Dinge sagen würde, wie Jesus sie gesagt hat, wäre kein großer Morallehrer. Er wäre entweder ein Irrer – oder der Satan in Person. Wir müssen uns deshalb entscheiden: Entweder war – und ist – dieser Mensch Gottes Sohn, oder

er war ein Narr oder Schlimmeres. [...] Aber wir kön-
nen ihn nicht mit gönnerhafter Herablassung als einen
großen Lehrer der Menschheit bezeichnen. Das war
nie seine Absicht; diese Möglichkeit hat er uns nicht
offengelassen."[18]

Welche Indizien gibt es für seinen Anspruch?

Um herauszufinden, welche dieser drei Möglichkeiten zutrifft, müssen wir uns genauer ansehen, was wir
über das Leben Jesu wissen.

Seine Lehre

Es besteht weitgehend Einigkeit darüber, dass die
Lehre Jesu das Großartigste ist, was je ein Mensch
geäußert hat. Die Bergpredigt enthält einige äußerst
herausfordernde und radikale Lehren: „Liebt eure
Feinde" (Matthäus 5,44); „Wenn jemand dich auf deine
rechte Backe schlagen wird, dem biete auch die andere dar" (Matthäus 5,39); „Und wie ihr wollt, dass
euch die Menschen tun sollen, tut ihnen ebenso!" (Lukas 6,31).

John Mortimer, Schöpfer der bekannten britischen
Fernsehserie „Rumpole", hat erklärt, warum er zwar
schon lange nicht mehr an Gott glaubt, sich nun aber
als „führendes Mitglied der Vereinigung von Atheisten
für Christus" bezeichnen würde! Auf die Frage hin,
was diese Veränderung hervorgerufen habe, sagte er:
„Weil ich gesehen habe, wie die Gesellschaft sich verändert hat, weil sich eine Generation gegen Gott und
damit auch gegen christliche Ethik gestellt hat. Ganz
ohne Zweifel", schreibt er, „geben uns die Evange-

lien eine ethische Grundlage, die wir zurückgewinnen müssen, um eine soziale Katastrophe zu vermeiden." Der Artikel, der im April 1995 in der „Mail on Sunday" erschien, hatte die Überschrift: „Selbst Ungläubige sollten heute wieder in die Kirche gehen".

Die Lehre Jesu bildet die Grundlage unserer gesamten westlichen Zivilisation. Viele Gesetze unseres Landes gehen ursprünglich darauf zurück. In praktisch allen Bereichen von Wissenschaft und Technik haben wir große Fortschritte gemacht. Wir reisen mit einer höheren Geschwindigkeit und wissen mehr als je zuvor. Trotzdem hat in den vergangenen 2.000 Jahren niemand die ethischen Grundsätze Jesu verbessert. Kann eine solche Lehre wirklich von einem Betrüger oder einem Irren stammen?

Der amerikanische Theologieprofessor Bernard Ramm äußerte sich folgendermaßen über die Aussagen Jesu:

„Sie werden häufiger gelesen, häufiger zitiert, häufiger geliebt, häufiger geglaubt und häufiger übersetzt, weil sie die größten Worte sind, die je gesprochen wurden [...]. Ihre Größe liegt in ihrer anschaulichen geistlichen Klarheit, mit der sie die tiefsten Probleme des Menschen deutlich, vollmächtig und endgültig ansprechen [...]. Kein anderer hat je Worte von solcher Kraft gesprochen; kein anderer konnte diese fundamentalen menschlichen Fragen in der Weise beantworten, wie Jesus es tat. Solche Worte und solche Antworten erwartet man nur von Gott."[19]

Seine Taten

Um die außergewöhnliche Behauptung von Jesus zu beurteilen, sollte man nicht nur auf seine Worte achten, sondern auch auf seine Taten. Jesus erklärte, dass die Wunder, die er vollbrachte, bewiesen, „dass in mir der Vater ist und ich im Vater bin" (Johannes 10,38).

Jesus muss der außergewöhnlichste Mensch gewesen sein, dem man begegnen konnte. Manche behaupten, das Christentum sei eine langweilige Angelegenheit. Für den, der mit Jesus zusammen war, traf das jedenfalls nicht zu.

Auf einem Fest verwandelte er Wasser in Wein (vgl. Johannes 2,1–11). Von einem Mann erhielt er ein Lunchpaket und vermehrte es, sodass Tausende satt wurden (vgl. Markus 6,30–44). Er hatte Gewalt über die Elemente und stillte einen Sturm, indem er dem Wind und den Wellen befahl, Ruhe zu geben (vgl. Markus 4,35–41). Er vollbrachte die außergewöhnlichsten Heilungen: Blinde konnten sehen, Taube und Stumme konnten hören und sprechen, Gelähmte konnten wieder gehen. Bei einem Besuch in einem Krankenhaus heilte er einen Mann, der seit 38 Jahren gelähmt gewesen war: Der Mann hob seine Liegematte auf und fing an umherzugehen (vgl. Johannes 5,1–9). Er befreite Menschen von bösen Mächten, die ihr Leben beherrscht hatten. Gelegentlich machte er sogar Tote wieder lebendig (vgl. Johannes 11,38–44).

Es waren jedoch nicht nur seine Wunder, die sein Auftreten so beeindruckend machten. Noch eindrücklicher war seine Liebe, insbesondere den Menschen gegenüber, die nicht liebenswert erschienen (z. B. Aussätzige und Prostituierte). Diese Liebe war die Motivation für alles, was er tat. Sie fand in seinem Tod am

Kreuz ihren tiefsten Ausdruck, als er sein Leben „für seine Freunde" niederlegte (Johannes 10,38). Klingt das nach einem bösen oder verrückten Menschen?

Sein Charakter

Der Charakter von Jesus hat Millionen von Menschen beeindruckt, auch solche, die sich selbst nicht als Christen bezeichnen würden. So schrieb beispielsweise Bernard Levin über Jesus:

„Ist das Wesen von Jesus, wie es im Neuen Testament geschildert wird, nicht genug, um wie ein Schwert die Seele eines jeden zu durchdringen, der eine Seele sein Eigen nennt? [...] Immer noch lebt die Welt in seinem Schatten; immer noch ist seine Botschaft deutlich, immer noch ist sein Erbarmen unendlich, immer noch strahlen seine Worte Weisheit und Liebe aus."[20]

Er war ein Paradebeispiel für Selbstlosigkeit ohne Selbstmitleid; für Demut ohne Schwachheit; für Freude, die nicht auf Kosten anderer geht; für Freundlichkeit ohne Nachgiebigkeit. Selbst seine Feinde konnten keinen Fehler an ihm finden. Seine Freunde, die ihn gut kannten, behaupteten, er sei ohne Sünde. Wie mehrfach festgestellt wurde, zeigt sich unser wahrer Charakter erst in einer Stresssituation oder unter Schmerzen. Als Jesus gefoltert wurde, sagte er: „Vater, vergib ihnen! Denn sie wissen nicht, was sie tun" (Lukas 23,34). Von einem Menschen mit einem solchen Charakter kann man wohl kaum behaupten, er sei böse oder nicht ganz richtig im Kopf.

Die Erfüllung der alttestamentlichen Prophetien

Jesus erfüllte über 300 Prophetien aus dem Alten Testament (die ganz unterschiedliche Menschen über einen Zeitraum von 500 Jahren hinweg gemacht hatten), darunter 29, die an einem einzigen Tag in Erfüllung gingen: seinem Todestag. Auch wenn einige dieser Prophetien schon zu Lebzeiten des jeweiligen Propheten in bestimmter Hinsicht erfüllt worden sein mochten, fanden sie ihre umfassendste, ihre wahre Erfüllung erst in der Person Jesus Christus.

Nun könnte man annehmen, Jesus sei ein äußerst raffinierter Mensch gewesen, der diese Prophetien ganz gezielt erfüllen wollte, um der im Alten Testament prophezeite Messias zu sein.

Das Problem dabei ist, dass allein schon die große Zahl von Prophetien das außerordentlich erschwert hätte. Zweitens hatte er, menschlich gesehen, keine Macht über viele der Ereignisse. So finden sich im Alten Testament beispielsweise Einzelheiten über seinen Tod (vgl. Jesaja 53), den Ort seines Begräbnisses und sogar über seinen Geburtsort (vgl. Micha 5,2). Angenommen, Jesus wäre ein Betrüger gewesen, der diese Prophetien alle eigenmächtig erfüllen wollte: Bis er entdeckt hätte, wo er hätte geboren werden sollen, wäre es schon reichlich spät gewesen!

Seine Auferstehung

Die leibliche Auferstehung Jesu Christi von den Toten ist das Fundament des christlichen Glaubens. Bei mir waren es das Leben, der Tod und besonders die Auferstehung Jesu, durch die ich überhaupt an Gott zu glauben begann.

Tom Wright, neutestamentlicher Theologe und Bischof von Durham, sagte: „Die Botschaft des Christentums liegt nicht darin, dass wir Jesus im Rahmen eines uns bereits bekannten Gottes begreifen. Vielmehr lautet sie: Die Auferstehung Jesu legt nahe, dass die Welt einen Schöpfer hat und dass Jesus den Rahmen vorgibt, durch den dieser Schöpfer gesehen werden sollte. Er ist die Brille, durch die wir Gott sehen." Aber gibt es Beweise dafür, dass sie auch tatsächlich stattgefunden hat?

Ich möchte die Argumente und Belege dafür in vier Punkten zusammenfassen:

1. Das leere Grab

Das biblische Zeugnis berichtet übereinstimmend von der Auffindung des leeren Grabes Jesu am dritten Tag nach seiner Kreuzigung und Grablegung.

Es gibt eine ganze Reihe von Hypothesen, mit deren Hilfe man versucht, die Tatsache zu erklären, dass die Leiche von Jesus am Ostertag nicht in seinem Grab war. Aber keine davon ist überzeugend.

Manche Leute meinen, Jesus sei gar nicht am Kreuz gestorben, sondern noch am Leben gewesen, als er in das Grab gelegt wurde. Nach einiger Zeit habe er sich dann wieder erholt. Doch die äußerst realistische Darstellung der Folter Jesu in Mel Gibsons Film „Die Passion" hat nur allzu deutlich gemacht, welche körperlichen Strapazen Jesus aushalten musste, als er von den Römern ausgepeitscht wurde. Dann war er sechs Stunden lang am Kreuz festgenagelt gewesen. Konnte ein Mann in dieser körperlichen Verfassung einen Stein wegrollen, der schätzungsweise eineinhalb Tonnen wog? Die Soldaten waren eindeutig davon überzeugt, dass er tot war, denn sonst hätten sie seine Leiche nicht vom Kreuz genommen. Hätten sie einem Gefangenen die Flucht ermöglicht, so wären sie dafür selbst mit dem Tod bestraft worden. Ein neutestamentlicher Gelehrter hat gewitzelt, das einzig Faszinierende dieser Hypothese liege darin, dass *sie* immer wieder von den Toten zurückkomme!

Als man sah, dass Jesus tot war, stieß darüber hinaus „einer der Soldaten mit der Lanze in seine Seite, und sogleich floss Blut und Wasser heraus" (Johannes 19,34). Dies dürfte eine Beschreibung für die Trennung von Blut und Serum sein, was aus medizinischer Sicht einen stichhaltigen Beweis dafür liefert, dass Jesus bereits tot war.[21] Das Wissen um diese Tatsache war damals aber noch gar nicht bekannt; Johannes erwähnt sie aus einem ganz anderen Grund. Umso stärker ist der Beweis, dass Jesus wirklich tot war.

Zweitens hat man die These aufgestellt, die Jünger hätten die Leiche gestohlen. Danach hätten sie das Gerücht verbreitet, Jesus sei von den Toten auferstanden. Ganz abgesehen von der Tatsache, dass das Grab bewacht war, ist diese Hypothese schon aus psychologischen Gründen unwahrscheinlich. Nach dem Tod Jesu waren seine Jünger völlig enttäuscht und niedergeschlagen. Es hätte schon etwas Außergewöhnliches gebraucht, um Petrus zu dem Mann zu machen, durch dessen Predigt dann an Pfingsten dreitausend Menschen zum Glauben an Jesus Christus kamen.

Wenn man zudem bedenkt, wie viel Leid die Jünger für ihren Glauben an die Auferstehung Jesu in Kauf nehmen mussten (öffentliche Auspeitschungen, Folter und in einigen Fällen sogar den Tod), dann ist es kaum vorstellbar, dass sie dazu bereit gewesen wären, wenn sie wussten, dass die Auferstehung nicht tatsächlich stattgefunden hat.

Eine dritte Hypothese geht von der Annahme aus, die Behörden hätten den Leichnam gestohlen. Aber das ist noch unwahrscheinlicher. Warum haben sie diesen dann nicht vorgezeigt, um die Gerüchte zu widerlegen, Jesus sei von den Toten auferstanden? Wissen Sie noch, wie schnell das irakische Fernsehen nach Saddam Husseins Hinrichtung Bilder von seinem Leichnam ausstrahlte? Die Behörden (sowohl der Juden als auch der Römer) hätten gewiss alles in ihrer Macht Stehende getan, um den Leichnam von Jesus öffentlich zur Schau zu stellen, wenn sie in der Lage gewesen wären, ihn zu finden.

Aber das vielleicht faszinierendste Beweisstück in Verbindung mit dem leeren Grab Jesu ist die Beschreibung der Grabgewänder, die Johannes liefert. In gewisser Weise ist der Begriff „das leere Grab" irreführend. Als Petrus und Johannes zum Grab kamen, sahen sie die Leichentücher, die, wie es der christliche Apologet Josh McDowell ausdrückte, „der leeren Hülle glichen, aus der der Schmetterling schon entschlüpft war"[22]. Es war, als ob Jesus einfach durch die Grabgewänder hindurchgegangen wäre. So überrascht es nicht, dass Johannes „sah und glaubte" (Johannes 20,8).

2. Die Erscheinungen vor seinen Jüngern

Handelte es sich dabei um Halluzinationen? Eine Halluzination ist dem *Concise Oxford Dictionary* zufolge „die scheinbare Wahrnehmung eines äußeren Objekts, das in Wirklichkeit nicht vorhanden ist". Halluzinationen treten normalerweise bei äußerst nervösen und fantasiebegabten Personen auf oder bei klinisch kranken oder unter Drogeneinfluss stehenden Menschen. Die Jünger passen in keine dieser Kategorien. Bodenständige Fischer, Steuerbeamte und Skeptiker wie Thomas neigen nicht zu Halluzinationen. Außerdem hören solche Halluzinationen nicht einfach abrupt auf. Jesus erschien seinen Jüngern zu elf verschiedenen Gelegenheiten über einen Zeitraum von sechs Wochen hinweg. Die Anzahl dieser Vorkommnisse und ihr plötzliches Aufhören machen die Halluzinationstheorie äußerst unwahrscheinlich.

Zudem sahen über 500 Menschen den auferstandenen Jesus gleichzeitig. Ein Einzelner kann Halluzinationen haben; vielleicht ist es sogar möglich, dass zwei oder drei die gleiche Halluzination erleben. Aber wie wahrscheinlich ist es, dass 500 Personen alle dieselbe Halluzination haben? Und nicht zuletzt sind Halluzinationen von ihrem Wesen her extrem subjektiv. Es liegt ihnen keine objektive Wirklichkeit zugrunde – es ist, als ob man Gespenster sieht. Jesus dagegen konnte man anfassen, er aß ein Stück gebratenen Fisch (vgl. Lukas 24,42–43) und bereitete einmal sogar den Jüngern ein Frühstück (vgl. Johannes 21,1–14). Petrus sagt von sich und den anderen Jüngern: „die wir mit ihm nach seiner Auferstehung gegessen und getrunken haben" (Apostelgeschichte 10,41). Jesus führte lange Gespräche mit ihnen und lehrte sie viele Dinge über das Reich Gottes (vgl. Apostelgeschichte 1,3).

3. Die unmittelbaren Auswirkungen
Die Auferstehung Jesu von den Toten hatte, wie zu erwarten, dramatische Auswirkungen auf die ganze Welt. Es war die Geburtsstunde der Kirche und sie

wuchs mit einer rasanten Geschwindigkeit. Michael Green, Autor vieler wissenschaftlicher und populärwissenschaftlicher Bücher, schreibt:

„[Die] *Kirche* [...], *die mit einer Handvoll ungebildeter Fischer und Zöllner begann, nahm in den nächsten 300 Jahren die gesamte damals bekannte Welt im Sturm. Es ist die absolut erstaunliche Geschichte einer friedlichen Revolution, die in der Weltgeschichte ihresgleichen sucht. Sie ereignete sich, weil Christen zu Menschen, die auf der Suche waren, sagen konnten: Jesus starb nicht nur für dich. Er lebt! Du kannst ihm persönlich begegnen und dich selbst von der Wirklichkeit dessen überzeugen, wovon wir reden!' Und das taten die Menschen und schlossen sich dann der Kirche an; und die Kirche, die in diesem Ostergrab geboren worden war, verbreitete sich überall."*[23]

4. Die Erfahrungen der Christen

Millionen von Menschen sind im Laufe der Geschichte dem auferstandenen Jesus begegnet, Menschen jeder Hautfarbe, Rasse, Stammeszugehörigkeit und Nationalität, von allen Kontinenten, mit unterschiedlichem intellektuellem, sozialem und wirtschaftlichem Hintergrund.

Millionen von Christen auf der ganzen Welt leben heute in einer Beziehung zu dem auferstandenen Jesus Christus. Auch ich habe in den vergangenen 18 Jahren die Erfahrung gemacht, dass Jesus heute lebt. Ich habe seine Liebe und seine Macht erfahren. Ich habe eine so reale Beziehung zu ihm erfahren, dass ich davon überzeugt bin, dass er wirklich lebt. Sherlock Holmes hat gesagt: „Wenn man alles Unwahrscheinliche ausschließt, muss das, was übrig bleibt, und sei es auch noch so unwahrscheinlich, die Wahrheit sein."[24]

Als wir uns angesehen haben, was Jesus über sich selbst gesagt hat, sind wir zu dem Schluss gekommen, dass es nur drei realistische Möglichkeiten gibt: Entweder war und ist er Gottes Sohn oder er war ein Irrer oder er war noch Schlimmeres. Angesichts der vorliegenden Tatsachen macht es keinen Sinn, Jesus für einen Verrückten oder Kriminellen zu halten. Angesichts dessen, was er gelehrt und getan hat, angesichts seines Charakters, angesichts der Erfüllung der alttestamentlichen Prophetien und angesichts der Tatsache, dass er den Tod besiegt hat, sind solche Vermutungen einfach völlig absurd. Die vorliegenden Fakten liefern im Gegenteil die schlagkräftigsten Argumente dafür, dass Jesus sich selbst für einen Menschen hielt, dessen Identität Gott war.

Zum Schluss stehen wir also, wie es C. S. Lewis ausgedrückt hat, „vor einer erschreckenden Alternative". Entweder war (und ist) Jesus der, der er zu sein behauptete, oder er war verrückt oder noch Schlimmeres. C. S. Lewis erschien es offensichtlich, dass Jesus weder verrückt noch vom Teufel besessen war, und er schlussfolgerte: „[...] das bedeutet dann aber, dass ich anerkennen muss, dass er Gott war und ist – auch wenn mir das seltsam oder furchterregend oder einfach unwahrscheinlich vorkommt."[25]

Kapitel 3

Warum starb Jesus?

Was haben Madonna, Elton John, Bono und der Papst gemeinsam? Eine Gemeinsamkeit ist, dass sie alle ein Kreuz tragen. Viele Leute tragen heute ein Kreuz an ihren Ohrringen, Armbändern oder Halsketten. Wir sind an diesen Anblick so gewöhnt, dass uns das nicht schockiert. Schockieren würde uns vielleicht, wenn jemand mit einem Galgen oder einem elektrischen Stuhl um den Hals herumlaufen würde. Dabei war das Kreuz früher genauso ein Hinrichtungsinstrument. Es stellte eine der grausamsten Formen der Hinrichtung dar, die die Menschheit je kannte. Im Jahre 337 n. Chr. wurde sie abgeschafft, weil selbst die Römer sie für zu unmenschlich hielten.

Dennoch ist das Kreuz seit jeher das Symbol der Christenheit gewesen. Die Evangelien beschäftigen sich ausführlich mit dem Tod Jesu; ein Großteil des übrigen Neuen Testaments erläutert das, was am Kreuz geschah. Der wichtigste Teil des christlichen Gottesdienstes, das Abendmahl, konzentriert sich auf den am Kreuz gebrochenen Leib und das vergossene Blut Jesu Christi. Kirchengebäude sind oftmals in Kreuzform gebaut. Von seinem Besuch in Korinth berichtet der Apostel Paulus: „Denn ich hatte mich entschlossen, bei euch nichts zu wissen außer Jesus Christus, und zwar als den Gekreuzigten" (1. Korinther 2,2). Die meisten berühmten Menschen, die Nationen geprägt und die Welt verändert haben, verdanken ihre Berühmtheit dem, was sie durch ihr Leben bewirkten, nicht durch ihren Tod. Bei Jesus aber, der wie kein Zweiter die Weltgeschichte verändert hat, steht der Tod stärker im Mittelpunkt des Gedenkens als sein Leben.

Warum diese starke Ausrichtung auf den Tod Jesu? Was macht den Unterschied zwischen dem Tod Jesu und dem Tod etwa eines Sokrates, eines Märtyrers oder eines Kriegshelden aus? Warum starb er? Was erreichte er damit? Was meint das Neue Testament mit der Aussage, dass er „für unsere Sünden" starb? Um es kurz zu sagen: „Weil Gott dich liebt." Raniero Cantalamessa, der Prediger des päpstlichen Hauses, hat einmal gesagt: „Die Liebe Gottes beantwortet all die ‚Warum'-Fragen in der Bibel: das Warum der Schöpfung, das Warum der Menschwerdung Christi, das Warum der Erlösung."[26] Weil Gott die Welt „so sehr geliebt" hat, gab er seinen einzigen Sohn her, um für uns zu sterben, „damit jeder, der an ihn glaubt, nicht zugrunde geht, sondern das ewige Leben hat" (Johannes 3,16).

Das Problem

Manche sagen: „Ich brauche das Christentum nicht." Sie fügen dann oft noch hinzu: „Ich bin sehr zufrieden, mein Leben ist erfüllt. Ich versuche, freundlich zu sein und anständig zu leben." Der Bibel zufolge wurde jeder Mensch nach dem Bilde Gottes geschaffen. In jedem Menschen liegt deswegen etwas Gutes und Edles.

Wie in Kapitel 1 bereits erwähnt, hat sich diese Sichtweise der menschlichen Natur enorm positiv auf die Weltgeschichte ausgewirkt. Genauer gesagt bildet sie die Grundlage für unser modernes Verständnis von Menschenrechten und der Würde des Menschen, indem sie darauf besteht, dass wir mehr sind als nur ein Haufen Gene und ein Produkt unseres Umfelds. Dieses Bild hat jedoch auch eine Kehrseite. Ich für meine Person muss auf jeden Fall zugeben, dass ich trotz besseren Wissens Dinge tue, die falsch sind. Ich mache Fehler. Um zu verstehen, warum Jesus starb, müssen wir einen Schritt zurückgehen und einen Blick auf das größte Problem werfen, mit dem sich die Menschen, und zwar alle, konfrontiert sehen.

Wenn wir ehrlich sind, müssen wir alle zugeben, dass wir Dinge tun, von denen wir wissen, dass sie falsch sind. Paulus drückt dies folgendermaßen aus: „Alle haben gesündigt und die Herrlichkeit Gottes verloren" (Römer 3,23). Mit anderen Worten: Wir bleiben alle hinter den Maßstäben Gottes zurück. Wenn wir uns mit einem Bankräuber vergleichen oder einem Menschen, der Kinder missbraucht, dann kommen wir dabei recht gut weg. Aber wenn wir uns mit Jesus Christus vergleichen, wird deutlich, wie ungenügend unser Leben ist. Der Schriftsteller Somerset Maugham meinte einmal: „Würde ich jeden Gedanken niederschreiben, den ich je gehabt habe, und jede Tat, die ich je getan habe, dann würde man mich ein Monster an Verkommenheit nennen."[27]

Der Kern der Sünde ist eine Auflehnung gegen Gott. Durch unser Verhalten tun wir so, als ob er nicht existiere (1. Mose 3). Wir tun Dinge, die falsch sind; als Folge davon sind wir von ihm getrennt. Wie der verlorene Sohn (Lukas 15) finden wir uns weit vom Haus unseres Vaters entfernt wieder; und unser Leben ist ein einziges Chaos. Manchmal wird die Frage gestellt: „Wenn wir alle im selben Boot sitzen, spielt das dann überhaupt noch eine Rolle?" Die Antwort lautet: „Ja!", denn die Sünde hat schwerwiegende Folgen für unser Leben. Diese lassen sich in vier Punkten zusammenfassen.

Verunreinigung durch Sünde

Jesus hat gesagt, dass wir das Leben, das Gott uns geschenkt hat, „verschmutzen" können. Er meinte: „Was aus dem Menschen herauskommt, das macht ihn unrein. Denn von innen, aus dem Herzen der Menschen, kommen die bösen Gedanken, Unzucht, Diebstahl, Mord, Ehebruch, Habgier, Bosheit, Hinterlist, Ausschweifung, Neid, Verleumdung, Hochmut und Unvernunft. All dieses Böse kommt von innen und macht den Menschen unrein" (Markus 7,20–23). Diese Dinge korrumpieren unser Leben.

Vielleicht wenden Sie ein: „Das meiste davon tue ich ja gar nicht." Aber eines allein reicht aus, um unser Leben in Unordnung zu bringen. Wir wünschen uns vielleicht, die Zehn Gebote wären eher wie eine Reihe von Prüfungsaufgaben mit der Anweisung: „Wählen Sie drei davon aus und beschäftigen Sie sich näher damit!" Das Neue Testament aber sagt, dass wir das gesamte Gesetz brechen, auch wenn wir nur einen Teil davon nicht halten (Jakobus 2,10). Lassen Sie mich einen Vergleich ziehen: Es ist einfach nicht möglich, eine „einigermaßen weiße Weste" in der Flensburger Verkehrssünderkartei zu haben. Entweder ist man dort registriert oder man ist es nicht. Ein einziger Verstoß genügt und man ist in der Kartei erfasst. Genau das meint Jakobus: Eine einzige Sünde reicht aus, um unser Leben unrein zu machen.

Macht der Sünde

Das Falsche, das wir tun, bringt uns unter die Kontrolle der Sünde und macht uns abhängig. Jesus sagte: „Wer die Sünde tut, ist Sklave der Sünde" (Johannes 8,34). In bestimmten Bereichen lässt sich das recht einfach erkennen. Wir wissen alle, dass jemand, der Heroin oder andere harte Drogen nimmt, wahrscheinlich süchtig wird.

Es gibt aber auch andere Dinge, von denen man nicht mehr loskommt: Wutanfälle, Neid, Arroganz, Stolz, Selbstsucht, üble Nachrede, sexuelle Sünden usw. Wir können von Denk- oder Verhaltensmustern abhängig werden, von denen wir uns aus eigener Kraft nicht befreien können. Das ist die Sklaverei, von der Jesus sprach; sie entfaltet eine zerstörerische Macht in unserem Leben.

J. C. Ryle, ehemaliger Bischof von Liverpool, schrieb einmal:

„Jede Form der Sünde hat ganze Scharen unglücklicher Gefangener an Händen und Füßen gebunden [...]. Die elenden Gefangenen [...] brüsten sich manchmal damit, sie seien überaus frei [...]. Diese Form von Sklaverei ist mit keiner anderen zu vergleichen. Sünde ist der übelste aller Sklaventreiber. Elend und Enttäuschung auf dem Weg, Verzweiflung und Hölle am Ende des Wegs – das ist der einzige Lohn, den die Sünde ihren Dienern zahlt."[28]

Strafe für Sünde

Als Menschen haben wir ein angeborenes Bedürfnis nach Gerechtigkeit. Wenn wir sehen, wie Kinder missbraucht, alte Menschen in ihrer Wohnung überfallen oder Babys brutal geschlagen werden, dann wollen wir die Täter bestraft sehen. Oft sind unsere Motive dabei nicht ganz rein; Rachegefühle können sich einschleichen. Dennoch gibt es auch so etwas wie einen gerechten Zorn. Wir empfinden zu Recht, dass Menschen, die solche Dinge tun, nicht ungestraft davonkommen dürfen.

Aber nicht nur das Fehlverhalten anderer verdient eine gerechte Strafe. Das gilt genauso für unser eigenes. Eines Tages werden wir alle von Gott gerichtet werden. Paulus erklärt: „Denn der Lohn der Sünde ist der Tod" (Römer 6,23).

Getrenntsein auf Grund von Sünde

Der Tod, von dem Paulus spricht, ist nicht nur ein körperlicher, sondern auch ein geistlicher, ein ewiges Abgeschnittensein von Gott. Dieses Getrenntsein beginnt bereits jetzt. Der Prophet Jesaja verkündete: „Seht ihr, die Hand des Herrn ist nicht zu kurz, um zu helfen, sein Ohr ist nicht schwerhörig, sodass er nicht hört. Nein, was zwischen euch und eurem Gott steht, das sind eure Vergehen; eure Sünden verdecken sein Gesicht, sodass er euch nicht hört" (Jesaja 59,1–2). Unser Fehlverhalten bewirkt dieses Getrenntsein. Es ist so ähnlich, als würden wir uns mit jemandem zerstreiten und der Person nicht mehr in die Augen schauen können. Da ist etwas zwischen uns. Einige sagen: „Ich bete zwar, aber meine Gebete scheinen von der Wand abzuprallen." Es gibt eine Trennwand:

Unser falsches Verhalten hat eine Mauer zwischen uns und Gott errichtet.

Die Lösung

Wir müssen uns alle dem Problem der Sünde in unserem Leben stellen. Je klarer uns diese Notwendigkeit bewusst wird, desto mehr werden wir zu schätzen wissen, was Gott getan hat. Die gute Nachricht des christlichen Glaubens ist, dass Gott uns liebt und uns nicht dem Chaos überlässt, das wir in unserem Leben angerichtet haben.

Er kam in der Person seines Sohnes Jesus auf die Erde, um an unserer Stelle zu sterben (vgl. 2. Korinther 5,21; Galater 3,13). Das nennt man die „Stellvertretung Gottes".[29] Um es mit den Worten des Apostels Petrus zu sagen: „Er hat unsere Sünden mit seinem Leib auf das Holz des Kreuzes getragen [...]. Durch seine Wunden seid ihr geheilt" (1. Petrus 2,24).

Am letzten Julitag 1941 meldeten die Sirenen von Auschwitz den Ausbruch eines Gefangenen. Als Vergeltungsmaßnahme sollten zehn seiner Mitgefangenen einen langsamen Hungertod sterben, indem sie in einem extra für diesen Zweck gebauten Zementbunker begraben wurden. Den ganzen Tag lang quälten sich die Männer vor Hitze, Hunger und Furcht, während der deutsche Kommandant und sein SS-Gehilfe durch die Reihen gingen und willkürlich die zehn Unglücklichen aussuchten.

Als der Kommandant auf einen Mann namens Francis Gajowniczek zeigte, rief dieser verzweifelt aus: „Meine arme Frau und Kinder!"

In dem Augenblick trat eine unscheinbare, hohläugige Gestalt mit einer runden Drahtbrille hervor und nahm ihre Mütze ab.

„Was will dieses polnische Schwein?", fragte der Kommandant.

„Ich bin ein katholischer Priester; ich möchte für diesen Mann sterben. Ich bin alt, er hat Frau und Kinder ... ich nicht."

„Akzeptiert", entgegnete der Kommandant kurz, bevor er weiterging.

An jenem Abend gingen neun Männer und ein Priester in den Hungerbunker. Normalerweise würden sie sich gegenseitig wie Kannibalen in Stücke reißen. Diesmal nicht. Solange sie noch genug Kraft dafür hatten, lagen die Männer nackt auf dem Boden, beteten und sangen Psalmen. Nach zwei Wochen waren drei der Männer und Vater Maximilian immer noch am Leben. Der Bunker wurde für andere benötigt und so wurden die übrig gebliebenen vier Männer beseitigt. Nach zwei Wochen in dem Hungerbunker und immer noch bei Sinnen wurde dem Priester am 14. August um 12:50 Uhr eine Dosis Karbolsäure eingespritzt. Er war damals 47 Jahre alt.

Am 10. Oktober 1982, auf dem Petersplatz in Rom, wurde Vater Maximilians Tod ins rechte Licht gerückt. Unter den 150.000 versammelten Menschen, 26 Kardinälen, 300 Bischöfen und Erzbischöfen, war auch Francis Gajowniczeks Familie, denn durch diesen einen Mann wurden viele gerettet. Der Papst sagte über den Tod von Vater Maximilian: „Das war ein Sieg über alle menschlichen Machtsysteme der Verachtung und des Hasses – ein Sieg von der Art, wie ihn unser Herr Jesus Christus errungen hat."

Als Francis Gajowniczek im Alter von 94 Jahren starb, las ich seinen Nachruf im *Independent*. Er nutzte den Rest seines Lebens dazu, Menschen davon zu erzählen, was Maximilian Kolbe für ihn getan hatte; wie er stellvertretend für ihn gestorben war. Der Tod von Jesus war sogar noch erstaunlicher, weil er nicht nur für einen einzelnen Mann gestorben ist, sondern für jeden einzelnen Menschen auf der Welt.

Jesus kam als stellvertretendes Opfer für uns. Er ließ sich an unserer Stelle kreuzigen. Cicero beschrieb die Kreuzigung als „die grausamste und ekelhafteste aller Todesstrafen". Das Neue Testament legt auf die Schilderung der Details dieser Hinrichtung keinen Wert, weil sie in der damaligen Welt bekannt waren. Jesus wurden die Kleider vom Leib gerissen; dann wurde er an eine Säule gebunden. Er wurde mit einer vier- oder fünfschwänzigen Peitsche gegeißelt, in die scharfe Knochen- und Metallsplitter eingeflochten waren. Eusebius beschrieb im 4. Jahrhundert die römische Geißelung folgendermaßen: „Die Adern, die Muskeln, die Sehnen und die Eingeweide des Opfers werden bloßgelegt." Anschließend wurde Jesus zum Sitz des Statthalters geführt, wo man ihm eine Dornenkrone aufs Haupt drückte. Ein ganzes Bataillon von 600 Soldaten verspottete ihn und schlug ihn ins Gesicht. Dann zwang man ihn, den schweren Querbalken des Kreuzes zu schleppen, bis er zusammenbrach. Simon von Kyrene musste dann den Balken an seiner Stelle weitertragen.

Am Hinrichtungsort wurde Jesus nackt ausgezogen und aufs Kreuz gelegt. 15 cm lange Nägel wurden durch seine Handwurzeln getrieben. Seine Knie wurden seitlich verdreht, damit man seine Füße zwischen dem Schienbein und der Achillessehne annageln konnte. Dann wurde das Kreuz aufgerichtet und in einen Sockel im Boden eingelassen. Dort ließ man ihn dann in der Mittagshitze hängen, durstig und dem Spott der Menge ausgesetzt. Sechs Stunden lang hing er in unerträglichen Qualen am Kreuz, während er langsam starb.

Der Teil seines Leidens, den das Neue Testament hervorhebt, waren nicht die körperlichen Schmerzen, die Folter oder die Kreuzigung, nicht einmal der seelische Schmerz, von der Welt verstoßen und von seinen Freunden im Stich gelassen zu sein; es war die geistliche Qual, als Sohn Gottes von Gott-Vater getrennt zu sein, als er unsere Sünden auf sich nahm.

Jesu Sieg war vollkommen; er ist nicht nur für einen gestorben, sondern für alle. Doch es kostete ihn auch viel. In allen vier Evangelien lesen wir von Jesu Qual im Garten Gethsemane, wie er ganz allein zum Vater schreit: „Abba, Vater [...]. Nimm diesen Kelch von mir! Aber nicht, was ich will, sondern was du willst" (Markus 14,36).

Raniero Cantalamessa erklärt, was für Jesus dieser Kelch bedeutet hat:

„In der Bibel spielt das Bild eines Kelches fast immer auf das Konzept von Gottes Zorn über die Sünde an [...]. Wo es Sünde gibt, muss sich Gottes Gericht unausweichlich darauf richten. Ansonsten würde Gott einen Kompromiss mit der Sünde eingehen und die Unterscheidung zwischen Gut und Böse wäre zunichte. Nun ist Jesus [...] ein Mensch, der ‚zur Sünde gemacht' wurde. Christus, so steht es geschrieben, ist ‚für Sünder' gestorben; er ist stellvertretend für sie gestorben,

nicht nur ihnen zuliebe [...]. Somit ist er für alle ‚ver-
antwortlich'. Vor Gott ist er der Schuldige! Er ist es,
gegen den Gottes Zorn ‚offenbart' wurde; das ist mit
dem ‚Trinken des Kelchs' gemeint."[30]

Die Folgen

Das Kreuz ist wie ein wunderschöner Diamant; es hat
viele Facetten. Je nachdem, von welchem Blickwinkel
aus man es betrachtet, sieht man es in einem anderen
Licht. In gewisser Weise ist das Kreuz ein Mysterium;
es ist zu tiefsinnig für unser Verständnis. Gleichgültig,
von welchem Standpunkt aus man das Kreuz betrachtet, wird man doch nie all seine Tiefe und Schönheit
erfassen. Im Neuen Testament werden diese verschiedenen Betrachtungsweisen näher dargelegt.

Zunächst einmal zeigt uns das Kreuz, wie sehr Gott
uns liebt. Wenn Sie je daran zweifeln, ob Gott Sie liebt,
dann schauen Sie auf das Kreuz. Jesus hat gesagt: „Es
gibt keine größere Liebe, als wenn einer sein Leben
für seine Freunde hingibt" (Johannes 15,13). Außerdem offenbart uns das Kreuz etwas über das Wesen
Gottes. Das größte Problem, das Menschen mit dem
Christentum haben, ist wahrscheinlich die Frage: Warum lässt Gott so viel Leid auf der Welt zu? Es gibt
keine simplen Antworten auf diese schwierige Frage,
doch eines wissen wir: Gott ist nicht jemand, der über
das Leid erhaben ist. Er ist durch die Person Christi in
unsere Welt gekommen, hat für uns gelitten und leidet nun mit uns. Am Kreuz gibt Jesus uns ein Beispiel
aufopfernder Liebe (vgl. 1. Petrus 2,21). Durch das
Kreuz und die Auferstehung, welche gewissermaßen

ein einziges Ereignis darstellen, wissen wir, dass die Macht des Todes und des Bösen besiegt worden sind (Kolosser 2,15).

Jeder dieser Aspekte hätte ein Kapitel für sich verdient, was aus Platzgründen leider nicht möglich ist. Ich möchte mich hier auf vier Bilder beschränken, mit denen das Neue Testament beschreibt, was Jesus am Kreuz für uns getan hat.[31] Diese Bilder sind, wie John Stott anmerkt, verschiedenen Bereichen des Alltagslebens entnommen.

Das erste Bild kommt aus dem Bereich des *Tempels*. Das Alte Testament beinhaltet sorgfältige gesetzliche Vorschriften für den Umgang mit Sünde. Es gab ein ausgefeiltes Opfersystem, das den Ernst der Sünde und die Notwendigkeit, von ihr gereinigt zu werden, deutlich machte.

In einem typischen Fall nahm der Sünder ein Tier, das so vollkommen wie nur möglich zu sein hatte. Dann legte er seine Hände auf das Tier und bekannte seine Schuld. Dadurch sollten die Sünden bildlich gesprochen vom Sünder auf das Tier übergehen; anschließend wurde das Tier getötet.

Der Verfasser des Hebräerbriefes erklärt: „Denn das Blut von Stieren und Böcken kann unmöglich Sünden wegnehmen" (Hebräer 10,4). Es war nur ein Symbol oder „Schatten" (Hebräer 10,1). Erst das Opfer Jesu bewirkte diesen Vorgang tatsächlich. Nur das Blut Christi, der an unsere Stelle tritt, kann unsere Sünde wegnehmen, weil er allein das vollkommene Opfer darstellt. Denn er allein führte ein vollkommenes Leben. Sein Blut reinigt uns von allen Sünden (1. Johannes 1,7) und beendet die *Korruption durch die Sünde*.

Das zweite Bild hat mit dem *Marktplatz* zu tun. Schulden sind nicht auf die heutige Zeit beschränkt; auch in der Antike waren sie ein Problem. Wenn damals jemand schwer verschuldet war, war er unter Umständen gezwungen, sich selbst auf dem Markt als Sklave zu verkaufen, um seine Schulden zu begleichen. Stellen wir uns vor, so jemand steht auf dem Marktplatz und bietet sich als Sklave an. Vielleicht hat jemand Erbarmen mit ihm und fragt ihn: „Wie hoch sind denn deine Schulden?" – „Zehntausend." Wenn der Interessent dann die Zehntausend bezahlt und anschließend den Mann freilässt, hätte er ihn „ausgelöst" oder „erlöst", indem er das „Lösegeld" bezahlte. Etwas Ähnliches meint die Bibelstelle im Römerbrief, Kapitel 3, Vers 24, wo von der „Erlösung in Christus Jesus" gesprochen wird. Durch seinen Tod am Kreuz bezahlte Jesus das Lösegeld (vgl. Markus 10,45).

Dadurch sind wir von der Macht der Sünde befreit. Das bedeutet echte Freiheit. Jesus sagt: „Wenn euch also der Sohn befreit, dann seid ihr wirklich frei" (Johannes 8,36). Das heißt nicht, dass wir nie wieder sündigen, sondern dass die Macht, die die Sünde über uns hat, gebrochen ist.

Billy Nolan desertierte aus der Handelsmarine und war 35 Jahre lang Alkoholiker. 20 Jahre lang saß er vor den Türen der Kirche von *Holy Trinity Brompton*, trank Alkohol und bettelte um Geld. Am 13. Mai 1990 schaute er in den Spiegel und sagte: „Du bist nicht der Billy Nolan, den ich einmal kannte." Um es mit seinen eigenen Worten zu sagen: Er bat Jesus Christus in sein Leben und schloss einen Bund mit ihm, nie wieder Alkohol zu trinken. Seitdem hat er keinen Tropfen mehr angerührt. Sein Leben ist völlig verändert. Er strahlt die Liebe und Freude Christi aus. Ich sagte einmal zu ihm: „Billy, du siehst glücklich aus!" Darauf antwortete er mir: „Ich bin glücklich, weil ich frei bin. Das Leben ist wie ein Irrgarten, aber durch Jesus Christus habe ich schließlich den Ausweg gefunden." Jesu Tod am Kreuz hat diese Befreiung von *der Kontrolle durch die Sünde* ermöglicht.

Das dritte Bild ist eine Situation vor *Gericht*. Paulus schreibt, dass wir durch den Tod Christi gerechtfertigt sind (vgl. Römer 5,1). „Rechtfertigung" ist ein juristischer Begriff. Wer vor Gericht freigesprochen wird, ist gerechtfertigt.

Zwei gute Freunde gingen zusammen zur Schule und später auf die Universität. Danach trennten sich ihre Wege und sie verloren sich aus den Augen. Der eine wurde Richter, während der andere auf die schiefe Bahn geriet und zum Kriminellen wurde. Eines Tages wurde der Kriminelle dem Richter vorgeführt. Er hatte ein Verbrechen begangen und war geständig. Der Richter erkannte seinen Jugendfreund wieder und stand nun vor einem Dilemma. Als Richter musste er Gerechtigkeit walten lassen; er konnte den Mann nicht einfach laufen lassen. Andererseits stand hier sein Freund vor ihm, den er gern hatte und den er nicht bestrafen wollte. Schließlich verhängte er eine Geldstrafe, die der Schwere der Tat angemessen war. Damit war der Gerechtigkeit Genüge getan. Anschließend verließ er seinen Platz, ging zu seinem Freund und stellte ihm einen Scheck in gleicher Höhe aus. Somit bezahlte er die Strafe für ihn. Das war Ausdruck seiner Liebe.

Diese Geschichte illustriert, was Gott für uns getan hat. In seiner Gerechtigkeit verurteilt er uns, weil wir schuldig sind, doch dann kommt er aus Liebe in der Person seines Sohnes Jesus Christus zu uns Menschen und bezahlt die Strafe für uns. Auf diese Weise ist er sowohl „gerecht" – der Schuldige kommt nicht ohne Strafe davon – als auch der, „der gerecht macht" (Römer 3,26): Indem er die Strafe in der Person seines Sohnes auf sich selbst nimmt, kann er uns freigeben. Er ist zugleich unser Richter und unser Retter. Nicht ein unschuldiger Dritter rettet uns, sondern Gott selbst. Es ist, als ob er uns diesen Scheck gibt und uns vor die Wahl stellt: Wollen wir, dass er die Strafe für uns bezahlt, oder wollen wir lieber die Strafe für unsere Missetaten selbst auf uns nehmen?

Der Vergleich, den ich hier angeführt habe, hinkt, und zwar aus drei Gründen. Erstens ist unsere Lage viel schlimmer. Uns droht nicht einfach nur eine Geldstrafe, sondern der Tod. Zweitens ist unsere Beziehung zu Gott enger. Es handelt sich nicht einfach nur um zwei Freunde: Gott ist unser Vater im Himmel, der uns inniger liebt, als ein menschlicher Vater es je könnte. Drittens war der Preis höher: Es kostete Gott

kein Geld, sondern seinen einzigen Sohn, der *die Kos-*
ten der Sünde trug.

Das vierte Bild kommt aus dem Bereich der *Fami-*
lie. Wie wir gesehen haben, ist der Zerbruch der Beziehung zu Gott sowohl Ursache als auch Ergebnis der
Sünde. Das Kreuz bietet die Möglichkeit, diese Beziehung zu Gott wiederherzustellen. Paulus schreibt:
„Ja, *Gott war* es, der *in Christus* die Welt mit sich ver-
söhnt hat" (2. Korinther 5,19; Hervorhebung des Autors). Manche machen aus den Aussagen des Neuen
Testaments eine Karikatur und stellen Gott als ungerecht dar, weil er einen Unschuldigen, nämlich Jesus,
an unserer Stelle bestraft habe. Das Neue Testament
lehrt etwas völlig anderes. „Gott war [...] in Christus",
so formuliert es Paulus. In der Person seines Sohnes
hat er selbst unsere Stelle eingenommen. Er selbst
ermöglichte die Wiederherstellung unserer Beziehung zu ihm. *Die letzte Konsequenz der Sünde*, die
Trennung von Gott, ist abgewendet: „Da riss der Vor-
hang im Tempel von oben bis unten entzwei" (Matthäus 27,51).

Was mit dem verlorenen Sohn geschah, kann auch
mit uns geschehen. Wir können zurückkehren zum
Vater und dürfen seine Liebe und seinen Segen erfahren. Und diese Beziehung gilt nicht nur für dieses
Leben; sie gilt auf ewig. Eines Tages werden wir bei
unserem himmlischen Vater sein. Dort werden wir frei
sein: nicht nur von den Kosten der Sünde, der Kontrolle der Sünde, der Korruption durch die Sünde und
der letzten Konsequenz, der Trennung von Gott, sondern auch von jeglicher Form von Koexistenz mit der
Sünde. Dies alles hat Gott durch sein Selbstopfer am
Kreuz möglich gemacht.

Gott liebt jeden von uns von ganzem Herzen und wünscht sich sehnlichst eine Beziehung zu uns – genauso wie ein menschlicher Vater sich nach einer Beziehung zu jedem seiner Kinder sehnt. Jesus starb für jeden. Er starb für Sie und mich; das geht uns persönlich zutiefst an. Paulus sagte über Jesus: „Der Sohn Gottes hat mich geliebt und sich selbst für mich hingegeben" (Galater 2,20). Selbst wenn Sie der einzige Mensch auf der Welt wären, wäre Jesus trotzdem für Sie gestorben. Wie Augustinus es treffend ausgedrückt hat: „Er ist für jeden von uns gestorben, als gebe es außer uns niemanden." Betrachten wir das Kreuz unter einem so persönlichen Vorzeichen, wird unser Leben nicht mehr dasselbe sein.

Der amerikanische Pastor John Wimber beschrieb, wie das Kreuz für ihn persönlich Realität wurde:

„Nachdem ich drei Monate lang die Bibel studiert hatte, hätte ich eine Prüfung über das Kreuz ablegen können. Ich wusste, es gibt einen Gott, der sich in drei Personen offenbart. Ich wusste, dass Jesus wahrer Gott und wahrer Mensch ist und dass er am Kreuz für die Sünden der Welt starb. Was ich aber nicht verstand, war, dass ich selbst ein Sünder bin. Ich hielt mich für einen guten Kerl. Natürlich wusste ich, dass ich ab und zu versagt hatte, aber ich erkannte nicht, wie ernst meine Situation war.

Eines Abends sagte dann meine Frau Carol zu mir: ‚Ich denke, es ist jetzt Zeit, dass wir mal etwas Konkretes mit dem anfangen, was wir gelernt haben.' Zu meiner völligen Überraschung kniete sie sich hin und betete zur Zimmerdecke, wie mir schien. ‚O Gott', sagte sie, ‚mir tun meine Sünden leid!'

Ich konnte es nicht fassen! Sie war ein besserer Mensch als ich und hielt sich für einen Sünder! Ich spürte, wie tief ihr Gebet ging und wie groß ihr Schmerz war. Es dauerte nicht lange, bis sie in Tränen ausbrach; immer von Neuem wiederholte sie dabei: ‚Meine Sünden tun mir leid!' Wir waren zu sechst oder siebt im Zimmer und hatten alle unsere Augen geschlossen. Ich schaute mich um – und es traf mich wie ein Schlag: Die haben alle das Gleiche gebetet! Ich fing an, Blut und Wasser zu schwitzen, und dachte, ich müsse sterben. Der Schweiß lief mir in Strömen übers Gesicht, aber ich dachte: ‚Das mach ich nicht. Das ist zu dämlich. Ich bin ein guter Kerl.' Dann dämmerte es mir. Carol betete nicht zur Decke. Sie betete zu einer Person. Zu einem Gott, der sie hören konnte. Sie wusste: Im Vergleich zu ihm war sie eine Sünderin und auf seine Vergebung angewiesen.

Schlagartig ergab das Kreuz einen Sinn für mich. Plötzlich war ich mir etwas bewusst, dessen ich mir nie zuvor bewusst gewesen war: Ich hatte Gott wehgetan. Er liebte mich und hatte aus dieser Liebe heraus Jesus gesandt. Ich aber hatte mich von dieser Liebe abgewandt. Mein ganzes Leben lang hatte ich einen Bogen darum gemacht. Ich war ein Sünder und brauchte dringend das Kreuz.

Dann kniete auch ich schluchzend auf dem Boden: Die Tränen rannen mir über die Wangen, meine Nase lief, und ich schwitzte aus allen Poren. Ich hatte dieses überwältigende Gefühl, dass ich mit jemandem redete, der mein ganzes Leben bei mir gewesen war, den ich aber nicht bemerkt hatte. Wie Carol wollte ich dem lebendigen Gott sagen, ich sei ein Sünder. Das Einzige aber, was ich laut herausbrachte, war: ‚O Gott, o Gott!'

Ich spürte, wie etwas Umwälzendes in mir stattfand, und dachte noch: ‚Hoffentlich funktioniert das! Sonst mache ich mich total zum Narren!' Dann erinnerte mich Gott an einen Mann, dem ich vor einigen Jahren am Pershing Square in Los Angeles begegnet war. Er trug ein Schild, auf dem stand: ‚Ich mache mich für Jesus zum Narren. Für wen machst du dich zum Narren?' Damals hatte ich gedacht: ‚Das ist das Dümmste, was ich je gesehen habe!' Aber als ich jetzt am Boden kniete, erkannte ich die Wahrheit dieser eigenartigen Aussage. Das Kreuz ist eine Torheit ‚denen, die verloren gehen' (1. Korinther 1,18). An jenem Abend kniete ich vor dem Kreuz nieder und setzte meinen Glauben auf Jesus. Seitdem mache ich mich für Jesus zum Narren."[32]

Kapitel 4

Was kann mir Gewissheit im Glauben geben?

Einige Leute sind morgens in Hochform, andere leben abends erst richtig auf. Meine beste Tageszeit kommt gleich nach dem Aufstehen. Ich wache energiegeladen auf und verliere dann im Laufe des Tages immer mehr Kraft. Um 21:00 Uhr bin ich bettreif, um 22:00 Uhr nicke ich ein, und um 23:00 Uhr schlafe ich tief und fest, egal, wo ich gerade bin!

Das war schon immer so, selbst als ich noch Student war.

Am Ende meines letzten Semesters ging ich zu einer Tanzveranstaltung unserer Hoch-

"Partys um Mitternacht –
das ist nicht so sein Ding."

schule und lernte an dem Abend ein Mädchen kennen, mit dem ich schon einige Male ein paar Worte gewechselt hatte. Sie war ungefähr in meinem Alter. Wir kamen ins Plaudern und dann tanzten wir. 23:00 Uhr kam und ging. 3:00 Uhr morgens kam und ging. 5:00 Uhr kam und ging. Um 7:00 Uhr begannen wir, Tennis zu spielen. Dann fuhren wir auf einem Flussboot und aßen hinterher zu Mittag. Ich hatte kein Auge zugetan, war aber nicht im Geringsten müde. Es sprach sich unter meinen Freunden schnell herum, dass ich dieses Mädchen auf jeden Fall heiraten würde, da sie mich noch nach 23:00 Uhr wach gehalten hatte. Und sie hatten recht: Zwei Jahre später heirateten Pippa und ich!

In jener Nacht begann ein neues Leben. Ich war nie wieder derselbe. Ähnlich fängt auch ein neues Leben an, wenn man Christ wird. Beziehungen sind aufregend, doch die aufregendste Beziehung von allen ist unsere Beziehung zu Gott. Paulus formulierte es folgendermaßen: „Gehört jemand zu Christus, dann ist er ein neuer Mensch. Was vorher war, ist vergangen, etwas Neues hat begonnen" (2. Korinther 5,17; Hoffnung für alle). Manchmal notiere ich mir die Aussagen von Personen, die gerade dieses neue Leben begonnen haben. Hier zwei Beispiele:

„Jetzt habe ich Hoffnung; früher kannte ich nur Verzweiflung. Ich kann jetzt verzeihen, wo früher nur Kälte war. [...] Gott ist für mich so lebendig. Ich kann spüren, wie er mich leitet. Diese totale, entsetzliche Einsamkeit, die ich vorher gespürt habe, ist weg. Gott ist dabei, eine ganz, ganz tiefe Leere zu füllen."

„Ich wäre am liebsten allen Leuten auf der Straße um den Hals gefallen. [...] Ich kann gar nicht aufhören zu beten. Heute habe ich sogar meine Bushaltestelle verpasst, weil ich so intensiv am Beten war."

Was meint der Apostel Paulus damit, wenn er sagt, dass jemand „zu Christus gehört"? Was ist ein Christ? In unserer Gesellschaft kann der Begriff „Christ" sehr unterschiedliche Bedeutungen haben. Ursprünglich war ein Christ jedoch wortwörtlich jemand, der *Christus* nachfolgt, jemand, der durch den Sohn Gottes eine Beziehung mit Gott hat.

Die Erfahrungen davon, wie diese Beziehung beginnt, sind sehr unterschiedlich. Manche spüren eine augenblickliche Veränderung. Bei anderen stellt sich das allmählich ein. Die Erfahrung als solche ist weniger wichtig als die Tatsache, dass wir in dem Moment ein Kind Gottes werden, in dem wir Christus als Herrn und Erlöser annehmen. Das ist der Anfang einer neuen Beziehung. Der Apostel Johannes schreibt: „Allen aber, die ihn aufnahmen, gab er Macht, Kinder Gottes zu werden, die an seinen Namen glauben" (Johannes 1,12). C. S. Lewis hat dies mit einer Zugfahrt von Paris nach Berlin verglichen. Einige Leute sind gerade wach, wenn der Zug über die Grenze fährt und wissen deshalb den genauen Zeitpunkt der Grenzüberschreitung. Andere schlafen dagegen gerade. Sie wissen aber trotzdem, dass sie in Berlin angekommen sind, und allein darauf kommt es an.

Es gibt viele, die sich unsicher sind, ob sie wirklich Christen sind. Am Ende eines Alpha-Kurses bat ich die Teilnehmer einmal, einen Fragebogen auszufüllen. Eine der Fragen lautete: „Hätten Sie sich zu Beginn des Kurses als Christ bezeichnet?" Hier ein paar Beispiele der Antworten, die ich erhielt:

„Ja, aber ohne eine Beziehung zu Gott zu haben."

„So eine Art Christ."

„Möglicherweise ja.

„Ich denke schon."

„Bin mir nicht sicher."

„Wahrscheinlich."

„Irgendwie schon …"

„Ja, obwohl rückblickend eher nein."

„Nein, eher als Halbchristen."

Das Neue Testament stellt klar, dass wir Gewissheit haben können, ob wir Christen sind und das ewige Leben haben. Der Apostel Johannes erklärt: „Ich schreibe euch dies, die ihr an den Namen des Sohnes Gottes glaubt, damit ihr *wisst*, dass ihr ewiges Leben habt" (1. Johannes 5,13; Hervorhebung des Autors).

Woher wissen wir, dass wir ewiges Leben haben? Wie ein Fotostativ auf drei Beinen steht, so beruht unsere Gewissheit über unsere Beziehung zu Gott auf dem Handeln aller drei Personen der Trinität: auf den Verheißungen, die der Vater uns in seinem Wort gibt, auf dem Opfer seines Sohnes am Kreuz und auf der Gewissheit des Heiligen Geistes in unserem Herzen. Das lässt sich in drei Themen zusammenfassen: das Wort Gottes, das Werk Jesu und das Wirken des Heiligen Geistes.

Das Wort Gottes

Sollten Sie mich fragen, woher ich weiß, dass ich verheiratet bin, könnte ich Ihnen ein bestimmtes Dokument zeigen, nämlich unsere Heiratsurkunde. Es ist eine Art Beweisstück, welches belegt, dass Pippa und ich miteinander verheiratet sind. Sollten Sie mich fragen, woher ich weiß, dass ich Christ bin, könnte ich Ihnen ebenfalls ein Dokument zeigen, und zwar die Bibel.

Das erste Bein des Fotostativs ist das Wort Gottes. Unsere Gotteserkenntnis gründet sich auf die Verheißungen der Bibel. Sie beruht auf Tatsachen, nicht auf Gefühlen. Müssten wir uns nur auf unsere Gefühle verlassen, dann gäbe es keinerlei Gewissheit. Unsere Gefühle haben Höhen und Tiefen, je nachdem, wodurch sie gerade beeinflusst werden – das Wetter vielleicht oder das letzte Frühstück. Gefühle sind wechselhaft und trügerisch. Die Verheißungen der Bibel, des Wortes Gottes, verändern sich dagegen nicht: Sie sind absolut zuverlässig.

Die Bibel enthält viele großartige Verheißungen. Ein Vers, der mir besonders am Anfang meines Christseins sehr geholfen hat, steht im letzten Buch der Bibel. In einer Vision sieht Johannes, wie Jesus zu sieben verschiedenen Gemeinden spricht. Der Gemeinde in Laodizea sagt er: „Hier bin ich. Ich stehe vor der Tür und klopfe an. Wenn jemand meine Stimme hört und die Tür öffnet, werde ich kommen und mit ihm zusammen essen und er mit mir" (Offenbarung 3,20).

Für diesen Beginn des neuen Lebens als Christ gibt es unterschiedliche Bezeichnungen, etwa: „Christ werden", „Jesus sein Leben geben", „Jesus aufnehmen", „Jesus in unser Leben einladen", „zum Glauben kommen", „Jesus die Tür öffnen" – um nur einige zu nennen. Gemeint ist dabei immer ein und dieselbe Realität: Jesus tritt durch den Heiligen Geist in unser

Leben hinein, wie es dieser Vers bildlich zum Ausdruck bringt.

Der zu den Präraffaeliten zählende Maler William Holman Hunt (1827–1910) wurde von dieser Aussage zu seinem Gemälde „Das Licht der Welt" inspiriert (siehe S. 310). Insgesamt malte er drei Versionen davon. Eine hängt im *Keble College* in Oxford, die zweite in der *Manchester City Art Gallery*. Die berühmteste Version wurde von 1905 bis 1907 auf einer Rundreise in den Kolonien ausgestellt und im Juni 1908 der *St. Paul's Cathedral* gestiftet, wo sie heute noch hängt. Die erste Version wurde zumeist mit schlechten Kritiken bedacht. Doch dann schrieb der Maler und Kunstkritiker John Ruskin am 5. Mai 1854 an die „Times" und erklärte ausführlich und brillant den Symbolgehalt des Gemäldes. Er bezeichnete es als „eines der erlesensten Werke sakraler Kunst, das je in unserer oder einer anderen Zeit hervorgebracht wurde".

Jesus, das Licht der Welt, steht vor einer Tür, die von Efeu und Unkraut überwuchert ist. Die Tür stellt deutlich das Tor zum Leben eines Menschen dar. Diese Person hat Jesus nie in ihr Leben eingeladen. Jesus steht nun an der Tür und klopft an. Er wartet auf eine Antwort. Er möchte hereinkommen und Teil haben an dem Leben dieses Menschen.

Jemand, so heißt es, habe William Holman Hunt gegenüber einmal angemerkt, er habe einen Fehler gemacht: „Sie haben den Türgriff vergessen."

„O nein", gab Hunt zur Antwort, „das ist Absicht. Diese Tür hat nur einen Griff, und der befindet sich auf der Innenseite."

Mit anderen Worten: Wir selbst müssen die Tür aufmachen, um Jesus in unser Leben hineinzulassen. Jesus wird sich nie den Zutritt erzwingen. Er lässt uns die Freiheit der Entscheidung. Es liegt an uns, ob wir ihm die Tür öffnen oder nicht. Tun wir es, so verspricht er: „[...] dann werde ich kommen und mit ihm zusammen essen und er mit mir." Das gemeinsame Mahl ist ein Zeichen der Freundschaft, die Jesus allen anbietet, die ihm die Tür zu ihrem Leben öffnen.

Jesus verspricht, uns niemals zu verlassen, wenn wir ihn in unser Leben einladen. Zu seinen Jüngern sagt er: „Ich bin immer bei euch!" (Matthäus 28,20). Auch wenn wir nicht immer mit ihm reden, wird er doch immer da sein. Wenn Sie mit einem Freund gemeinsam in einem Zimmer arbeiten, reden Sie vielleicht nicht direkt mit ihm, doch Sie sind sich seiner Gegenwart bewusst. So verhält es sich auch mit der Gegenwart Jesu. Er ist immer bei uns.

Dieses Versprechen Jesu, immer bei uns zu sein, ist eng mit einer weiteren großartigen Verheißung im Neuen Testament verknüpft: Jesus verspricht seinen Nachfolgern das ewige Leben (vgl. Johannes 10,28). Wie wir schon gesehen haben, meint „ewiges Leben" im Neuen Testament eine Qualität des Lebens, die das Ergebnis einer Beziehung zu Gott durch Jesus Christus ist (vgl. Johannes 17,3). Es beginnt schon jetzt, wenn wir das Leben in seiner ganzen Fülle erfahren, die Jesus uns schenken will (vgl. Johannes 10,10). Doch es beschränkt sich keineswegs auf das irdische Leben, sondern setzt sich in Ewigkeit fort.

Die Auferstehung Jesu von den Toten hat zahlreiche Konsequenzen: Zum einen gibt sie uns Gewissheit in Bezug auf die Vergangenheit. Sie gewährleistet, dass das Werk Jesu am Kreuz sinnvoll war und Auswirkungen hat. „Die Auferstehung ist nicht die Umkehrung einer Niederlage. Sie ist die Manifestation eines Sieges."[33] Zweitens schenkt uns die Auferstehung Gewissheit in Bezug auf die Gegenwart: Jesus lebt, seine Kraft ist bei uns, und er gewährt uns das Leben in all seiner Fülle. Drittens schenkt sie uns Gewissheit in Bezug auf die Zukunft: Dieses Leben ist nicht das Ende! Es gibt ein Leben nach dem Tod. Die Geschichte ist weder sinnlos noch dreht sie sich im Kreis: Sie läuft auf einen großartigen Höhepunkt zu.

Eines Tages wird Jesus wiederkommen, um einen neuen Himmel und eine neue Erde zu erschaffen (vgl. Offenbarung 21,1). Dann werden alle, die zu Christus gehören, „immer beim Herrn sein" (1. Thessalonicher 4,17). Es gibt keine Tränen mehr, weil es keinen Schmerz mehr gibt. Es gibt keine Versuchung mehr, weil es keine Sünde mehr gibt. Es gibt kein Leid mehr. Wir werden nicht mehr von Menschen, die wir lieben, getrennt sein. Wir werden Jesus von Angesicht zu Angesicht sehen (vgl. 1. Korinther 13,12). Wir erhalten einen verherrlichten Körper, der keinen Schmerz mehr kennt (vgl. 1. Korinther 15). Wir werden in das Ebenbild Jesu Christi verwandelt (vgl. 1. Johannes 3,2). Der Himmel wird von einer tiefen Freude erfüllt sein, die ewig anhält. Manche halten das für langweilig oder machen sich darüber lustig. Doch schon Paulus hat geschrieben: „Kein Auge hat gesehen, kein Ohr hat gehört, kein Gedanke hat erfasst, was Gott für die vorbereitet hat, die ihn lieben" (1. Korinther 2,9; ein Zitat aus Jesaja 64,4).

In einer seiner „Narnia"-Geschichten beschreibt C. S. Lewis den Himmel mit folgendem Vergleich:

„Die Schule ist aus, die Ferien haben begonnen. Der Traum ist zu Ende, der Morgen ist da. [...] Ihr ganzes Leben in dieser irdischen Welt [...] waren nur der Umschlag und das Titelblatt gewesen. Nun erst begannen sie das erste Kapitel der großen Geschichte, die noch keiner auf Erden gelesen hat, der Geschichte, die ewig weitergeht und in der jedes Kapitel besser ist als das vorangegangene."[34]

Das Werk Jesu

Auf die Frage, woher ich weiß, dass ich verheiratet bin, könnte ich Ihnen unsere Heiratsurkunde zeigen. Doch ich könnte auch auf ein Ereignis hinweisen, welches sich am 7. Januar 1978 zugetragen hat: unsere Hochzeit. Ähnlich verhält es sich mit der Frage, woher ich weiß, dass ich Christ bin. Ich kann auf ein geschichtliches Ereignis verweisen, nämlich den Tod und die Auferstehung Jesu Christi.

Das zweite Bein des Fotostativs sind daher die Taten von Jesus Christus, insbesondere sein Tod am Kreuz. Das Großartige ist, dass meine Gewissheit darüber, dass ich das ewige Leben habe, überhaupt nicht von mir abhängt. Es hängt allein an dem, was Jesus für mich getan hat. Es hat nichts mit dem zu tun, was ich zustande bringe oder erreiche, sondern mit dem, was Jesus am Kreuz getan hat. Durch seinen Tod am Kreuz kann er uns das ewige Leben zum Geschenk machen (Johannes 10,28). Und ein Geschenk kann man sich nun einmal nicht verdienen; man kann es nur dankbar annehmen.

Alles fängt mit der Liebe Gottes zu uns an: „Denn Gott hat die Welt so sehr geliebt, dass er seinen einzigen Sohn hingab, damit jeder, der an ihn glaubt, nicht zugrunde geht, sondern das ewige Leben hat" (Johannes 3,16). Wir hätten es alle verdient, „zugrunde zu gehen". Aber Gott sah in seiner großen Liebe die ausweglose Situation, in die wir uns gebracht haben, und gab seinen einzigen Sohn Jesus für uns in den Tod. Durch diesen Tod wird allen, die an ihn glauben, das ewige Leben angeboten.

Am Kreuz nahm Jesus alles auf sich, was wir je falsch gemacht haben, all unsere Fehler und Sünden. So war es schon im Alten Testament vorhergesagt worden. Im Buch Jesaja, das einige Jahrhunderte zuvor verfasst wurde, sah der Prophet voraus, was der „leidende Gottesknecht" für uns tun würde: „Wir hatten uns alle verirrt wie Schafe, jeder ging für sich seinen Weg. Doch der Herr lud auf ihn die Schuld von uns allen" (Jesaja 53,6).

Hier wird darauf hingewiesen, dass wir alle schuldig sind – wir haben uns alle verlaufen. An einer anderen Stelle heißt es, dass unser Fehlverhalten zur Trennung zwischen Gott und uns führt (vgl. Jesaja 59,1–2). Dies ist einer der Gründe, weshalb Gott uns manchmal so weit entfernt erscheint. Zwischen uns und ihm existiert eine Barriere, die uns daran hindert, seine Liebe zu erfahren.

Jesus dagegen hat nie etwas Falsches getan. Er führte ein vollkommenes Leben. Zwischen ihm und seinem Vater gab es kein Hindernis. Am Kreuz übertrug Gott unsere Fehler und unser Versagen auf Jesus. („Doch der Herr lud auf ihn die Schuld von uns allen.") Das ist der Grund, weshalb Jesus am Kreuz schrie: „Mein Gott, mein Gott, warum hast du mich verlassen?" (Markus 15,34). In diesem Augenblick wurde er von Gott getrennt – aber nicht wegen seiner eigenen Sünden, sondern wegen unserer.

Jetzt konnte die Trennwand zwischen Gott und uns niedergerissen werden – bei allen, die für sich persönlich das annehmen, was Jesus für sie getan hat. Deshalb können wir uns nun der Vergebung Gottes gewiss sein. Wir können uns sicher sein, dass wir nie verurteilt werden. Paulus drückt dies so aus: „Jetzt gibt es keine Verurteilung mehr für die, welche in Christus Jesus sind" (Römer 8,1). Und damit haben wir auch den zweiten Grund, warum wir gewiss sein können, das ewige Leben zu haben: Es ist die Folge dessen, was Jesus durch seinen Tod am Kreuz für uns getan hat.

Ich bin etwas misstrauisch, wenn ich höre, dass etwas umsonst ist. Das ewige Leben ist zwar ein Geschenk – das heißt, es ist umsonst –, aber es ist nicht billig. Es hat Jesus das Leben gekostet. Wir empfangen das Geschenk durch Umkehr und Glauben.

Was bedeutet „Umkehr"? In der Bibel wird dafür der Begriff „Buße" benutzt, womit ein Sinneswandel gemeint ist. Wenn wir dieses Geschenk empfangen wollen, müssen wir bereit sein, uns von allem abzuwenden, was verkehrt ist. Das sind die Dinge, die uns letztlich schaden und zum „Tod" führen (vgl. Römer 6,23a). C. S. Lewis hat gesagt, Buße bedeute, „seine Waffen niederzulegen, sich zu ergeben und sich zu entschuldigen; zu erkennen, dass man auf dem Holzweg gewesen ist, und bereit sein, das Leben noch einmal von vorne zu beginnen".

Was ist Glaube? Blondin war ein berühmter Hochseilartist im 19. Jahrhundert. Ihm sahen immer große Menschenmengen zu, besonders bei seinen spektakulären Überquerungen der Niagara-Fälle. Zuerst kam eine relativ einfache Überquerung mit einer Balancestange. Dann warf er die Stange weg und vollbrachte die verschiedensten Kunststücke. 1860 kam eine königliche Reisegesellschaft aus Großbritannien, um sich seine Vorstellung anzusehen. Blondin überquerte das Seil zunächst auf Stelzen, dann mit verbundenen Augen. Das nächste Mal machte er auf halbem Weg Halt, um sich mitten auf dem Hochseil ein Spiegelei zu braten. Dann holte er sich unter dem Jubel der Menge eine Schubkarre, schob sie über das Hochseil auf die andere Seite und wieder zurück. Anschließend nahm er einen großen Sack Kartoffeln, legte ihn auf den Schubkarren und fuhr diesen ebenfalls hinüber und wieder zurück; die Begeisterung der Zuschauer kannte keine Grenzen.

Danach ging er zu der königlichen Gesellschaft, trat vor den Herzog von Newcastle und fragte diesen: „Glauben Sie, dass ich in dieser Schubkarre einen Menschen hinübertransportieren kann?"

„Ja, aber sicher, das glaube ich", erwiderte der Herzog.

„Dann steigen Sie ein!", gab Blondin zurück. Die Zuschauer hielten den Atem an. Der Herzog von Newcastle nahm jedoch die Aufforderung nicht an. Auch sonst traute sich niemand. Schließlich kam eine kleine ältere Dame und stieg in die Schubkarre. Blondin schob sie über die Niagara-Fälle und wieder zurück. Es stellte sich heraus, dass die ältere Dame Blondins Mutter war. Sie war die Einzige, die bereit war, ihr Leben in seine Hände zu legen. Glaube heißt „einzusteigen". *Glaube ist keine bloße Verstandesübung. Glaube ist der aktive Schritt, bei dem wir unser Vertrauen völlig auf Jesus Christus setzen.*

Wenn wir umkehren und unseren Glauben auf das setzen, was Jesus Christus für uns getan hat, können wir uns Gottes Vergebung gewiss sein. Wir sind von unserer Schuld befreit. Paulus weist in seinem Brief an die Römer darauf hin: „Jetzt gibt es keine Verurteilung mehr für die, welche in Christus Jesus sind" (Römer 8,1). Dies ist also der zweite Grund, warum wir sicher sein können, dass wir ewiges Leben haben: wegen dem, was Jesus für uns durch seinen Tod am Kreuz erlangt hat.

Das Wirken des Heiligen Geistes

Als Beweis meines Ehestandes könnte ich neben einem Dokument und einem Ereignis auch auf meine jahrelange Erfahrung als Ehemann zeigen. Um mein Christsein zu verdeutlichen, kann ich nicht nur auf ein Dokument und ein geschichtliches Ereignis weisen, sondern auch auf meine Erfahrungen mit dem Heiligen Geist.

Das ist das dritte Standbein: Wenn jemand Christ wird, kommt der Heilige Geist und wohnt in ihm. Er wirkt in vielfältiger Weise, doch sind es besonders zwei Aspekte, die uns die Gewissheit schenken, dass wir wirklich Christen sind.

Erstens: Er verwandelt uns von innen her. Er bringt in uns die Charaktereigenschaften hervor, die auch Jesus kennzeichneten. Diese Charakterzüge werden in der Bibel als „Frucht des Geistes" bezeichnet. Im Einzelnen werden dabei aufgeführt: „Liebe, Freude, Friede, Langmut, Freundlichkeit, Güte, Treue, Sanftmut und Selbstbeherrschung" (Galater 5,22–23). Wenn der Heilige Geist in unser Leben kommt, beginnt diese „Frucht" zu wachsen.

Es kommt zu Veränderungen in unserem Charakter, die auch Außenstehenden auffallen sollten, doch geschieht das natürlich nicht über Nacht. Wir haben einmal einen Birnbaum in unseren Garten gepflanzt, und fast jeden Tag sah ich nach, ob er schon Frucht trug. Eines Tages spielte mir ein Freund einen Streich (er hat übrigens auch die Zeichnungen für dieses Buch angefertigt). Er hängte einen großen Apfel in den Baum. Doch nicht einmal ich fiel darauf herein. Mein zugegebenermaßen begrenztes Wissen als Gärtner sagt mir nämlich, dass Früchte Zeit zum Wachsen brauchen – und dass Birnbäume keine Äpfel tragen. So hoffen wir auch als Christen, dass andere mit der Zeit an uns mehr Liebe, Freude, Frieden, Langmut, Freundlichkeit, Güte, Treue, Sanftmut und Selbstbeherrschung bemerken.

Es sollte aber nicht nur in unserem Wesen, sondern auch in unseren Beziehungen zu Veränderungen kommen. Das betrifft die Beziehung zu Gott genauso wie die Beziehung zu anderen Menschen. Eine neue Liebe zu Gott entsteht – zu dem Vater, dem Sohn und dem Heiligen Geist. So ruft etwa das Wort „Jesus" ganz andere gefühlsmäßige Reaktionen hervor. Bevor ich Christ wurde, schaltete ich meist auf einen anderen Sender um, wenn im Fernsehen oder Radio von Jesus Christus die Rede war. Ich interessierte mich nicht besonders für Religion. Nachdem ich Christ geworden war, drehte ich Fernseher oder Radio lauter, weil sich meine Einstellung zu Jesus völlig verändert hatte. Dies war ein kleines Zeichen meiner neuen Liebe zu ihm.

Auch unsere Einstellung zu anderen Menschen ändert sich. Oft haben mir frischgebackene Christen erzählt, dass ihnen plötzlich die Gesichter von Passanten auf der Straße oder im Bus auffallen. Vorher hatten sie kaum Interesse an anderen; nun aber verspürten sie ein tiefes Mitgefühl für Menschen, die einen traurigen oder einsamen Eindruck machten. Bei mir kam es zu einer dramatischen Veränderung in meiner Einstellung gegenüber anderen Christen. Ich muss gestehen, dass ich vorher am liebsten allen Leuten aus dem Weg gegangen war, die sich zu ihrem Christsein bekannten. Später stellte ich fest, dass diese Leute längst nicht so übel waren, wie ich gedacht hatte! Ganz im Gegenteil: Bald erlebte ich mit Christen solche tiefen Freundschaften, wie ich sie nie zuvor gekannt hatte.

Zweitens bewirkt der Heilige Geist neben solchen sichtbaren Veränderungen eine tiefe innere Gotteserfahrung. Er schenkt uns eine tiefe, persönliche Gewissheit, dass wir Kinder Gottes sind (Römer 8,15–16).

Ich habe drei Kinder, die inzwischen alle erwachsen sind. Meiner Meinung nach sind viele Kinder in ihrer Schulzeit überfordert. Deswegen gab ich meinen Kindern häufig den Ratschlag: „Nehmt's ein bisschen lockerer!" Egal, was im Zeugnis stand, ich war von meinen Kindern immer völlig begeistert. Ich weiß noch, wie ich mir das Zeugnis meiner 13-jährigen Tochter ansah und es (natürlich) wunderbar fand. Sie lenkte meine Aufmerksamkeit dagegen auf Bereiche, in denen sie von sich enttäuscht war. Sie sagte, sie hätte in Französisch besser sein sollen und so weiter.

Ich antwortete darauf: „Mir ist eigentlich überhaupt nicht wichtig, wie gut du in Französisch bist. Ich finde dich toll. Mir würde es sogar nichts ausmachen, wenn das Zeugnis richtig schlecht ausgefallen wäre. Ich liebe dich, einfach weil ich dich liebe." Als ich später an diesem Abend unsere Unterhaltung noch einmal Revue passieren ließ, spürte ich, wie Gott zu mir sagte: „Genauso sehe ich dich."

Gottes Liebe zu jedem von uns überragt bei Weitem die menschliche Liebe, die Eltern ihren Kindern entgegenbringen. Ich komme mir häufig unzureichend vor. Es gibt vieles, was ich nicht gut kann, und immer wieder versage ich. Dennoch nimmt Gott uns an und liebt uns, einfach weil er uns liebt. Wir sind uns dieser Liebe gewiss, weil Gottes Geist sie uns bezeugt – sowohl objektiv durch einen kontinuierlichen Prozess der Veränderung unseres Charakters und unserer Beziehungen als auch subjektiv durch eine tiefe innere Überzeugung, dass wir Gottes Kinder sind.

Durch diese Dinge – das Wort Gottes, das Werk Jesu und das Wirken des Heiligen Geistes – bekommen also Menschen, die an Jesus glauben, die Gewissheit, dass sie Gottes Kinder sind und ewiges Leben haben.

Eine solche Gewissheit hat nichts mit Anmaßung zu tun. Sie beruht auf dem, was Gott versprochen und Jesus durch seinen Tod für uns getan hat und was der Heilige Geist in unserem Leben wirkt. Das ist eines der Vorrechte, die man hat, wenn man Kind Gottes ist: Wir haben die volle Gewissheit einer Beziehung zu unserem himmlischen Vater; wir haben die volle Gewissheit, dass unsere Schuld vergeben ist; und wir haben die volle Gewissheit, dass wir Christen sind und ewiges Leben haben.

Wenn Sie nicht sicher sind, ob Sie je wirklich Ihren Glauben auf Jesus gesetzt haben, dann können Sie das folgende Gebet sprechen. Es kann zum Startpunkt für Ihr Leben als Christ werden. Sie können dadurch alles empfangen, was Christus durch seinen Tod bewirkt hat.

Gott, es tut mir leid, dass ich in meinem Leben Dinge getan habe, die nicht in Ordnung waren.

[Vielleicht fallen Ihnen an dieser Stelle ein paar konkrete Dinge ein? Nennen Sie sie beim Namen.]

Bitte vergib mir. Ich kehre jetzt von all dem um, von dem ich weiß, dass es falsch ist.

Danke, dass du am Kreuz für mich gestorben bist, so dass mir vergeben ist und ich frei sein kann.

Danke, dass du mir Vergebung anbietest und die Gabe deines Geistes. Ich nehme nun dieses Geschenk an.

Bitte komm durch deinen Heiligen Geist in mein Leben und bleibe für immer bei mir.

Ich danke dir, Herr Jesus. Amen.

Kapitel 5

Warum und wie bete ich?

Untersuchungen haben ergeben, dass drei Viertel der Menschen in einem säkularen, skeptischen Land wie Großbritannien mindestens einmal in der Woche beten. Bevor ich Christ wurde, betete ich zwei Arten von Gebeten. Die eine war die Art von Gebet, die ich als Kind von meiner Großmutter gelernt hatte (die übrigens nicht in die Kirche ging): „Lieber Gott, segne Mama und Papa ... und alle anderen Leute auch, und mach mich zu einem braven Jungen. Amen." Nichts gegen dieses Gebet; aber für mich war es eher eine magische Formel, die ich jeden Abend vor dem Einschlafen aufsagte; ich hatte nämlich eine abergläubische Angst davor, dass etwas Schlimmes passieren würde, wenn ich dieses Gebet vergäße.

Zweitens betete ich, wenn ich in einer Krise war. Mit 17 Jahren reiste ich allein durch die USA. Irgendwie schaffte es die Busgesellschaft, dass mein Rucksack mitsamt meiner Kleidung, meinem Geld und meinem Adressbuch verloren ging. Ich hatte buchstäblich nichts mehr. In Key West lebte ich zehn Tage zusammen mit einem Alkoholiker in einem Zelt in einer Hippiekolonie. Danach verbrachte ich meine Zeit damit, tagsüber in verschiedenen amerikanischen Städten herumzulaufen und nachts im Bus zu schlafen; meine

Einsamkeit und meine Verzweiflung wurden immer größer. Eines Tages, als ich wieder einmal durch die Straßen trottete, schrie ich in meiner Not zu Gott (an den ich nicht glaubte) und betete, dass ich irgendeinen Bekannten treffen würde. Kurz danach stieg ich um sechs Uhr morgens in Phoenix (Arizona) in einen Bus – und traf dort einen alten Schulkameraden! Er lieh mir Geld und wir reisten ein paar Tage lang zusammen herum. Plötzlich sah die Welt ganz anders aus. Ich betrachtete das aber als bloßen Zufall, nicht als Gebetserhörung. Seit ich Christ bin, staune ich oft darüber, wie viele Zufälle sich ereignen, wenn wir beten!

Was ist Gebet?

Gebet ist die wichtigste Aktivität unseres Lebens. Die Beziehung zu unserem Vater im Himmel gestaltet sich in erster Linie durchs Gebet. Jesus sagte: „Du aber, geh in deine Kammer, wenn du betest, und schließ die Tür zu; dann bete zu deinem Vater, der im Verborgenen ist" (Matthäus 6,6). Es geht um eine Beziehung, nicht um ein Ritual. Gebet ist keine Flut gedankenlos und mechanisch dahergesagter Worte. Jesus sagte: „Wenn ihr betet, sollt ihr nicht plappern wie die Heiden" (Matthäus 6,7).

Gebet ist ein Gespräch mit unserem Vater im Himmel. Es ist also eine Sache der Beziehung zu Gott; deshalb ist dann auch die ganze göttliche Trinität daran beteiligt – Vater, Sohn und Heiliger Geist.

Christen beten „zum Vater"

Jesus lehrte, wie wir beten sollen: „Unser Vater im Himmel" (Matthäus 6,9). Gott ist eine Person. Gott ist „jenseits der Personalität", wie C. S. Lewis es formuliert hat – aber er ist eben auch Person. Der Mensch wurde als Ebenbild Gottes erschaffen. Unser Personsein spiegelt etwas von dem Wesen Gottes wider. Er ist unser liebender Vater, und wir haben das außergewöhnliche Vorrecht, in seine Gegenwart kommen und ihn „Abba" nennen zu dürfen. Das aramäische Wort *Abba* hat auch Jesus benutzt und es kann am ehesten mit „Papa" oder „lieber Vater" übersetzt werden. Es macht deutlich, dass unsere Beziehung zu Gott und unser Beten zu unserem Vater im Himmel von einer bemerkenswerten Vertrautheit geprägt ist.

Gott ist nicht nur „unser Vater", er ist auch „unser Vater im Himmel". Er besitzt die ganze Macht des Himmels. Wenn wir beten, sprechen wir mit dem Schöpfer des Universums. Am 20. August 1977 startete die interplanetarische Raumsonde Voyager 2 ins All, um Daten über den äußeren Rand unseres Planetensystems zu sammeln und zur Erde zu übermitteln; ihre Geschwindigkeit war dabei mit 145.000 km/h größer als die einer Gewehrkugel. Am 28. August 1989 erreichte sie den Planeten Neptun, der 4,3 Milliarden Kilometer von der Erde entfernt ist. Dann verließ Voyager 2 unser Sonnensystem und wird sich erst nach 958.000 Jahren dem nächsten Stern unserer Galaxis auf ein Lichtjahr nähern. In unserer Galaxis allein gibt es mindestens 200 Milliarden Sterne wie unsere Sonne. Unsere Galaxis ist aber nur eine von 100 Milliarden Galaxien. In einer Nebenbemerkung wird im 1. Buch Mose erwähnt: „Gott machte auch die Sterne"

(1. Mose 1,16). Hier schimmert etwas von dem Ausmaß seiner Macht durch. Der christliche Schriftsteller Andrew Murray sagte einmal: „Die Macht unseres Gebets hängt fast völlig davon ab, ob wir verstehen, mit wem wir reden."[35]

Wenn wir beten, dann sprechen wir mit einem Gott, der sowohl transzendent ist als auch immanent, das heißt: Er ist unendlich viel größer und mächtiger als das Universum, das er erschaffen hat, und dennoch ist er ganz nahe bei uns, wenn wir beten.

Christen beten „durch den Sohn"

Paulus schreibt: „Durch ihn [Jesus] haben wir [...] durch den einen Geist den Zugang zum Vater" (Epheser 2,18). Jesus sagte: „Dann wird euch der Vater alles geben, um was ihr ihn in meinem Namen bittet" (Johannes 15,16). So wie wir sind, haben wir keinerlei Berechtigung, zu Gott zu kommen, aber wir können und dürfen es „durch Jesus" und „in seinem Namen". Darum werden Gebete häufig mit den Worten abgeschlossen: „durch Jesus Christus, unsern Herrn" oder: „im Namen Jesu". Das ist mehr als eine bloße Formel; damit erkennen wir die Tatsache an, dass wir allein durch Jesus Zugang zu Gott haben. Jesus war es, der durch seinen Tod am Kreuz die Trennwand zwischen uns und Gott beseitigt hat. Er ist unser großer Hohepriester. Deshalb hat der Name Jesus auch eine solche Macht.

Der Wert eines Schecks hängt nicht nur von dem Betrag ab, über den er ausgestellt wurde, sondern auch von dem Namen, der als Unterschrift daruntersteht. Wenn ich einen Scheck über zehn Millionen Pfund ausstellen würde, wäre er wertlos; wenn dagegen Bill

Gates, der angeblich reichste Mann der Welt, das Gleiche täte, dann wäre der Scheck auch wirklich so viel wert. Bei der Bank des Himmels haben wir keine eigenen Einlagen. Erscheine ich dort in meinem eigenen Namen, so bekomme ich nichts. Jesus Christus aber hat unbegrenzten Kredit im Himmel – und er hat uns das Recht gegeben, seinen Namen zu benutzen.

Christen beten „im Geist" (Epheser 2,18)
Beten fällt uns schwer, doch Gott lässt uns dabei nicht im Stich. Er hat uns seinen Geist gegeben, der in uns wohnt und uns hilft zu beten. Paulus schreibt: „So nimmt sich auch der Geist unserer Schwachheit an. Denn wir wissen nicht, worum wir in rechter Weise beten sollen; der Geist selber tritt jedoch für uns ein mit Seufzen, das wir nicht in Worte fassen können. Und Gott, der die Herzen erforscht, weiß, was die Absicht des Geistes ist: er tritt so, wie Gott es will, für die Heiligen ein" (Römer 8,26–27). Wir beten also „in dem einen Geist" (Epheser 2,18). In einem späteren Kapitel werden wir das Wirken des Geistes näher betrachten.

Warum beten?

Gebet ist eine lebensnotwendige Aktivität. Dafür gibt es viele Gründe. Erstens ist es der Weg, auf dem wir unsere Beziehung zu unserem himmlischen Vater gestalten und pflegen. Manche Leute fragen: „Gott kennt doch unsere Bedürfnisse. Warum müssen wir ihn dann noch bitten?" Nun, ohne Kommunikation wäre es mit der Beziehung nicht weit her. Bitten ist natürlich nicht die einzige Form unseres Umgangs mit Gott. Es gibt auch andere Arten des Gebets: Dank, Lob, Anbetung, Sündenbekenntnis, Zuhören usw. Aber das Bitten spielt eine wichtige Rolle. Wenn wir Gott um etwas bitten und dann erleben, wie er unser Gebet erhört, dann stärkt das unsere Beziehung zu ihm.

Zweitens: Auch Jesus selbst betete, und er lehrte uns, das Gleiche zu tun. Jesus stand in einer ununterbrochenen Beziehung zu seinem Vater. Sein Leben war ein einziges Gebet. Die Bibel erwähnt häufig, dass Jesus gebetet hat (zum Beispiel Markus 1,35; Lukas 6,12).

Und falls wir noch einen zusätzlichen Ansporn zum Beten brauchen: Jesus lehrte, dass das Gebet seinen Lohn hat. Man mag sich fragen, ob es überhaupt angebracht ist, sich von einem Lohn anspornen zu lassen, gibt es doch zweifellos ungute Tauschgeschäfte. Sex gegen Geld ist zum Beispiel ein schlechter Tausch. Aber es gibt auch angemessenen Lohn. Wenn sich jemand gut auf eine Prüfung vorbereitet, sie dann besteht und dadurch eine bestimmte Qualifikation erlangt, ist ein solcher Lohn gut und richtig. C. S. Lewis formulierte es folgendermaßen: „Wahre Belohnungen sind nicht einfach an die Tätigkeit angeheftet, für die man sie erhält, sondern ergeben sich aus dem Vollzug dieser Tätigkeit selbst."[36]

Viele von uns empfinden eine innere Ruhelosigkeit, ein Gefühl der Trauer oder der Sehnsucht, und meiner Erfahrung nach stillt Gebet diesen geistlichen Hunger. Der Lohn für Gebet besteht darin, dass wir Gottes Liebe zu uns und seine Gegenwart erleben. Der Psalmist sagt: „Vor deinem Angesicht herrscht Freude in Fülle" (Psalm 16,11).

Und schließlich: Gebet verändert nicht nur uns, sondern auch den Lauf der Dinge. Viele Menschen können zwar akzeptieren, dass Gebet positive Auswirkungen auf sie selbst hat, aber sie sind sehr skeptisch, wenn es darum geht, ob Gebet die äußeren Gegebenheiten oder andere Menschen beeinflussen kann. Rabbi Daniel Cohn-Scherbok von der Universität Kent vertrat einst in einem Artikel die These, dass die Zukunft unabänderlich festgelegt sein müsse, da Gott sie ja im Voraus kenne. Darauf entgegnete Clifford Longley, der Religionskorrespondent der „Times", zutreffend: „Wenn Gott in einer ewigen Gegenwart lebt, dann hört er alle Gebete gleichzeitig. Deshalb kann er ein Gebet, das kommende Woche gesprochen wird, schon einen Monat zuvor mit dem dazugehörigen Ereignis zusammenbringen."

Jesus hat uns immer wieder dazu aufgefordert, Gott um etwas zu bitten. Er sagte: „Bittet, dann wird euch gegeben; sucht, dann werdet ihr finden; klopft an, dann wird euch geöffnet. Denn wer bittet, der empfängt; wer sucht, der findet; wer anklopft, dem wird geöffnet" (Matthäus 7,7–8).

Jeder Christ weiß aus eigener Erfahrung, dass Gott Gebete erhört. Zwar lässt sich die Wahrheit des christlichen Glaubens nicht durch Gebetserhörungen beweisen, denn ein Zyniker könnte sie immer für Zufälle erklären. Doch stärkt das gehäufte Auftreten von Gebetserhörungen unseren Glauben an Gott. Ich führe ein Gebetstagebuch, und es fasziniert mich zu sehen, in welcher Weise Gott Tag für Tag, Woche für Woche, Jahr für Jahr meine Gebete erhört hat.

Erhört Gott alle Gebete?

In dem gerade zitierten Text aus dem Matthäusevangelium, Kapitel 7, Verse 7–8 und an vielen anderen Stellen des Neuen Testaments sieht es so aus, als ob unseren Gebeten uneingeschränkt Erhörung zugesichert würde. Sehen wir uns aber die Bibel in ihrer Gesamtheit an, dann merken wir, dass es gute Gründe dafür gibt, dass wir nicht immer das bekommen, worum wir gebeten haben.

Schuld, die nicht bekannt wurde, bewirkt Trennung zwischen uns und Gott: „Seht her, die Hand des Herrn ist nicht zu kurz, um zu helfen, sein Ohr ist nicht schwerhörig, sodass er nicht hört. Nein, was zwischen euch und eurem Gott steht, das sind eure Vergehen; eure Sünden verdecken sein Gesicht, sodass er euch nicht hört" (Jesaja 59,1–2). Gott verspricht nirgendwo, das Gebet eines Menschen zu erhören, der nicht in einer Beziehung zu ihm lebt. Manchmal mag er das trotzdem aus reiner Gnade tun (wie in meinem Fall, den ich am Anfang dieses Kapitels geschildert habe), dennoch haben wir kein Recht, das zu erwarten. Wenn jemand sagt: „Ich habe nicht das Gefühl, dass ich zu Gott durchdringe. Ich glaube nicht, dass da überhaupt jemand ist", dann würde ich mich zuerst erkundigen, ob er je Gottes Vergebung durch den gekreuzigten Christus für sich in Anspruch genommen hat. Dieses Hindernis der nicht bekannten Schuld muss entfernt werden, bevor wir erwarten können, dass Gott unsere Gebete hört und beantwortet.

Auch bei Christen kann die Freundschaft mit Gott durch Sünde oder Ungehorsam getrübt werden. Johannes schreibt: „Liebe Brüder, wenn das Herz uns aber nicht mehr verurteilt, haben wir gegenüber Gott Zuversicht; alles, was wir erbitten, empfangen wir von ihm, weil wir seine Gebote halten und tun, was ihm gefällt" (1. Johannes 3,21–22). Wenn wir uns bewusst werden, dass wir Gott ungehorsam waren oder dass wir uns falsch verhalten haben, dann müssen wir das bekennen und uns davon abwenden, damit unsere Freundschaft mit Gott wiederhergestellt wird und wir uns voller Zuversicht an ihn wenden können. Gott sieht alles. Man kann ihn nicht überlisten, indem man gleichzeitig die Sünde und die dazugehörige Buße plant.

Auch unsere Motive können einen Hinderungsgrund für das darstellen, worum wir bitten. Nicht jede Bitte um einen neuen Porsche wird erhört! Jakobus, der Bruder Jesu, schreibt:

„Ihr verzehrt euch nach etwas, was ihr gerne hättet. Ihr seid neidisch und eifersüchtig, aber das bringt euch dem ersehnten Ziel nicht näher. Ihr kämpft darum; aber ihr bekommt es nicht, weil ihr Gott nicht darum bittet. Und wenn ihr ihn bittet, bekommt ihr es nicht, weil ihr nur in der Absicht bittet, eure unersättliche Gier zu befriedigen" (Jakobus 4,2–3; Gute Nachricht).

Ein berühmtes Beispiel für ein aus völlig falschen Motiven gesprochenes Gebet stammt von John Ward von Hackney aus dem 18. Jahrhundert:

„O Herr, du weißt, dass ich neun Anwesen in London besitze und dass ich kürzlich auch ein großes Grundstück in der Grafschaft Essex gekauft habe. Ich flehe

dich an, verschone die beiden Grafschaften Essex und Middlesex vor Feuersbrunst und Erdbeben. Und da ich in Hertfordshire eine Hypothek besitze, bitte ich dich ebenso, dein barmherziges Auge auch auf dieser Grafschaft ruhen zu lassen. Was die anderen Grafschaften anbelangt: Da mögest du handeln, wie es dir gefällt!

O Herr, erhalte die Bank zahlungsfähig und lass meine Schuldner allesamt ehrbare Männer sein. Schenke dem Schiff ‚Mermaid' eine glückliche Reise und eine sichere Rückkehr, da ich für alle seine Schäden zu haften habe. Und eingedenk deiner Verheißung, dass die Tage der Übeltäter kurz sein werden, vertraue ich darauf, dass du diese deine Verheißung nicht vergessen mögest, da ich von diesem lasterhaften jungen Sir J. L. ein Landgut erworben habe, welches nach seinem Tod in meinen Besitz übergehen wird.

Bewahre meine Freunde vor dem Ruin und bewahre mich vor Dieben und Einbrechern; mögen alle meine Bediensteten ehrlich und treu sein, dass sie meine Interessen wahren und mich niemals um meinen Besitz bringen, weder bei Tag noch bei Nacht."

Johannes schreibt: „Wir haben ihm gegenüber die Zuversicht, dass er uns hört, wenn wir etwas erbitten, *das seinem Willen entspricht"* (1. Johannes 5,14; Hervorhebung des Autors). Je besser wir Gott kennen, umso besser werden wir seinen Willen erkennen und umso mehr werden unsere Gebete erhört werden.

Manchmal werden Gebete nicht erhört, weil es nicht gut für uns wäre. Gott verspricht, uns nur Gutes zu geben (vgl. Matthäus 7,11). Er liebt uns und weiß, was das Beste für uns ist. Ein guter irdischer Vater gibt seinen Kindern nicht immer alles, worum sie ihn bitten. Wenn ein Fünfjähriger mit einem scharfen Tranchiermesser spielen will, wird ein guter Vater hoffentlich Nein sagen! Auch Gott wird Nein sagen, wenn die Dinge, um die wir bitten, „entweder in sich nicht gut oder für uns oder andere nicht gut sind, direkt oder indirekt, unmittelbar oder auf lange Sicht", wie John Stott einmal geschrieben hat.

Die Antwort auf unser Gebet ist entweder „Ja" oder „Nein", manchmal auch ein „Später". Dafür sollten wir ausgesprochen dankbar sein. Wenn wir eine Blankovollmacht besäßen, würden wir nie wieder zu beten wagen. Ruth Graham, die Frau von Billy Graham, sagte einmal vor vielen Zuhörern in Minneapolis: „Gott hat meine Gebete nicht immer erhört. Hätte er das getan, dann hätte ich den Falschen geheiratet – und das bei mehreren Gelegenheiten!"

Meiner Erfahrung nach scheint es manchmal fast, als verberge Gott sein Angesicht vor uns. Der Psalmist betete: „Wie lange noch, Herr, vergisst du mich ganz? Wie lange noch verbirgst du dein Gesicht vor mir?" (Psalm 13,2). In solchen Zeiten müssen wir Gott trotz der Stille vertrauen. „Ich aber vertraue auf deine Liebe und juble darüber, dass du mich retten wirst" (Psalm 13,6; Hoffnung für alle).

Manchmal werden wir in diesem Leben nicht verstehen, warum die Antwort „Nein" lautet. Mir fällt dazu eine Begebenheit aus dem Jahr 1996 ein, als ich mit einem meiner besten Freunde Squash spielte. Er hieß Mick Hawkins, war 42 Jahre alt und hatte sechs Kinder. Mitten während des Spiels fiel er plötzlich tot um – er hatte einen Herzinfarkt erlitten. Nie habe ich so sehr zu Gott geschrien wie in dem Augenblick. Ich flehte Gott an, ihn zu heilen, ihn wiederzubeleben, dass der Herzinfarkt nicht tödlich sein würde. Ich weiß nicht, warum er starb.

In jener Nacht konnte ich nicht schlafen. Also stand ich um 5:00 Uhr morgens auf und machte einen Spaziergang. Ich sagte zu Gott: „Ich versteh nicht, warum Mick tot ist. Er war echt ein toller Mensch, ein toller Ehemann und Vater. Ich versteh das nicht ..." Dann erkannte ich, dass ich eine Wahl hatte. Entweder konnte ich sagen: „Ich hänge meinen Glauben an den Nagel", oder aber: „Ich glaube weiterhin, obwohl ich das nicht verstehe. Ich vertraue dir immer noch, Herr, auch wenn ich in diesem Leben wohl nie verstehen werde, warum das passiert ist."

Bei einigen Angelegenheiten müssen wir warten, bis wir Gott von Angesicht zu Angesicht begegnen, ehe wir verstehen, was sein Wille gewesen ist und warum wir auf unser Gebet nicht die erhoffte Antwort bekommen haben.[37]

Wie sollen wir beten?

Es gibt keine festen Regeln dafür, wie man betet. Gebet ist ein wesentlicher Bestandteil unserer Beziehung zu Gott, und daher dürfen wir mit ihm sprechen, wie wir möchten. Gott will nicht, dass wir sinnlose Wendungen herunterleiern; er möchte hören, was uns auf dem Herzen liegt. Andererseits finden viele es hilfreich, sich an bestimmten Formen zu orientieren. So kann man etwa das Wort ABBA als Gedächtnisstütze verwenden; es steht für:

A – *Anbeten*. Ich preise Gott für das, was er ist und was er getan hat.

B – *Bekennen der Sünde*. Ich bitte Gott um Vergebung für alles, was ich falsch gemacht habe.

B – *Bedanken*. Ich bedanke mich bei Gott für meine Gesundheit, für die Familie, die Freunde usw.

A – *Anliegen nennen*. Ich bete für meine eigenen Anliegen, für die meiner Freunde und die von anderen Menschen.

In letzter Zeit folge ich häufiger dem Schema des Vaterunsers (vgl. Matthäus 6,9–13).

„Unser Vater im Himmel" (Vers 9)

Wir haben uns in diesem Kapitel bereits angesehen, was diese Wendung bedeutet. In diesem Teil des Gebets nehme ich mir Zeit, Gott um seiner selbst willen zu danken. Ich danke ihm dann auch für meine Beziehung zu ihm und für die Art und Weise, wie er meine Gebete erhört hat.

„Geheiligt werde dein Name" (Vers 9)

Im Hebräischen galt der Eigenname als Offenbarung des Wesens der jeweiligen Person. Wenn man betet, dass Gottes Name geheiligt werde, dann möchte man, dass Gott geachtet und geehrt wird. Sehen wir uns in unserer Gesellschaft um, stellen wir fest, dass Gottes Name häufig missachtet und entehrt wird; viele Menschen kümmern sich weder um ihn noch um seine Gebote. Wir sollten als Erstes beten, dass Gottes Name geehrt wird – in unserem eigenen Leben, in unserer Gemeinde, in der Kirche und in der ganzen Gesellschaft.

„Dein Reich komme" (Vers 10)

„Reich Gottes" bedeutet die Herrschaft Gottes. Diese Herrschaft wird erst dann ihre Vollendung finden, wenn Jesus wiederkommt. Dennoch ist das Reich Gottes schon in die Geschichte eingebrochen, als Jesus zum ersten Mal kam. Er zeigte die Gegenwart des Reiches Gottes in seinem eigenen Leben und Wirken. Wenn wir beten: „Dein Reich komme", dann beten wir sowohl dafür, dass Gottes Herrschaft in der Zukunft kommt, als auch dafür, dass sie sich in der Gegenwart ausbreitet. Das schließt beispielsweise ein, dafür zu beten, dass Menschen zum Glauben kommen, geheilt werden, von bösen Mächten befreit werden, mit dem Heiligen Geist erfüllt werden und die Gaben des Geistes erhalten, sodass wir zusammen dem König dieses Reiches dienen können.

Von dem amerikanischen Prediger D. L. Moody wird erzählt, er habe 100 Namen auf eine Liste geschrieben und dafür gebetet, dass diese Menschen zu seinen Lebzeiten zum Glauben kämen. Bis zu seinem Tod waren 96 davon Christen geworden; die letzten vier entschieden sich bei seiner Beerdigung für Gott.

Eine gläubige Mutter namens Monika hatte Schwierigkeiten mit ihrem aufsässigen Teenager. Er war faul, jähzornig, ein Betrüger, Lügner und Dieb. Später wurde er zwar ein angesehener Anwalt, aber er war von Ehrgeiz zerfressen und wollte viel Geld verdienen. Er führte ein lockeres Leben, lebte mit mehreren Frauen zusammen und hatte mit einer davon einen Sohn. Eine Zeitlang schloss er sich einer eigenartigen religiösen Sekte an und vollzog die seltsamsten Rituale. Die ganze Zeit über betete seine Mutter inständig für ihn. Eines Tages schenkte Gott ihr eine

Vision, die sie in Tränen ausbrechen ließ: Sie sah das Licht Jesu Christi in ihrem Sohn; sein Gesicht war völlig verändert. Danach musste sie noch neun Jahre lang warten, bis ihr Sohn im Alter von 32 Jahren sein Leben Jesus anvertraute. Der Mann hieß Augustinus. Er wurde einer der größten Theologen der Kirchengeschichte und lebte im 5. Jahrhundert nach Christus. Seine Umkehr führte er immer auf die Gebete seiner Mutter zurück.

Wenn wir beten: „Dein Reich komme!", dann bitten wir nicht nur um die Herrschaft Gottes im Leben von einzelnen Menschen, sondern letztlich um die Verwandlung der ganzen Gesellschaft. Wir bitten für sie um Gottes Frieden, seine Gerechtigkeit und sein Erbarmen. Wir beten für die, die von der Gesellschaft oft an den Rand gedrängt werden, Gott aber besonders am Herzen liegen, wie Witwen, Waisen, Einsame und Gefangene (vgl. Psalm 68,6–7).

„Dein Wille geschehe, wie im Himmel so auf Erden" (Vers 10)

Dieser Satz hat nichts mit Resignation zu tun. Wenn wir diese Worte beten, lassen wir die Lasten los, die wir so oft tragen. Viele Menschen machen sich Sorgen über anstehende Entscheidungen, egal, ob es sich um große oder kleine Dinge handelt. Wenn wir sichergehen wollen, dass wir keinen Fehler machen, dann müssen wir beten: „Dein Wille geschehe!" Der Psalmist schreibt: „Befiehl dem Herrn deinen Weg und vertrau ihm; er wird es fügen" (Psalm 37,5). Wenn Sie sich fragen, ob eine bestimmte Beziehung eine gute Sache ist, können Sie beten: „Herr, wenn diese Beziehung falsch ist, dann beende sie bitte. Wenn sie richtig ist, dann lass nichts sie aufhalten." Wenn Sie die Beziehung auf diese Weise in Gottes Hände gelegt haben, können Sie vertrauensvoll darauf warten, dass er handelt. (Im nächsten Kapitel werden wir auf dieses Thema noch näher eingehen; die dort genannten Prinzipien sind dabei sehr wichtig.)

„Unser tägliches Brot gib uns heute" (Vers 11)

Manchmal wird die Auffassung vertreten, Jesus habe damit das geistliche Brot gemeint, das Abendmahl oder die Bibel. Das ist zwar nicht ausgeschlossen, aber ich persönlich halte es mit den Reformatoren, die der Meinung waren, Jesus spreche hier von unseren Grundbedürfnissen. Luther zufolge geht es in diesem Vers um „alles, was not tut für Leib und Leben, wie Essen, Trinken, Kleider, Haus, Hof, fromme Eheleute, fromme Kinder, gute Regierung, gut Wetter, Friede, Gesundheit"[38] usw. Gott ist an allem interessiert, was uns beschäftigt. Genau wie ich als Vater möchte, dass meine Kinder mit mir über alles reden, was ihnen Sorgen bereitet, so möchte auch Gott von uns hören, was uns beschäftigt.

Ein Freund von mir erkundigte sich bei einer frischgebackenen Christin, wie ihr Geschäft laufe. „Nicht besonders", lautete die Antwort. Mein Freund erbot sich, für ihr Geschäft zu beten. Die frischbekehrte Frau entgegnete: „Ich wusste nicht, dass man so etwas darf." Mein Freund versicherte ihr, dass dies in Ordnung sei. Sie beteten gemeinsam und in der folgenden Woche verbesserte sich die Geschäftslage beträchtlich. Das Vaterunser lehrt uns, dass es nicht falsch ist, für unsere eigenen Belange zu beten, vorausgesetzt, dass Gottes Name, Gottes Reich und Gottes Wille an erster Stelle stehen.

„Und vergib uns unsere Schuld, wie auch wir vergeben unseren Schuldigern" (Vers 12)

Jesus lehrte uns, Gott um Vergebung für unsere Schuld zu bitten, das heißt für das, was wir falsch gemacht haben. Nun könnte man einwenden: „Warum müssen wir überhaupt noch um Vergebung bitten? Wenn wir zum Kreuz kommen, ist uns doch schon alles aus Vergangenheit, Gegenwart und Zukunft vergeben!" Es stimmt, dass uns alles vergeben wird, ob es nun aus der Vergangenheit, Gegenwart oder der Zukunft stammt, weil Jesus am Kreuz sämtliche Sünden auf sich genommen hat. Das haben wir in Kapitel 3 gesehen. Trotzdem will Jesus, dass wir beten: „Vergib uns unsere Schuld."

Eine der hilfreichsten Illustrationen dazu hat Jesus selbst gegeben (vgl. Johannes 13): Als Jesus beim Abendmahl herumging, um den Jüngern die Füße zu waschen, rief Petrus: „Niemals sollst du mir die Füße waschen!"

Jesus erwiderte ihm: „Wenn ich dich nicht wasche, hast du keinen Anteil an mir."

Daraufhin meinte Petrus: „Nun, wenn das so ist, dann wasche mich ganz!"

Jesus erwiderte ihm: „Wer vom Bad kommt, ist ganz rein und braucht sich nur noch die Füße zu waschen."

Das ist ein Bild für Vergebung. Wenn wir zum Kreuz kommen, werden wir völlig reingewaschen, und unsere Sünden werden vergeben – alles ist bereinigt. Wenn wir dann aber durch die Welt gehen, tun wir immer wieder Dinge, die unsere Freundschaft mit Gott trüben. Das wird zwar an unserer Beziehung zu ihm nichts Grundlegendes ändern; sie ist gewiss. Aber unsere Freundschaft mit ihm wird durch den Schmutz beeinträchtigt, der an unseren Füßen haftet. Deshalb müssen wir täglich beten: „Herr, vergib uns. Reinige uns von dem Schmutz." Wir brauchen kein geistliches Vollbad mehr; das hat Jesus schon erledigt. Aber wir brauchen unter Umständen ein gewisses Maß an täglicher Reinigung.

Jesus fügte dann am Ende des Vaterunsers noch die Aussage hinzu: „Denn wenn ihr den Menschen ihre Verfehlungen vergebt, dann wird euer himmlischer Vater auch euch vergeben. Wenn ihr aber den Menschen nicht vergebt, dann wird euch euer Vater eure Verfehlungen auch nicht vergeben" (Matthäus 6,14–15). Damit ist nicht gesagt, dass wir uns unsere Vergebung verdienen können, indem wir anderen vergeben. Vergebung kann man überhaupt nicht verdienen. Jesus hat sie uns am Kreuz erworben. Aber wenn wir selbst bereit sind, anderen zu vergeben, dann ist das ein Zeichen dafür, dass uns vergeben ist. Tun wir es nicht, dann lässt sich daraus schließen, dass wir selbst keine Vergebung erlebt haben. Denn wenn wir wirklich Gottes Vergebung erfahren haben, dann können wir einem anderen die Vergebung nicht verweigern.

**„Und führe uns nicht in Versuchung,
sondern erlöse uns von dem Bösen" (Vers 13)**
Gott führt uns nicht in Versuchung (vgl. Jakobus 1,13). Er behält die letzte Kontrolle darüber, wie stark wir dem Bösen ausgesetzt werden (vgl. Hiob 1–2). Jeder Christ hat eine Schwachstelle, sei es Angst, Selbstsucht,

Habgier, Stolz, Lust, üble Nachrede, Zynismus oder anderes. Wenn wir unsere Schwächen kennen, können wir dafür beten, dass wir vor unseren Schwächen beschützt werden und ihnen nicht nachgeben. Natürlich sollten wir auch Maßnahmen ergreifen, um unnötigen Versuchungen aus dem Weg zu gehen. Dieses ganze Thema werden wir in Kapitel 11 noch näher behandeln.

Wann sollen wir beten?

Im Neuen Testament werden wir ermutigt, unablässig zu beten (vgl. 1. Thessalonicher 5,17; Epheser 6,18). Wir brauchen kein besonderes Gebäude zum Beten. Man kann überall beten, in der U-Bahn, im Bus, im Auto, auf dem Fahrrad, zu Fuß, im Bett, mitten in der Nacht, ganz gleich, wo und wann. Genau wie in einer Ehebeziehung können wir ständig in Verbindung bleiben. Trotzdem ist es wie in einer Ehe sinnvoll, Zeiten einzuplanen, in denen man ganz bewusst miteinander redet. Jesus sagte: „Geh in deine Kammer, wenn du betest, und schließ die Tür zu; dann bete zu deinem Vater, der im Verborgenen ist" (Matthäus 6,6). Auch Jesus suchte einsame Orte auf, um dort zu beten (vgl. Markus 1,35). Für mich ist es hilfreich, am Beginn des Tages, wenn mein Verstand am aktivsten ist, die Bibel zu lesen und zu beten. Es ist gut, eine feste Routine zu haben. Welche Tageszeit wir wählen, hängt von unseren Umständen und von unserer Veranlagung ab.

Zugleich ist es wichtig, nicht nur allein zu beten, sondern auch gemeinsam mit anderen. Das kann man in einer kleinen Gruppe von zwei oder drei Leuten tun. Jesus sagte: „Alles, was zwei von euch auf Erden gemeinsam erbitten, werden sie von meinem himmlischen Vater erhalten" (Matthäus 18,19). Es kann einem sehr schwerfallen, im Beisein von anderen laut zu beten. Ich kann mich noch an das erste Mal erinnern, als ich das tat; das war etwa zwei Monate nach meiner Entscheidung für Jesus Christus. Ich war mit meinen beiden besten Freunden zusammen, und wir beschlossen, gemeinsam zu beten. Wir beteten nur zehn Minuten lang, aber danach war mein Hemd klatschnass! Trotzdem lohnt es sich, sich zu überwinden, denn das gemeinsame Gebet hat eine große Vollmacht (vgl. Apostelgeschichte 12,5).

Das Gebet steht im Zentrum des christlichen Glaubens, weil dessen Herzstück eine lebendige Beziehung zu Gott ist. Deshalb ist das Gebet die wichtigste Aktivität in unserem Leben.

Kapitel 6

Wie kann man die Bibel lesen?

Mein Vater wollte schon immer mal nach Russland, und so machten wir eine Familienreise in die Sowjetunion, als er 73 und ich 21 war. Damals wurden Christen dort noch verfolgt, und es war nicht leicht, eine Bibel aufzutreiben. Deswegen brachte ich christliche Literatur mit mir, russische Bibeln mit eingeschlossen. Während meines Aufenthalts besuchte ich mehrere Kirchen und suchte nach Menschen, die echte Christen zu sein schienen. (Zu dieser Zeit wurden Zusammenkünfte häufig vom KGB infiltriert.)

Bei einer der Kirchen folgte ich nach dem Gottesdienst einem Mann die Straße entlang, der in den 60ern sein mochte. Nachdem ich mich umgeblickt hatte, um sicherzustellen, dass sonst niemand in der Nähe war, ging ich auf ihn zu und berührte ihn an der Schulter. Ich holte eine meiner Bibeln heraus und gab sie ihm. Einen Moment lang lag ein Ausdruck des Unglaubens auf seinem Gesicht. Dann nahm er ein wohl hundert Jahre altes Neues Testament aus seiner Tasche, dessen Seiten derart abgenutzt waren, dass man praktisch durch sie hindurchschauen konnte. Als er begriff, dass er eine ganze Bibel bekommen hatte, war er außer sich vor Freude. Er sprach kein Englisch und ich konnte kein Russisch. Wir umarmten uns und tanzten die Straße jubelnd auf und ab, was ich normalerweise nicht mit jemandem tue, dem ich nie zuvor begegnet bin. Genauer gesagt mache ich das eigentlich mit keinem. Doch dieser Mann wusste, dass er etwas wirklich Einzigartiges in den Fingern hielt.

Warum war er so aus dem Häuschen? Viele Menschen halten die Bibel heutzutage für etwas ziemlich Langweiliges, Überholtes und Belangloses und denken nicht, dass sie etwas mit ihrem täglichen Leben zu tun hat. Einige prominente Atheisten gehen noch einen Schritt weiter und bezeichnen den Gott der Bibel als „böses Ungeheuer". Stimmt das? Ist die Bibel wirklich etwas Besonderes? In welcher Weise ist sie einzigartig?

Erstens ist sie konkurrenzlos. Sie ist der Weltbestseller schlechthin. Man schätzt, dass jährlich 44 Millionen Bibeln verkauft werden und dass jeder amerikanische Haushalt durchschnittlich 6,8 Bibeln besitzt. Ein Artikel, der vor Kurzem in der „Times" erschien, trug den Untertitel: „Vergessen Sie moderne britische Autoren und Bücher zu Fernsehserien: Die Bibel verkauft sich jedes Jahr am besten!" In dem Artikel hieß es:

„Wie üblich war die Bibel mit weitem Vorsprung größter Verkaufsschlager. Würden die Verkaufszahlen der verschiedenen Bibelausgaben in den Bestsellerlisten zusammengezählt, dann gäbe es kaum eine Woche, in der dort ein anderes Buch auftauchen würde. Es ist wunderbar, seltsam oder einfach nur verblüffend, dass in einer zunehmend gottfernen Zeit – in der die Zahl der verfügbaren Bücher mit jedem Jahr zunimmt – dieses eine Buch Monat für Monat den Spitzenplatz

*belegt [...]. Jährlich werden in Großbritannien ge-
schätzte 1.250.000 Bibeln und Testamente verkauft."*

Der Autor schließt seinen Artikel mit den Worten: „Alle
Bibelausgaben verkaufen sich gut – das ganze Jahr
hindurch. Haben die Bibelgesellschaften eine Erklä-
rung dafür? ‚Nun', so sagt man mir entwaffnend einfach, ‚es ist eben ein wirklich gutes Buch.'"

Zweitens ist die Bibel äußerst kraftvoll. Im Mai 1928
sagte der damalige Premierminister Stanley Baldwin:
„Die Bibel ist höchst explosiv. Dennoch entfaltet sie
ihre Wirkung auf seltsame Weise. Keiner kann erklären, wie es diesem Buch auf seiner Reise um die Welt
gelungen ist, an Zehntausenden unterschiedlichsten
Orten Menschen zu einer neuen Lebendigkeit, einer
neuen Welt, einer neuen Überzeugung, einer neuen
Lebensauffassung, einem neuen Glauben zu erwe-
cken."[39]

Als ich im Studentenalter die Bibel las, war ich von ihr gefesselt. Sie wurde mir lebendig wie nie zuvor und ich konnte sie einfach nicht beiseitelegen. Jene kraftvolle Begegnung führte mich dazu, mein Vertrauen auf Christus zu setzen.

Drittens ist die Bibel überaus kostbar. Einer der Psalmisten schrieb: „Die Worte Gottes sind kostbarer als Gold." Bei ihrer Krönung wurde der Queen vom Präses der *Church of Scotland* eine Bibel überreicht. Der Präses sagte dabei: „Wir überreichen Euch dieses Buch, die kostbarste Sache, welche die Welt zu bieten hat."

Hugh Latimer, englischer Bischof aus dem 16. Jahrhundert, schrieb einmal, dass die Bücher der Bibel beständig in unseren Augen, in unseren Ohren, in unseren Mündern, doch am allermeisten in unseren Herzen sein sollten. Die Schrift, so Latimer, „kehrt unsere Seele um [...]. Sie tröstet, macht froh, ermutigt und bewahrt unser Gewissen. Sie ist ein kostbarerer Juwel oder Schatz als jedes Gold und jeder Edelstein"[40].

Warum ist dieses Buch so konkurrenzlos, kraftvoll und kostbar? Jesus sagte: „Der Mensch lebt nicht nur von Brot, sondern von jedem Wort, das aus Gottes Mund kommt" (Matthäus 4,4). Das Wort „kommt" steht grammatikalisch gesehen im Originaltext im Partizip Präsens und bezeichnet einen ständig ablaufenden Prozess. Es ergießt sich sozusagen ununterbrochen aus dem Mund Gottes, wie ein Strom aus der Quelle hervorsprudelt. Mit anderen Worten: Gott möchte ununterbrochen mit uns kommunizieren. Und das tut er in erster Linie durch dieses Buch, die Bibel.

Gott hat geredet: die Offenbarung zum Leben

Gott hat auch durch seinen Sohn Jesus Christus zu uns gesprochen (vgl. Hebräer 1,2). Der christliche Glaube ist ein Offenbarungsglaube. Das heißt: Wir können nichts über Gott in Erfahrung bringen, solange er es uns nicht selbst offenbart. Und Gott hat sich in einer Person geoffenbart, Jesus Christus. Jesus ist damit die höchste Offenbarung Gottes.

Unsere primäre Informationsquelle über Jesus ist Gottes Offenbarung, wie sie in der Bibel überliefert wird. Christliche Theologie sollte immer von der Offenbarung Gottes in der Bibel ausgehen. Gott hat sich auch in seiner Schöpfung offenbart (vgl. Römer 1,19–20; Psalm 19). Die Naturwissenschaften sind nichts anderes als ein Erforschen der Offenbarung Gottes in der Schöpfung. Deshalb ist der Konflikt zwischen Theologie und Naturwissenschaft hinfällig; beide ergänzen sich.[41] Albert Einstein hat einmal gesagt: „Wissenschaft ohne Religion ist lahm, Religion ohne Wissenschaft ist blind. [...] Einen legitimen Konflikt zwischen Religion und Wissenschaft kann es nicht geben."[42]

Gott spricht auch direkt durch seinen Geist zu Menschen: durch Prophetie, Träume, Visionen und durch andere Menschen. Das werden wir uns alles später noch genauer ansehen, vor allem in dem Kapitel über Führung. In diesem Kapitel soll es uns darum gehen, wie Gott durch die Bibel spricht.

Paulus schrieb über die ihm vorliegenden Teile der Bibel: „Alle Schrift ist von Gott eingegeben und nützlich zur Belehrung, zur Widerlegung, zur Besserung, zur Erziehung in der Gerechtigkeit; so wird der

Mensch Gottes zu jedem guten Werk bereit und gerüstet sein" (2. Timotheus 3,16–17).

Im Griechischen steht statt „von Gott eingegeben" wörtlich *theopneustos*, „gottgehaucht". Dies wird meist mit „(von Gott) inspiriert" übersetzt, was ebenfalls nichts anderes als „(von Gott) eingehaucht" heißt. Damit wird gesagt, dass Gott selbst durch dieses Buch spricht. Natürlich gebraucht Gott dabei Menschen. Die Bibel ist zu 100 Prozent das Werk von Menschen. Aber sie ist zugleich auch zu 100 Prozent das Werk Gottes – so wie Jesus Christus ganz Mensch und zugleich ganz Gott ist.

Wie ist das möglich? Es mag ein rätselhaftes Paradox sein, aber es ist kein Widerspruch in sich. Sir Christopher Wren war der größte englische Architekt seiner Zeit. Er baute die *St. Paul's Cathedral*, die 1711 fertiggestellt wurde. Wren war zu dem Zeitpunkt 79. Er hatte die *St. Paul's Cathedral* gebaut, jedoch keinen einzigen Stein gelegt. Es hatten viele Bauarbeiter mitgewirkt, aber nur ein Verstand, ein Architekt, eine Inspiration. Genauso verhält es sich mit der Bibel: An ihr haben viele Schreiber mitgewirkt, aber nur eine Inspiration, und zwar Gott selbst.

Die Evangelien machen deutlich, dass für Jesus die Schrift von Gott inspiriert war. Für ihn waren die Aussagen „der Schriften" identisch mit den Aussagen Gottes (Markus 7,5–13). Wenn Jesus unser Herr ist, dann sollten wir uns auch seine Sicht der Bibel zu eigen machen. „Der Glaube an Christus als höchste Offenbarung Gottes führt zum Glauben an die Inspiration der Schrift – im Fall des Alten Testaments aufgrund der direkten Aussage Jesu und im Fall des Neuen Testaments durch Rückschlüsse aus seinen Aussagen."[43]

Diese Sichtweise, dass die Bibel von Gott inspiriert ist, war in der Kirche zu allen Orten und Zeiten praktisch allgemein gültig. Die frühen Theologen der Kirche waren dieser Meinung: Irenäus (ca. 130–200 n. Chr.) schrieb: „Die Schriften sind vollkommen." Auch die Reformatoren, einschließlich Martin Luther, betrachteten die Bibel als unfehlbar. Die Lehrmeinung der römisch-katholischen Kirche, wie sie in den Dokumenten des II. Vatikanischen Konzils niedergelegt ist, besagt: Die Bibel wurde „unter der Einwirkung des Heiligen Geistes geschrieben" und hat „Gott zum Urheber".[44] Daher sind sie „ohne Irrtum". Diese Überzeugung galt auch bis zum letzten Jahrhundert in allen protestantischen Kirchen der Welt. Selbst wenn sie heute infrage gestellt und manchmal sogar lächerlich gemacht wird, halten viele namhafte Gelehrte daran fest.

Das bedeutet nun andererseits nicht, dass es keine Schwierigkeiten gäbe. Selbst Petrus fand einige der Briefe des Paulus „schwer zu verstehen" (2. Petrus 3,16). Es gibt Schwierigkeiten bei moralischen und historischen Fragen; es gibt auch einige scheinbare Widersprüche. Manche der Schwierigkeiten lassen sich dadurch erklären, dass die Verfasser in einem Umfeld lebten, das sich deutlich von dem unseren unterschied. Immerhin wurde die Bibel über einen Zeitraum von 1.500 Jahren hinweg verfasst, und das von mindestens 40 Autoren, darunter Königen, Staatsmännern, Gelehrten, Philosophen, Dichtern, Historikern, Ärzten und Fischern. Sie bedienten sich der unterschiedlichsten literarischen Formen, von Geschichtsschreibung über Dichtung und Briefen bis hin zu Prophetie und Apokalyptik.

Einige der scheinbaren Widersprüche lassen sich durch den jeweiligen Textzusammenhang klären; in anderen Fällen ist das schwieriger. Das heißt allerdings nicht, dass es nicht möglich wäre und wir unseren Glauben an die Inspiration der Schrift aufgeben müssten. Jede der großen christlichen Lehraussagen hat ihre Schwierigkeiten. Nehmen wir beispielsweise den Glauben an die Liebe Gottes und das Leid in der Welt; beides ist schwer miteinander in Einklang zu bringen. Und doch glaubt jeder Christ an die Liebe Gottes und versucht, im Rahmen dieser Grundüberzeugung das Leid zu verstehen. Ich zumindest habe gemerkt, dass ich durch mein Ringen mit dieser Thematik ein tieferes Verständnis sowohl von Leid als auch von der Liebe Gottes gewonnen habe.

In ähnlicher Weise sollten wir an der Überzeugung festhalten, dass die *gesamte* Schrift von Gott inspiriert ist, auch wenn wir nicht gleich alle Schwierigkeiten klären können. Wenn wir das tun, wird sie unser Leben durchgreifend verändern. Als junger Mann hielten mehrere Personen, darunter auch ein Mann namens Chuck, Billy Graham entgegen: „Man kann nicht alles glauben, was in der Bibel steht." Dieser

Gedanke wurde zunehmend zu einer Belastung für Billy Graham. John Pollock lässt dazu in seiner Biografie Billy Graham selbst zu Wort kommen:

„Also ging ich zurück und holte meine Bibel. Ich ging nach draußen in den Mondschein, kam zu einem Baumstumpf, kniete mich hin und sagte: ‚Oh Gott, ich kann nicht alles beweisen. Auf einige der Fragen, die Chuck und die anderen stellen, weiß ich keine Antwort. Aber ich will dieses Buch im Glauben als Gottes Wort annehmen.' Ich blieb noch einige Zeit bei dem Baumstumpf und betete wortlos, mit feuchten Augen [...]. Ich hatte ein überwältigendes Gefühl der Gegenwart Gottes. Ich empfand einen tiefen Frieden darüber, dass meine Entscheidung richtig war." [45]

Wenn wir akzeptieren, dass die Bibel von Gott inspiriert ist, dann hat sie demnach auch Autorität. Wenn sie Gottes Wort ist, dann muss sie die höchste Instanz für unseren Glauben und unser Handeln sein. Für Jesus war sie diese höchste Autorität; sie stand über dem, was die Kirchenführer seiner Zeit sagten (vgl. Markus 7,1–20), und über den Ansichten anderer, wie klug sie auch sein mochten (vgl. Markus 12,18–27). Natürlich sollten wir dabei dennoch den Aussagen von Kirchenführern und anderen kompetenten Leuten Beachtung schenken.

Wie wir gesehen haben, ist „alle Schrift [...] von Gott eingegeben und nützlich zur Belehrung, zur Widerlegung, zur Besserung, zur Erziehung in der Gerechtigkeit" (2. Timotheus 3,16). Sie ist also erstens unsere Autorität, wenn es um den Inhalt unseres Glaubens geht (unser Glaubensbekenntnis): „nützlich zur

Belehrung, zur Widerlegung". In der Bibel finden wir beispielsweise, was Gott über das Leid sagt (und was wir deshalb glauben sollten), was er über Jesus sagt, über das Kreuz und so weiter.

Zweitens ist die Bibel unsere Autorität, wenn es um unser Handeln und unsere Lebensführung geht: „nützlich [...] zur Besserung, zur Erziehung in der Gerechtigkeit". Hier erkennen wir, was in Gottes Augen falsch ist und wie wir ein gerechtes Leben führen können. So schreibt etwa Bischof Stephen Neill: „Die Zehn Gebote [...] sind eine brillante Analyse der Minimalanforderungen, anhand deren eine Gesellschaft und eine Nation ein nüchternes, gerechtes und zivilisiertes Dasein führen kann."[46]

Manche Dinge, die in der Bibel stehen, sind sehr klar. Dort wird uns gesagt, wie wir uns in unserem Alltagsleben verhalten sollen, etwa am Arbeitsplatz oder wenn wir unter Druck stehen. Wir wissen aus der Bibel, dass ein Leben als Unverheirateter eine hohe Berufung sein kann (vgl. 1. Korinther 7,7), doch wir wissen auch, dass dies die Ausnahme und nicht die Regel ist; die Norm ist die Ehe (vgl. 1. Mose 2,24). Wir wissen, dass sexueller Verkehr außerhalb der Ehe falsch ist. Wir wissen, wir sollen eine Arbeitsstelle annehmen, wenn wir eine bekommen. Wir wissen, wir sollen anderen großzügig geben und vergeben.

Manche sagen: „Ich will kein Buch mit lauter Vorschriften. Das ist mir alles viel zu restriktiv – all diese Regeln und Verbote. Ich will frei sein. Wenn man nach der Bibel lebt, verliert man die Freiheit, das Leben zu genießen." Aber stimmt das wirklich? Nimmt die Bibel uns unsere Freiheit? Oder ermöglicht sie sie nicht erst? Regeln und Vorschriften schaffen tatsächlich erst einen Rahmen, in dem sich Freiheit und Freude am Leben entfalten können.

Vor ein paar Jahren war ein Fußballspiel mit 22 kleinen Jungs angesetzt; darunter befand sich auch mein damals acht Jahre alter Sohn. Bei diesem Spiel sollte mein Freund Andy, der das ganze Jahr über die Jungs trainiert hatte, Schiedsrichter sein. Leider war er um halb drei bei Spielbeginn nicht zur Stelle. Die Jungs konnten einfach nicht mehr länger warten. Also verdonnerte man mich dazu, Schiedsrichter zu spielen. Diese Aufgabe war ausgesprochen schwierig: Weder hatte ich eine Trillerpfeife noch gab es Spielfeldmarkierungen, noch kannte ich die anderen Jungs; sie trugen im Übrigen noch nicht einmal Mannschaftstrikots, sodass ich die beiden Mannschaften überhaupt nicht auseinanderhalten konnte; und schließlich kannte ich die Spielregeln längst nicht so gut wie ein paar der Jungs selbst.

Das Spiel entwickelte sich bald zu einem völligen Tohuwabohu. Einige riefen: „Der Ball war aus!", andere hielten dagegen: „Der war gar nicht aus!" Ich hatte keine Ahnung, was los war, also ließ ich das Spiel einfach weiterlaufen. Dann fing es mit den Fouls an. Einige schrien „Foul!", andere „Das war kein Foul!" Weil ich nicht wusste, wer recht hatte, ließ ich einfach weiterspielen. Bald gab es die ersten Verletzten. Als Andy endlich eintraf, lagen drei Jungs verletzt am Boden, während die übrigen lautstark schimpften – hauptsächlich auf mich! Doch kaum war Andy da, blies er seine Trillerpfeife, organisierte die Mannschaften, steckte die Grenzen des Spielfelds ab und brachte alles unter Kontrolle. Jetzt konnten die Jungs nach Herzenslust loskicken.

War die Freiheit mit oder ohne Regeln größer? Ohne eine wirksame Autorität konnten die Jungs tun und lassen, was sie wollten. Das Ergebnis war entsprechend: Verwirrung und Verletzungen. Den Jungs gefiel es viel besser, als sie wussten, wo die Grenzen lagen. Innerhalb dieser Grenzen hatten sie dann die Freiheit, das Spiel so richtig zu genießen.

Gott hat uns Richtlinien für unser Leben gegeben, weil er uns liebt und sich wünscht, dass wir das Leben voll ausschöpfen. Wenn Gott also sagt: „Du sollst nicht töten", dann wollte er uns damit nicht den Spaß am Leben verderben. Er hat ebenfalls nicht gesagt: „Du sollst nicht ehebrechen", weil er ein Spielverderber ist: Er will einfach nicht, dass Menschen verletzt werden.

Die Bibel ist die Offenbarung von Gottes Willen für sein Volk. Je mehr wir seinen Willen entdecken und in die Tat umsetzen, umso größer wird unsere Freiheit. Gott hat gesprochen. Wir müssen auf das hören, was er gesagt hat.

Gott redet: Gottes Liebesbrief an uns

Für manche ist die Bibel einfach nur ein vielbenutzter Ratgeber fürs Leben. Sie glauben, dass Gott durch sie gesprochen hat, und lesen vielleicht sogar stundenlang darin. Andere analysieren sie und lesen Kommentare dazu (was durchaus nicht verkehrt ist), doch sie merken augenscheinlich nicht, dass Gott nicht nur in der Vergangenheit gesprochen hat, sondern dass er auch heute noch durch sie zu uns spricht. Papst Gregor I. vertrat die Auffassung: „Die Bibel ist ein Brief von Gott", und Augustinus meinte: „Die Bibel erzählt von nichts anderem als von Gottes Liebe zu uns."

Während unserer Ehe waren Pippa und ich nur selten länger voneinander getrennt. Aber ich kann mich noch gut erinnern, wie ich einmal dreieinhalb Wochen lang weg musste. Jeden Morgen rannte ich in den Eingangsbereich meiner Unterkunft und sah nach, ob dort auf dem Tisch ein Brief für mich lag. Wenn ich ihre Handschrift entdeckte, machte mein Herz einen Sprung. Warum? Weil der Brief von einem Menschen kam, den ich liebe. Auf ähnliche Weise ist auch die Bibel Gottes Liebesbrief an uns.

Die Bibel möchte uns in erster Linie zeigen, wie wir durch Jesus Christus eine lebendige Beziehung zu Gott eingehen können. Jesus sagte: „Ihr erforscht die Schriften, weil ihr meint, in ihnen das ewige Leben zu haben; gerade sie legen Zeugnis über mich ab. Und doch wollt ihr nicht zu mir kommen, um das Leben zu haben" (Johannes 5,39–40).

Ich möchte dies an einem Beispiel illustrieren. Stellen Sie sich vor, ich würde einen alten Nissan fahren. Das Auto hat mir gute Dienste erwiesen, und da ich mit der Marke so zufrieden bin, bestelle ich ein brandneues Modell. Als ich es endlich bekomme, bewundere ich den Wagen von allen Seiten, schaue mir das Innere an und stoße dabei auf die Gebrauchsanweisung von Nissan. Vor lauter Begeisterung nehme ich das Handbuch mit ins Haus und lese es mir genau durch. Dann nehme ich einen Filzstift zur Hand und unterstreiche Abschnitte, die mir gefallen. Ich lerne sie sogar auswendig. Außerdem schneide ich mir einige Teile heraus und klebe sie an meinen Badezimmerspiegel, damit ich sie beim Rasieren lesen kann. Schließlich

"Bevor wir essen ...

noch ein Wort der Weisheit."

Gebrauchs-
anleitung

trete ich noch einem Verein gleichgesinnter Hand-
buch-Fans bei. Dort ermutigt man mich, Japanisch zu
lernen, damit ich das Handbuch in seiner Original-
sprache lesen kann. Vergessen Sie nicht: Das ist nur
ein Vergleich! Wenn es wahr wäre, hätte ich definitiv
das Ziel verfehlt, soll eine Gebrauchsanweisung mir
doch dabei helfen, den Wagen (richtig) zu fahren. Entsprechend nützt es auch nichts, wenn wir die Bibel intensiv lesen, dabei aber deren eigentlichen Sinn und
Zweck verpassen: zu einer lebendigen Beziehung zu
Jesus zu finden. Martin Luther nannte die Bibel einmal eine Krippe, in der das Jesuskind liege. Und wir
sollten vor lauter Staunen über die Krippe nicht vergessen, das Kind selbst anzubeten.

Unsere Beziehung zu Gott ist keine Einbahnstraße.
Wir sprechen zu ihm im Gebet; er spricht zu uns auf
vielfältige Weise, aber besonders durch die Bibel. Gott
spricht auch heute noch durch das, was er früher gesagt hat. Wenn er das Alte Testament zitiert, sagt der

Verfasser des Hebräerbriefes: „Darum beherzigt, was der Heilige Geist *sagt*" (Hebräer 3,7; Hervorhebung des Autors). Der Heilige Geist hat nicht nur in der Vergangenheit gesprochen. Er spricht immer wieder neu durch das, was er damals gesagt hat. Das lässt die Bibel so lebendig werden. Um es wieder mit Martin Luther zu sagen: „Die Bibel lebt, denn sie spricht zu mir; sie hat Füße und läuft mir nach; sie hat Hände und ergreift mich."

Was geschieht, wenn Gott spricht?

Zuerst einmal weckt er Glauben bei Menschen, die noch keine Christen sind. Paulus schreibt: „So gründet der Glaube in der Botschaft, die Botschaft aber im Wort Christi" (Römer 10,17). Es passiert häufig, dass Menschen beim Lesen der Bibel zum Glauben an Jesus Christus kommen. Zumindest bei mir war das der Fall.

David Suchet, ein führender Shakespeare-Schauspieler, der durch seine Darstellung der Figur Poirot von Agatha Christi sehr bekannt wurde, erzählt, wie er vor Jahren beim Baden in einem amerikanischen Hotel plötzlich das impulsive Bedürfnis verspürte, die Bibel zu lesen. Es gelang ihm, eine Gideon-Bibel aufzutreiben, und er fing an, das Neue Testament zu lesen. Dabei fand er zum Glauben an Jesus Christus. Er schreibt Folgendes:

„Irgendwoher verspürte ich plötzlich den Wunsch, wieder in der Bibel zu lesen. Das war der wichtigste

Teil bei meiner Lebenswende. Ich fing mit der Apos-
telgeschichte an und las anschließend die Briefe von
Paulus an die Römer und die Korinther. Erst danach
stieß ich auf die Evangelien. Im Neuen Testament ent-
deckte ich plötzlich den Leitfaden fürs Leben."

Zweitens spricht Gott in der Bibel zu den Christen.
Wenn wir die Bibel lesen, dann erleben wir eine Beziehung zu Gott, die uns verwandelt. Paulus schreibt:
„Wir alle spiegeln mit enthülltem Angesicht die Herrlichkeit des Herrn wider und werden so in sein eigenes Bild verwandelt, von Herrlichkeit zu Herrlichkeit,
durch den Geist des Herrn" (2. Korinther 3,18). Beim
Lesen der Bibel begegnen wir Jesus Christus. Es hat
mich schon immer ganz außergewöhnlich beeindruckt,
dass wir mit der Person reden können, von der wir
im Neuen Testament lesen, nämlich Jesus Christus.
Und er redet mit uns, während wir die Bibel lesen –
nicht unbedingt akustisch, aber in unserem Herzen.
Wir hören das, was er uns sagen möchte. Und wenn
wir Zeit in seiner Gegenwart verbringen, wird unser
Charakter dem seinen immer ähnlicher.

Zeit mit ihm zu verbringen und auf seine Stimme
zu hören, bringt viel Segen mit sich. Oft schenkt er
uns Freude und Frieden, selbst wenn wir mitten in einer Lebenskrise stecken (vgl. Psalm 23,5). Wenn wir
nicht sicher sind, welche Richtung wir einschlagen
sollen, führt Gott uns oft durch sein Wort (vgl. Psalm
119,105). Im Buch der Sprichwörter heißt es sogar,
dass Gottes Wort unseren Körper heilen kann (vgl.
Sprüche 4,22).

Außerdem gibt uns die Bibel einen Schutzschild gegen geistliche Angriffe. Uns liegt nur ein ausführlicher

Bericht darüber vor, wie Jesus auf die Probe gestellt wurde, aber wir können daran einiges ablesen. Zu Beginn seines öffentlichen Wirkens war Jesus intensiven Angriffen des Teufels ausgesetzt (vgl. Matthäus 4,1–11). Jeder Versuchung begegnete Jesus mit einem Vers aus der Heiligen Schrift. Ich finde es faszinierend, dass alle Antworten Jesu aus dem 5. Buch Mose, Kapitel 6 bis 8 stammen. Es ist gut möglich, dass Jesus sich gerade mit diesem Text beschäftigt hatte und ihm deshalb die Verse noch frisch im Gedächtnis waren.

Gottes Wort besitzt eine enorme Kraft. Der Verfasser des Hebräerbriefes schreibt: „Denn lebendig ist das Wort Gottes, kraftvoll und schärfer als jedes zweischneidige Schwert; es dringt durch bis zur Scheidung von Seele und Geist, von Gelenk und Mark; es richtet über die Regungen und Gedanken des Herzens" (Hebräer 4,12). Ich erinnere mich, wie ich einmal im Philipperbrief, Kapitel 2, Vers 4 las: „Jeder achte nicht nur auf das eigene Wohl, sondern auch auf das der anderen." Dieser Satz durchbohrte mich in diesem Augenblick wie ein Pfeil, weil mir klar wurde, wie selbstsüchtig ich war. Auf diese und auf viele andere Arten spricht Gottes Wort zu uns.

Je länger Gott zu uns spricht und je besser wir seine Stimme hören, desto mehr festigt sich unsere Beziehung zu ihm und desto tiefer wird unsere Liebe zu ihm. Rick Warren hat über das Bibellesen geschrieben: „Gottes Wort schafft Leben, weckt den Glauben, ruft Veränderung hervor [...], heilt Verletzungen, bildet den Charakter, verändert Umstände, gibt Hoffnung, setzt Kräfte frei, besiegt Versuchungen, reinigt unsere Gedanken, lässt Dinge entstehen und bringt uns ewiges Leben."[47]

Wie können wir Gott durch die Bibel sprechen hören?

Zeit ist unser kostbarstes Gut. Das Leben wird immer hektischer und wir geraten unter immer größeren Zeitdruck. Es gibt ein Sprichwort, in dem es heißt: „Geld ist Macht, aber Zeit ist Leben." Wenn wir uns Zeit für die Bibel nehmen wollen, müssen wir das im Voraus einplanen. Tun wir es nicht, werden wir es nie tun. Verlieren Sie aber auch nicht den Mut, wenn Sie Ihren Plan nur zu 80 Prozent umsetzen. Manchmal verschlafen wir eben!

Am besten setzt man sich ein realistisches Ziel. Es ist besser, sich jeden Tag ein paar Minuten Zeit für die Bibel zu nehmen, als gleich am ersten Tag anderthalb Stunden einzuplanen und dann aufzugeben, weil Sie merken, dass das nicht funktioniert. Wenn Sie die Bibel noch nie gelesen haben, können Sie sich beispielsweise täglich sieben Minuten dafür nehmen. Wenn Sie das regelmäßig tun, wird daraus mit der Zeit garantiert mehr.

Markus berichtet uns davon, dass Jesus früh aufstand und einen *einsamen Ort* aufsuchte, um dort zu beten (vgl. Markus 1,35). Es ist wichtig, dass wir uns einen Platz suchen, an dem wir allein sein können. Für mich ist der frühe Morgen am günstigsten, bevor die Kinder aufstehen und das Telefon klingelt. Ich nehme mir eine Tasse Kaffee, die Bibel, meinen Terminkalender und ein Notizbuch mit. Das Notizbuch benutze ich dazu, Gebete und andere Dinge aufzuschreiben, die Gott mir möglicherweise zeigt. Der Terminkalender hilft mir dabei, für meinen Tagesablauf zu beten und Dinge zu notieren, die mir spontan einfallen. Dann können sie mich nämlich nicht mehr vom Beten ablenken.

Zunächst bitte ich Gott, durch den Bibeltext zu mir zu sprechen, den ich lesen will. Dann lese ich den betreffenden Abschnitt. Wenn Sie Anfänger sind, würde ich Ihnen vorschlagen, täglich einige Verse aus einem Evangelium zu lesen. Vielleicht hilft es Ihnen, eine Auslegung[48] dazu zu lesen, die man in den meisten christlichen Buchhandlungen erhält oder unter Umständen auch online auf einer Bibel-Website finden kann.

Beim Lesen stelle ich mir folgende drei Fragen:

1. „Was steht da?" Ich lese den Text mindestens einmal gründlich durch und vergleiche, wenn nötig, verschiedene Übersetzungen.
2. „Was bedeutet das?" Welche Bedeutung hatte dieser Text für den Autor und für diejenigen, an die er gerichtet war? (Hier können die Auslegungen nützlich sein.)
3. „Wie wende ich diesen Text an – auf mich selbst, auf meine Familie, meine Arbeit, meine Nachbarn, die Gesellschaft um mich her?" Dies ist der wichtigste Schritt. Wenn wir die Bedeutung der Bibel für unser eigenes Leben entdecken, wird das Bibellesen zu einer aufregenden Sache, und wir merken, dass wir das Reden Gottes vernehmen.

Schließlich müssen wir das Gelesene praktisch umsetzen. Jesus sagte: „Wer diese meine Worte hört und danach handelt, ist wie ein kluger Mann, der sein Haus auf Fels baute" (Matthäus 7,24). D. L. Moody, ein bekannter Prediger des 19. Jahrhunderts, pflegte zu sagen: „Die Bibel ist nicht dazu da, um unser

Wissen zu vermehren, sondern um unser Leben zu verändern."

Ich würde Ihnen raten, es sich zur Angewohnheit zu machen, die Bibel täglich zu lesen und Gott zu bitten, zu Ihnen zu sprechen. Wenn er es tut, ist das eine ganz unglaubliche Erfahrung. Manchmal ist das Bibellesen wenig aufregend, doch es gibt auch Zeiten, da gewinnt sie eine ganz besondere Bedeutung. Bei mir war das definitiv häufiger der Fall. Gott sprach ganz deutlich zu mir, als mein Vater am 21. Januar 1981 starb. Ich war sieben Jahre zuvor Christ geworden; meine Eltern hatten darauf anfangs mit blankem Entsetzen reagiert. Über die Jahre begannen sie dann jedoch positive Veränderungen bei mir festzustellen. Meine Mutter wurde lange vor ihrem Tod ein überzeugter Christ. Mein Vater war immer recht schweigsam gewesen. Anfangs konnte er nicht viel mit meinem geistlichen Engagement anfangen. Nach und nach taute er jedoch auf. Sein Tod kam dann sehr überraschend. Was mir daran am meisten zu schaffen machte, war die Unsicherheit, ob er als Christ gestorben war oder nicht.

Genau zehn Tage nach seinem Tod las ich in der Bibel. Ich hatte Gott an diesem Tag gebeten, mit mir über meinen Vater zu reden, weil ich mir immer noch Sorgen um ihn machte. Ich las gerade den Römerbrief und stieß dabei auf den Vers: „Jeder, der den Namen des Herrn anruft, wird errettet werden" (Römer 10,13). Ich spürte in diesem Augenblick, dass Gott mir sagen wollte, dieser Vers gelte für meinen Vater; er habe den Namen des Herrn angerufen und sei „errettet" worden. Etwa fünf Minuten später kam meine Frau Pippa zu mir ins Zimmer und sagte: „Ich habe in Apostelgeschichte,

Kapitel 2, Vers 21 etwas gelesen, und ich glaube, es trifft auf deinen Vater zu. Da steht: ‚und jeder, der den Namen des Herrn anruft, wird errettet werden'." Das war schon außergewöhnlich, denn dieser Vers taucht nur zweimal im Neuen Testament auf – und Gott hatte zu uns beiden zur gleichen Zeit mit verschiedenen Bibelstellen durch die gleichen Worte gesprochen.

Drei Tage später gingen wir zu einer Bibelarbeit, die bei einem Freund zu Hause stattfand; es stellte sich heraus, dass der Text wieder aus dem Römerbrief, Kapitel 10, Vers 13 stammte, also der gleiche Vers war. So sprach Gott dreimal innerhalb von drei Tagen durch die gleichen Worte mit mir über meinen Vater. Aber damit noch nicht genug: Als ich auf dem Weg zur Arbeit aus der U-Bahn stieg, fiel mein Blick auf ein riesiges Plakat, auf dem zu lesen stand: „Jeder, der den Namen des Herrn anruft, wird errettet werden" (Römer 10,13). Ich weiß noch, wie ich einem Freund davon erzählte und er antwortete: „Meinst du nicht, dass Gott dir vielleicht etwas sagen möchte?!"

Kapitel 7

Wie führt uns Gott?

Wir müssen im Leben Entscheidungen fällen. Dabei geht es um Beziehungen, Ehe, Kinder, Umgang mit dem uns zur Verfügung stehenden Arbeitsplatz, mit unserer Wohnung, mit unserem Geld, Urlaub, Eigentum, Spenden usw. Manche dieser Entscheidungen sind größer, manche kleiner. In vielen Fällen ist es sehr wichtig, dass wir die richtige Entscheidung treffen – beispielsweise bei der Wahl eines Ehepartners. Deshalb brauchen wir Gottes Hilfe.

Der christliche Glaube macht uns unter anderem den wunderbaren Umstand deutlich, dass wir nicht auf uns allein gestellt sind. Gottes Führung wurzelt in unserer Beziehung zu ihm. Er verspricht, diejenigen zu führen, die mit ihm durchs Leben gehen. Er sagt: „Ich unterweise dich und zeige dir den Weg, den du gehen sollst" (Psalm 32,8). Jesus verspricht, seine Jünger zu führen und zu leiten: „Er ruft die Schafe, die ihm gehören, einzeln beim Namen und führt sie hinaus [...]. Die Schafe folgen ihm, denn sie kennen seine Stimme" (Johannes 10,3–4). Er wünscht sich, dass wir seinen Willen erkennen (vgl. Kolosser 1,9; Epheser 5,17). Er sorgt sich um jeden Einzelnen von uns. Er liebt uns und möchte mit uns über das reden, was wir mit unserem Leben anfangen sollen – im Kleinen wie im Großen.

Gott hat einen Plan für unser Leben (vgl. Epheser 2,10). Manchen Menschen bereitet das Kopfzerbrechen. Sie denken sich: *Ich weiß nicht, ob ich Gottes Plan für mein Leben akzeptieren will. Woher weiß ich, dass er gut ist?* Wir brauchen da keine Angst zu haben. Gott liebt uns und will nur das Beste für unser Leben. Paulus schreibt, dass Gottes Wille für unser Leben „das Gute, das Wohlgefällige und das Vollkommene" ist (Römer 12,2). Durch den Propheten Jeremia rief er seinem Volk zu: „Denn ich, ich kenne meine Pläne, die ich für euch habe, spricht der Herr, Pläne des Heils und nicht des Unheils; denn ich will euch eine Zukunft und eine Hoffnung geben" (Jeremia 29,11).

Er meint damit im Grunde: „Wisst ihr denn nicht, dass ich einen wirklich tollen Plan für euch habe? Ich habe etwas Wunderbares für euch vorbereitet!" Gott rief das von ganzem Herzen, als er sah, in welches Chaos sein Volk geraten war, weil es seinen Plänen nicht gefolgt war. Überall in unserem Umfeld sehen wir Menschen, deren Leben ein einziges Durcheinander ist. Oft höre ich von Menschen, die gerade zum Glauben gekommen sind: „Wenn ich doch nur vor fünf oder zehn Jahren Christ geworden wäre! Schauen Sie sich mein Leben jetzt an – ein einziges Durcheinander!"

Wenn wir wissen wollen, was Gott mit uns vorhat, müssen wir ihn danach fragen. Gott hat sein Volk davor gewarnt, Entscheidungen zu treffen, ohne ihn zu fragen: „Wehe den trotzigen Söhnen, die ihre Pläne ausführen, ohne mich zu fragen, [...] die nach Ägypten hinabziehen und *nicht nach dem Herrn fragen*" (Jesaja 30,1-2; Hervorhebung des Autors). Jesus selbst ist das beste Beispiel dafür, was es heißt, den Willen des Vaters zu tun: Er ließ sich ständig vom Heiligen Geist führen (vgl. Lukas 4,1) und tat nur das, was er seinen Vater tun sah (vgl. Johannes 5,19).

Wenn wir darauf verzichten, Gott um Rat zu fragen, werden wir Fehler machen. Wir schmieden Pläne und denken uns: *Ich möchte das tun, aber ich bin mir nicht so sicher, ob Gott das auch will. Ich frage ihn lieber gar nicht erst, dann kann er auch nicht Nein sagen.*

Gott führt uns, wenn wir bereit sind, seinen Willen zu tun, anstatt auf unserem eigenen Weg zu bestehen. Der Psalmist schreibt: „Die Demütigen leitet er nach seinem Recht" (Psalm 25,9) und: „Der Herr zieht die Menschen, die ihn ernst nehmen, ins Vertrauen. Er lässt sie wissen, wozu er einen Bund mit seinem Volk geschlossen hat" (Psalm 25,14; Hoffnung für alle). Gott führt Menschen, die in der gleichen Haltung wie Maria leben: „Ich bin die Magd des Herrn; mir geschehe, wie du es gesagt hast" (Lukas 1,38). In dem Augenblick, in dem wir bereit sind, seinen Willen zu tun, beginnt Gott, uns seine Pläne für unser Leben zu enthüllen.

In den Psalmen steht ein Vers, den ich mir immer wieder vor Augen halte: „Befiehl dem Herrn deinen Weg und vertrau ihm; er wird es fügen" (Psalm 37,5). Unsere Aufgabe ist es, eine Entscheidung Gott anzubefehlen und ihm dann zu vertrauen. Wenn wir das getan haben, können wir seinem Handeln erwartungsvoll entgegensehen. Wenn Sie zum Beispiel eine Beziehung haben, derer Sie sich nicht sicher sind, können Sie beten: „Falls diese Beziehung falsch ist, lass Sie bitte zerbrechen. Wenn sie dein Wille ist, dann lass bitte nichts uns auseinanderreißen." Danach können Sie getrost darauf warten, dass Gott handeln wird, da sie ihm die Angelegenheit anvertraut haben.

Gegen Ende meines Studiums lernte einer meiner Freunde namens Nicky, der zur gleichen Zeit wie ich Christ geworden war, ein Mädchen kennen, das kein Christ war. Er hielt es nicht für richtig, sie zu heiraten, solange sie seinen Glauben an Christus nicht teilte. Er wollte sie aber auch nicht unter Druck setzen. So tat er, was dieser Vers aus den Psalmen sagt: Er befahl die Situation Gott an. Er sagte diesem: „Herr, wenn diese Beziehung falsch ist, dann bitte ich, dass du sie beendest. Wenn sie aber richtig ist, dann lass meine Freundin bitte bis zum Ende des Frühjahrssemesters zum Glauben kommen." Er informierte weder seine Freundin noch sonst jemanden von diesem Termin, sondern setzte sein Vertrauen auf Gott und wartete darauf, dass dieser handeln würde.

Schließlich war der letzte Tag des Semesters gekommen. Seine Freundin war immer noch kein Christ. An diesem Abend gingen beide zusammen auf eine Party. Kurz vor Mitternacht wurde es seiner Freundin langweilig. Sie kam plötzlich auf die Idee, einfach ein bisschen im Auto herumzufahren. Also stiegen sie ins Auto, und sie gab die Richtung an, wie es ihr gerade spontan einfiel: „Dreimal links, dreimal rechts, dann drei Meilen geradeaus und dann anhalten." Er spielte das Spiel mit und hielt sich an ihre Anweisungen. Sie landeten auf diese Weise an einem amerikanischen Soldatenfriedhof, in dessen Mitte ein riesiges Kreuz stand, das von Hunderten kleiner Kreuze umgeben war. Als Nickys Freundin das sah, war sie schockiert, aber auch berührt von dem Symbol des Kreuzes. Der Gedanke ließ sie nicht mehr los, dass Gott ihre spontanen Anweisungen gebraucht hatte, um sie auf sich aufmerksam zu machen. Sie brach in Tränen aus und vertraute kurz danach ihr Leben Jesus an. Die beiden sind nun schon seit vielen Jahren glücklich miteinander verheiratet und erinnern sich auch heute noch oft daran, wie Gott sie an jenem Tag geführt hatte.

Wie spricht nun Gott zu uns, wenn wir bereit sind, seinem Willen zu folgen? Wie führt er uns? Das kann auf unterschiedliche Weise geschehen. Manchmal gebraucht Gott eine der unten beschriebenen Möglichkeiten, manchmal gleich mehrere. Bei einer grundlegenden Entscheidung spricht er vielleicht sogar durch alle. Die folgenden Punkte beginnen um der leichteren Einprägsamkeit willen alle mit dem Buchstaben „G".

Gehorsam gegenüber dem Wort Gottes

Wir haben bereits gesehen, dass Gott seinen grundsätzlichen Willen – für alle Menschen, zu allen Zeiten, an allen Orten, in allen Umständen – in seinem Wort offenbart hat. Dort werden eine ganze Reihe von Themen behandelt. Aus der Bibel wissen wir, dass gewisse Dinge falsch sind. Deshalb können wir uns absolut sicher sein, dass Gott uns nie so führen würde, solche Dinge zu tun. Manchmal denkt jemand, der verheiratet ist: *Ich habe mich in jene Person verliebt. Wir lieben uns so sehr. Ich fühle mich von Gott geführt, meinen Ehepartner zu verlassen und diese neue Beziehung einzugehen.* Aber Gott hat seinen Willen schon längst klargemacht: „Du sollst nicht die Ehe brechen" (2. Mose 20,14).

Manche Menschen fühlen sich geführt, Geld zu sparen, indem sie keine Einkommensteuer bezahlen.

Doch Gott hat uns klar gesagt, dass wir die fälligen Steuern zahlen sollen (vgl. Römer 13,7). Ich habe einmal einen Brief in die Hände bekommen, den ein neu bekehrter Christ ans Finanzamt geschrieben hatte. Darin stand: „Sehr geehrte Damen und Herren, ich bin gerade Christ geworden und kann nun nachts nicht mehr schlafen. Deswegen übersende ich Ihnen hiermit die hundert Pfund, die ich Ihnen schuldig bin. P. S.: Wenn ich danach immer noch nicht schlafen kann, schicke ich Ihnen auch noch den Rest."

Zudem ermahnt Gott uns, aufrichtig zu sein und die Wahrheit zu sagen (2. Mose 20,16). Ich erinnere mich an eine Begegnung mit einem alten Mann, der den Spitznamen Gibbo trug. Viele Jahre zuvor hatte er für das berühmte Londoner Kaufhaus *Selfridges* gearbeitet. Sein Chef war der Gründer Gordon Selfridge persönlich gewesen. Eines Tages läutete das Telefon. Gibbo griff zum Hörer, und der Anrufer bat, mit Gordon Selfridge sprechen zu dürfen. Doch als Gibbo diesem das mit einem Handzeichen verständlich machte, meinte er: „Sagen Sie der Person, ich bin nicht da."

Gibbo gab ihm das Telefon und antwortete: „Dann müssen Sie ihm das schon selbst sagen, dass Sie nicht da sind!"

Nach dem Telefongespräch war Selfridge außer sich vor Wut. Gibbo blieb jedoch standhaft und sagte ihm: „Wenn ich in Ihrem Auftrag lügen kann, dann kann ich auch Sie anlügen, und das werde ich nie tun."

Diese Tat krempelte Gibbos Laufbahn bei *Selfridges* um. Wenn seine Vorgesetzten von nun an jemanden brauchten, dem sie wirklich vertrauen konnten, wandten sie sich an ihn. Er hatte seine Aufrichtigkeit unter Beweis gestellt.

In diesem und vielen anderen Bereichen hat Gott seinen allgemeinen Willen kundgetan. Wir brauchen ihn hier nicht um Führung zu bitten; er hat sie uns schon gegeben. Wenn wir unsicher sind, können wir jemanden fragen, der die Bibel besser kennt als wir. Wenn wir einmal herausgefunden haben, was die Bibel sagt, erübrigt sich jegliches weitere Suchen.

Nun ist zwar Gottes grundsätzlicher Wille in der Bibel offenbart, dennoch finden wir dort nicht immer seinen spezifischen Willen für unsere jeweilige Lebenssituation. In der Bibel können wir beispielsweise nicht nachlesen, welchen Beruf wir ergreifen oder wie viel Geld wir spenden oder wen wir heiraten sollen.

Wie wir in dem Kapitel über die Bibel gesehen haben, spricht Gott auch heute noch durch die Schrift zu uns. Er redet mit uns, wenn wir sie lesen. In einem Psalm heißt es: „Deine Vorschriften machen mich froh; sie sind meine Berater" (Psalm 119,24). Das heißt natürlich nicht, dass wir Gottes Willen herausfinden können, indem wir die Bibel zufällig irgendwo aufschlagen. Im Gegenteil: Wenn wir es uns zur Gewohnheit machen, regelmäßig und systematisch in der Bibel zu lesen, werden wir immer wieder überrascht sein, wie exakt der betreffende Text auf unsere jeweilige Situation passt.

Manchmal haben wir das Gefühl, als würde uns ein Vers geradezu „anspringen", und wir spüren, wie Gott dadurch zu uns spricht. Das habe ich beispielsweise so erlebt, als Gott mich führte, einen anderen Beruf zu ergreifen. Ich hatte die Wahl, entweder im Rechtswesen zu bleiben oder Pfarrer zu werden. Jedes Mal, wenn Gott mich beim Bibellesen ansprach, schrieb ich es mir auf. Als ich zum Beispiel wieder einmal Gott gebeten hatte, mich zu führen, stieß ich auf den Vers: „Wie sollen sie an den glauben, von dem sie nichts gehört haben? Wie sollen sie hören, wenn niemand verkündigt?" (Römer 10,14).

Das geschah an einem Donnerstag. Dann fuhr ich übers Wochenende nach Durham, um Freunde zu besuchen und über die anstehende Entscheidung zu beten. Aus heiterem Himmel las mein Freund genau diesen Vers vor. Ich war völlig verblüfft! Am Sonntagabend war ich wieder in London und ging zur Kirche. Zu Beginn des Gottesdienstes kündigte der Redner nicht nur an, dass er über den gleichen Vers predigen werde, sondern dass er den Eindruck habe, durch den Vers wolle Gott jemanden dazu berufen, sich in der anglikanischen Kirche ordinieren zu lassen. So gab es mindestens 15 verschiedene Gelegenheiten, an denen Gott mir durch die Bibel etwas über meine Berufung mitteilte.

Geleitet durch den Heiligen Geist

Führung ist eine sehr persönliche Sache. Wenn wir Christen werden, kommt der Geist Gottes und wohnt in uns. Er beginnt, mit uns zu reden, und wir müssen es lernen, auf seine Stimme zu hören. Jesus sagte, dass seine Schafe (damit meint er seine Anhänger) seine Stimme erkennen würden (vgl. Johannes 10,4–5). Die Stimme eines guten Freundes erkennen wir am Telefon sofort. Wenn uns der Anrufer dagegen nicht so gut bekannt ist, dann ist es schon schwieriger und dauert länger. Je besser wir Jesus kennenlernen, umso leichter fällt es uns, seine Stimme zu erkennen.

Paulus sagte: „Nun ziehe ich, gebunden durch den Geist, nach Jerusalem" (Apostelgeschichte 20,22). Darüber hinaus erwartete er auch, dass alle Christen vom Geist geleitet werden (Gal 5,18). Ein anderes Mal wollten Paulus und seine Mitarbeiter nach Bithynien reisen, „doch auch das erlaubte ihnen der Geist Jesu nicht" (Apostelgeschichte 16,7). So schlugen sie einen anderen Weg ein. Wir wissen jedoch nicht genau, wie der Geist Gottes zu ihnen sprach; dafür gibt es verschiedene Möglichkeiten.

Im Folgenden möchte ich drei Beispiele nennen, wie Gott durch seinen Geist spricht.

1. Oft spricht Gott zu uns, wenn wir beten

Im 13. Kapitel der Apostelgeschichte lesen wir: „Als sie zu Ehren des Herrn Gottesdienst feierten und fasteten, sprach der Heilige Geist ..." (Vers 2). Gebet ist ein wechselseitiges Gespräch. Angenommen, ich gehe zum Arzt und sage: „Herr Doktor, ich habe Probleme. Ich habe Fußpilz unter meinen Zehennägeln, ich habe Hämorrhoiden, meine Augen jucken, und ich brauche eine Grippeimpfung. Außerdem leide ich an starken Rückenschmerzen und habe einen Tennisarm." Kaum habe ich meine Liste von Beschwerden heruntergeleiert, werfe ich einen Blick auf die Uhr und sage: „Ach, du meine Güte, wie die Zeit verstreicht! Ich muss weiter. Vielen Dank fürs Zuhören."

Der Arzt würde wahrscheinlich entgegnen: „Moment mal, wollen Sie denn keinen Rat von mir?"

Genauso verhalten wir uns im Grunde, wenn wir im Gebet immer nur reden und uns keine Zeit zum Hören nehmen. Deshalb habe ich beim Beten auch immer ein Notizbuch dabei. Es hilft mir festzuhalten, was mir beim Beten in den Sinn kommt. Dazu gehören Dinge wie: „Vielleicht sollte ich diese Person anrufen oder ihr schreiben."

In der Bibel lesen wir, wie Gott zu Menschen spricht. In der Apostelgeschichte wird beispielsweise davon berichtet, dass Christen einmal gemeinsam fasteten und beteten, als der Heilige Geist zu ihnen sprach: „Wählt mir Barnabas und Saulus zu dem Werk aus, zu dem ich sie berufen habe. Da fasteten und beteten sie, legten ihnen die Hände auf und ließen sie ziehen" (Apostelgeschichte 13,2–3).

Auch hier wissen wir nicht genau, wie der Heilige Geist sprach. Vielleicht kamen ihnen während des Gebets diese Worte in den Sinn. Gott spricht häufig auf diese Weise. Manche bezeichnen dies als „Eindruck" oder als etwas, das sie „in den Knochen spüren". Der Heilige Geist kann auf diese Weise sprechen.

Natürlich müssen solche Gedanken und Gefühle geprüft werden (vgl. 1. Johannes 4,1). Stehen sie im Einklang mit den Aussagen der Bibel? Fördern sie die Liebe zueinander? Wenn nicht, dann können sie nicht von Gott stammen, der Liebe ist (vgl. 1. Johannes 4,16). Schenkt der Gedanke uns Kraft, Ermutigung und Trost (vgl. 1. Korinther 14,3)? Spüren wir Gottes Frieden nach der Entscheidung (vgl. Kolosser 3,15)?

2. Manchmal spricht Gott zu uns, indem er in uns das starke Verlangen weckt, etwas Bestimmtes zu tun

„Denn Gott ist es, der in euch das Wollen und das Vollbringen bewirkt nach seinem Vorsatz" (Philipper 2,13). Wenn wir unseren Willen Gott unterordnen, wirkt er in uns und verändert oftmals unsere Wünsche.

Ein junger britischer Arzt namens Paul Brand besuchte einmal ein Krankenhaus für Leprakranke unweit von Chennai (ehemals Madras) in Indien. Ein Dr. Cochrane machte mit ihm eine Besichtigungstour durch das Krankenhaus, wobei den beiden Ärzte blinde Patienten mit entstellten Gesichtern folgten, die sich auf verbundenen Füßen kauernd und stampfend fortbewegten. Brand beschrieb die Szenerie später mit den Worten:

„Hände winkten mir zu und streckten sich mir grüßend entgegen [...]. Es waren verrenkte, krumme, eiternde Stümpfe. Einige waren so steif wie Metallklauen. Bei anderen fehlten Finger. Einige Hände fehlten gänzlich. Schließlich konnte ich nicht länger an mich halten. ‚Wie ist das geschehen? Welche Behandlung führen Sie durch?' [Dr. Cochrane antwortete:] *‚Ich weiß nicht [...]. Ich bin ein Hautarzt und kann mich nur aus diesem Blickwinkel um die Lepra kümmern. Sie hingegen sind Knochenspezialist, orthopädischer Chirurg!'* [...] *Des Weiteren erzählte er mir, dass bis jetzt kein einziger orthopädischer Chirurg die Verunstaltungen der 15 Millionen Leprakranken auf der Welt näher untersucht hat.“*

Beim Vorbeigehen streckte ein junger Leprakranker seine Hand aus. Paul Brand sagte zu ihm: „Drücken Sie meine Hand, so fest Sie können.“ Er berichtet auch von dieser Begegnung:

„Zu meinem Erstaunen spürte ich kein leichtes Zwicken, wie ich erwartet hatte. Stattdessen schoss mir ein intensiver Schmerz durch die Hand. Ich schaute

verärgert auf, doch das sanfte Lächeln auf seinem Gesicht ließ mich innehalten. Er wusste nicht, dass er mir wehtat. Das war für mich ein Schlüsselerlebnis: Jene stark deformierte Hand barg kräftige Muskeln. Ein Kribbeln überkam mich, als drehte sich das gesamte Universum um mich. Ich wusste, ich hatte meinen Platz gefunden. Dieses eine Vorkommnis im Jahre 1947 veränderte mein Leben. Es war der Augenblick, in dem ich den Ruf von Gottes Heiligem Geist vernahm. Ich hatte gefunden, wozu ich erschaffen worden war, und ich wusste, dass ich mein Leben nun neu ausrichten musste. Ich habe seither nie die geringsten Zweifel daran gehabt."[49]

Später machte Brand die Entdeckung, dass Lepra in den betroffenen Körperteilen das Schmerzempfinden zerstört, wodurch Patienten sich unabsichtlich verletzen und schließlich zerstören. Das Ganze war ausschließlich eine Folge von Infektionen und somit vermeidbar. Diese  Entdeckung bereitete den Weg für erste Forschungen über diese Krankheit und Brand wurde ein weltberühmter Lepra-Chirurg. Er wurde zum Ritter geschlagen und mit dem Albert-Lasker-Preis ausgezeichnet.

3. Manchmal führt Gott auf ungewöhnliche Weise

In der Bibel finden sich viele Beispiele dafür, wie Gott Menschen auf dramatische Weise geführt hat. Als

Samuel ein kleiner Junge war, sprach Gott mit hörbarer Stimme zu ihm (vgl. 1. Samuel 3,4–14). Abraham (vgl. 1. Mose 18), Josef (vgl. Matthäus 2,19) und Petrus (vgl. Apostelgeschichte 12,7) führte er durch Engel. Im Alten wie im Neuen Testament sprach er oft durch Propheten (z. B. Agabus, Apostelgeschichte 11,27–28; 21,10–11). Oder er sprach durch Visionen (was man heute manchmal als „Bilder" bezeichnet). So sprach er eines Nachts in einer Vision zu Paulus. Paulus sah dabei einen Mann aus Mazedonien, der ihn bat: „Komm herüber nach Mazedonien und hilf uns!" Es überrascht nicht, dass Paulus und seine Begleiter das als Führung Gottes betrachteten, um die Gute Nachricht in Mazedonien zu predigen (vgl. Apostelgeschichte 16,10).

Wir finden auch Beispiele dafür, wie Gott durch Träume führt (z. B. Matthäus 1,20; 2,12–13.19). Ich betete einst für ein befreundetes Ehepaar. Der Mann war vor Kurzem zum Glauben gekommen. Die Frau war hochintelligent, lehnte aber energisch ab, was mit ihrem Mann geschehen war. Sie wurde uns gegenüber sogar ein bisschen feindselig. Eines Nachts hatte ich einen Traum, in dem ich ihr Gesicht völlig verändert sah. Sie strahlte vor Freude über Gott. Dies ermutigte uns, weiter für sie zu beten und Kontakt zu halten. Einige Monate später wurde dann auch sie Christ. Ich erinnere mich noch gut, wie ich sie anblickte und dabei das Gesicht vor mir sah, das ich einige Monate zuvor im Traum gesehen hatte.

Das sind einige der Möglichkeiten, wie Gott in der Vergangenheit Menschen geführt hat und es auch heute noch tut.

Den gesunden Menschenverstand gebrauchen

Wenn wir Christ werden, bedeutet das nicht, dass wir unseren Verstand abgeben. Die Verfasser des Neuen Testaments fordern uns häufig auf, uns Gedanken zu machen. Nirgends raten sie davon ab, unseren Verstand zu gebrauchen (z. B. 2. Timotheus 2,7).

Wenn wir den gesunden Menschenverstand beiseiteschieben, bringen wir uns in absurde Situationen: J. I. Packer erzählt von einer Frau, die morgens beim Aufwachen den ganzen Tag Gott weihte. Im Anschluss daran bat sie um Führung, ob sie aufstehen solle oder nicht, und sie rührte keinen Finger, bis „die Stimme" ihr das Signal zum Ankleiden gegeben hatte.

„Bei jedem Kleidungsstück, das sie anzog, fragte sie Gott, ob sie es auch tatsächlich anziehen sollte, und oft befahl Gott ihr, den rechten Schuh anzuziehen, nicht aber den linken. Manchmal sollte sie auch beide Strümpfe, aber keine Schuhe anziehen und manchmal beide Schuhe, aber keine Strümpfe. So ging es mit jedem einzelnen Kleidungsstück weiter ..."[50]

Gott hat uns mit Sicherheit nicht seine Führung versprochen, um uns die Mühe des Denkens zu ersparen. John Wesley, der Begründer des Methodismus, pflegte sogar zu sagen, dass Gott ihm im Normalfall vernünftige Argumente präsentiere und ihn auf diese Weise leite. Das gilt für alle Bereiche, besonders aber wenn es um Heirat und Berufswahl geht. Der gesunde Menschenverstand ist einer der Faktoren, die bei der Wahl eines Ehepartners eine Rolle spielen. So ist es in diesem für unser Leben so entscheidenden Bereich nur vernünftig, sich mit mindestens drei wichtigen Fragen auseinanderzusetzen.

1. „Passen wir *geistlich* gesehen zueinander?" Ein Christ sollte im Normalfall nur einen anderen Christen heiraten. Paulus warnt uns davor, einen Nichtchristen zu heiraten (vgl. 2. Korinther 6,14). In der Praxis kommt es in Ehen, in denen einer der Partner kein Christ ist, fast immer zu großen Spannungen. Der Christ fühlt sich innerlich hin- und hergerissen zwischen dem Wunsch, für seinen Partner da zu sein, und dem Verlangen, Gott zu dienen. Doch geistlich „kompatibel" zu sein bedeutet mehr als nur die Tatsache, dass beide Partner Christen sind. Es bedeutet, dass man das geistliche Leben des anderen respektiert. Die Aussage: „Wenigstens ist der andere ja auch Christ" reicht nicht aus.

2. „Passen wir von der *Persönlichkeit* her zueinander?" Natürlich sollten uns mit unserem Ehepartner eine tiefe Freundschaft und weitere Gemeinsamkeiten verbinden. Einer der vielen Vorteile, die es hat, wenn man vor der Ehe nicht miteinander schläft, liegt darin, dass man sich leichter auf diese Dinge konzentrieren kann, um herauszufinden, ob man von der Persönlichkeit her zueinander passt. Bei uns dominiert aber oft die sexuelle Seite den Beginn einer Beziehung. Ist die Beziehung nicht auf dem Fundament einer soliden Freundschaft errichtet, kann sie später leicht ins Wanken kommen, wenn die anfängliche sexuelle Attraktivität nachlässt.

3. „Passen wir *körperlich* zueinander?" Damit meine ich, dass auch eine gegenseitige Attraktivität zu einer Beziehung dazugehört. Es reicht nicht aus, geistlich und gefühlsmäßig „kompatibel" zu sein. Sexuelle

Kompatibilität wird häufig für das Wichtigste gehalten, dennoch steht diese Frage eigentlich an letzter Stelle. Muss man miteinander schlafen, um herauszufinden, ob man sexuell zusammenpasst? Nein, denn das wirft die Frage auf, wie viele sexuelle Begegnungen wir benötigen, bevor wir eine vernünftige Entscheidung treffen können.

"Mit 112 Frauen musste ich schlafen, bevor ich dich getroffen habe."

Auch bei der Frage nach Gottes Führung bezüglich Beruf und Karriere spielt der gesunde Menschenverstand eine große Rolle. Manche Menschen sagen: „Ich bin jetzt Christ geworden. Soll ich meinen Beruf aufgeben?" Paulus gibt die Antwort darauf: „Im Übrigen soll jeder so leben, wie der Herr es ihm zugemessen, wie Gottes Ruf ihn getroffen hat" (1. Korinther 7,17). Solange unser Beruf mit dem christlichen Glauben nicht gänzlich unvereinbar ist, weist uns Paulus an, dass wir in dem Umfeld unser Leben als Christ führen sollen, in dem wir waren, als wir gläubig geworden sind.

Als allgemeine Regel gilt: Wir sollen so lange in unserem gegenwärtigen Beruf bleiben, bis Gott uns zu etwas anderem beruft (es sei denn, wir sind arbeitslos). Meist ruft Gott uns nicht aus etwas *heraus*, sondern in etwas *hinein*. Um herauszufinden, wo Gott uns hineinberufen hat, sollten wir uns fragen: „Was für ein Temperament habe ich? Wie ist meine Persönlichkeit gestrickt? Was kann ich gut? Was macht mir Spaß? Worin bin ich begabt?" Zudem sollten wir unseren gesunden Menschenverstand gebrauchen und unser Leben langfristig betrachten. Es ist durchaus klug, 10, 15 oder 20 Jahre vorauszudenken und sich zu fragen: „Wohin führt mich mein gegenwärtiger Beruf? Möchte ich dort auf lange Sicht hinkommen? Oder will ich langfristig eigentlich etwas ganz anderes? Wenn ja, was muss ich dann jetzt unternehmen, um das Ziel zu erreichen?"

Das Gegenüber der „Heiligen"

Der Begriff „Heilige" wird im Neuen Testament im Sinne von „alle Christen" verwendet, das heißt die Kirche (vgl. Philipper 1,1). Es ist wunderbar, zur Gemeinschaft der Christen zu gehören, in der wir uns gegenseitig dabei helfen können, Entscheidungen zu fällen. Wir sollten die Demut haben, anzuerkennen, dass Gott nicht nur zu „mir" spricht, sondern auch zu anderen Menschen. Das hat er in der gesamten Geschichte getan.

Das Buch der Sprichwörter fordert uns immer wieder dazu auf, weisen Rat zu suchen. So wird etwa empfohlen: „Der Weise aber hört auf Rat" (Sprüche 12,15). Es wird gewarnt: „Wo es an Beratung fehlt, da scheitern die Pläne". Andererseits gilt: „Wo viele Ratgeber sind, gibt es Erfolg" (Sprüche 15,22). Deshalb gilt: „Pläne kommen durch Beratung zustande" (Sprüche 20,18).

So wichtig es auch ist, guten Rat einzuholen, wir dürfen nie vergessen, dass unsere Entscheidungen letztlich zwischen uns und Gott fallen. Sie liegen in unserer eigenen Verantwortung. Wir können sie nicht auf andere abschieben und ihnen die Schuld geben, wenn etwas schiefgeht. Das „Gegenüber der Geschwister" in der Gemeinde, die einem Rat geben, ist wichtig und gehört zur Führung Gottes, doch ist es nicht das Einzige. Manchmal kann es richtig sein, sich gegen den Rat anderer zu entscheiden.

Wen fragen wir am besten, wenn wir vor einer wichtigen Entscheidung stehen und Rat brauchen? In den Sprichwörtern heißt es: „Anfang der Weisheit ist die Gottesfurcht" (Sprüche 9,10). Deshalb sollten wir uns an Ratgeber wenden, die „Gott fürchten", das heißt, die ihn ehren. Die besten Ratgeber sind meist gottesfürchtige Christen, die über Weisheit und Erfahrung verfügen und die wir achten. Es ist zudem auch weise, den Rat unserer Eltern einzuholen, die wir ehren sollen, auch wenn wir selbst längst erwachsen sind. Selbst wenn sie keine Christen sind, so kennen sie uns doch sehr gut und haben oft wertvolle Einsichten beizusteuern (vgl. 2. Mose 20,12).

In meinem Leben als Christ war es mir immer eine große Hilfe, einen reifen Christen als Gegenüber zu haben, den ich in vielen Bereichen um Rat fragen kann. Das waren zu unterschiedlichen Zeiten unterschiedliche Menschen. Ich bin Gott für ihre Weisheit und ihre Hilfe in vielen Fragen sehr dankbar. Oft hat Gott im gemeinsamen Gespräch mit ihnen neue Einsichten geschenkt.

Bei großen Entscheidungen habe ich es als hilfreich empfunden, verschiedene Menschen um Rat zu fragen. Als es um meine Ordination ging, habe ich zwei meiner Berater gefragt, meine beiden engsten Freunde, meinen Pfarrer und die Leute, die von offizieller Seite am Bewerbungsverfahren beteiligt waren.

Wir sollten uns die Personen, die wir um Rat fragen, nicht danach aussuchen, ob sie mit unserer vorgefassten Meinung übereinstimmen. Mancher fragt so lange immer wieder neue Menschen um Rat, bis er jemanden findet, der sein Vorhaben gutheißt. Ein solcher Rat hat keinen Wert. Er ermöglicht es dem Ratsuchenden nur zu behaupten: „Und ich habe Soundso um Rat gefragt und er/sie hat mir zugestimmt."

Wir sollten Menschen aufgrund ihrer geistlichen Autorität oder ihrer Beziehung, die wir zu ihnen haben, um Rat fragen, unabhängig davon, welche Ansichten sie vertreten.

Die Gewichtung der Gegebenheiten

Gott hat die letztendliche Kontrolle über alles, was geschieht. Das Buch der Sprichwörter macht das deutlich: „Des Menschen Herz plant seinen Weg, doch der Herr lenkt seinen Schritt" (Sprüche 16,9). Manchmal öffnet Gott Türen (vgl. 1. Korinther 16,9), manchmal schließt er sie (vgl. Apostelgeschichte 16,7). Zweimal habe ich erlebt, dass Gott die Tür zu etwas schloss, das ich unbedingt wollte und für Gottes Willen hielt. Ich versuchte, die Türen mit Gewalt zu öffnen. Ich betete und kämpfte mit aller Kraft, doch sie gingen einfach nicht auf. Beide Male war ich bitter enttäuscht. Doch heute, nach Jahren, verstehe ich, warum Gott damals diese Türen verschlossen hat. Ich bin ihm inzwischen sehr dankbar dafür. Allerdings werden wir nicht immer schon in diesem Leben verstehen, warum Gott Türen verschlossen hat.

Manchmal öffnet Gott Türen auf höchst bemerkenswerte Weise. Umstände und Zeitpunkt geben einen deutlichen Hinweis auf das Eingreifen Gottes (z. B. 1. Mose 24). Michael Bourdeaux leitet das Keston College, ein Forschungsinstitut, das es sich zur Aufgabe gesetzt hat, Gläubige in den (jetzt ehemaligen) kommunistischen Ländern zu unterstützen. Seine Arbeit und seine Forschungstätigkeit genießen bei den Regierungen weltweit großes Ansehen. Als Michael Bourdeaux noch in Oxford Russisch studierte, leitete sein Russischlehrer Dr. Tschernov einmal einen Brief an ihn weiter, von dem er glaubte, er würde ihn interessieren. In dem Brief wurde genau beschrieben, wie Mönche vom KGB misshandelt und unmenschlichen medizinischen Experimenten unterzogen wurden und wie sie in Lastwagen zusammengepfercht viele Hunderte von Kilometern weit verschleppt wurden, um dann einfach ausgesetzt zu werden. Der Brief war sehr einfach und schlicht geschrieben. Michael Bourdeaux vernahm darin die Stimme der verfolgten Kirche. Unterschrieben war der Brief mit „Varava und Pronina".

Im August 1964 reiste er nach Moskau. Am ersten Abend dort traf er sich mit alten Freunden, die ihm in allen Einzelheiten schilderten, dass die Verfolgungen immer schlimmer wurden. So war die ehrwürdige Sankt-Peter-und-Pauls-Basilika zerstört worden. Sie schlugen ihm vor, sich das mit eigenen Augen anzusehen. Also nahm er sich ein Taxi und kam in der Abenddämmerung auf diesem Platz an, wo einmal eine wunderschöne Kirche gestanden hatte. Stattdessen fand er nur noch einen vier Meter hohen Zaun vor, hinter dem sich der Schutt der einstigen Kirche verbarg. Auf der anderen Seite des Platzes kletterten gerade zwei Frauen den Zaun hoch, um die Überreste der Kirche zu sehen. Er beobachtete sie, und als sie schließlich den Platz verließen, folgte er ihnen einige hundert Meter weit, bis er sie eingeholt hatte. Sie fragten ihn, wer er sei, und er antwortete: „Ich bin Ausländer. Ich bin gekommen, um zu sehen, was hier in der Sowjetunion los ist."

Daraufhin nahmen sie ihn zu der Wohnung einer anderen Frau mit, wo man ihm erneut die Frage stellte, warum er gekommen sei. Er antwortete, er habe via Paris einen Brief aus der Ukraine bekommen. Als die Frau ihn fragte, von wem dieser Brief stammte, antwortete er: „Von Varava und Pronina." Plötzlich schwiegen alle. Er fragte sich, ob er wohl etwas Falsches gesagt habe, doch dann fingen alle unkontrolliert zu weinen an. Die Frau zeigte auf die beiden anderen Frauen und sagte: „Das ist Varava und das Pronina!"

Die Sowjetunion hatte damals mehr als 140 Millionen Einwohner. Der Abfassungsort des Briefs lag 1.300 Kilometer von Moskau entfernt in der Ukraine. Michael Bourdeaux war sechs Monate, nachdem dieser Brief geschrieben worden war, von England nach Moskau geflogen. Wäre einer der Beteiligten auch nur eine Stunde früher oder später an der abgerissenen

Kirche eingetroffen, dann wäre es nie zu dieser Begegnung gekommen. Dieser Vorfall war eine Station des Weges, auf dem Gott Michael Bourdeaux zu seinem Lebenswerk berief.[51]

Manchmal kommt Gottes Führung unmittelbar, sobald man darum gebetet hat (z. B. 1. Mose 24), aber oft dauert es längere Zeit, manchmal sogar Monate oder sogar Jahre. Vielleicht spüren wir, dass Gott etwas mit unserem Leben vorhat, doch müssen wir lange warten, bis das eintrifft. In solchen Fällen brauchen wir die Geduld eines Abraham: „Und so wartete Abraham in Geduld und erlangte die Verheißung" (Hebräer 6,15). Er verbrachte den Großteil seines Lebens damit, auf die Erfüllung der Verheißungen zu warten, die Gott ihm als junger Mann gegeben hatte und die erst erfüllt wurden, als er schon sehr alt war. Während er wartete, erlag er der Versuchung, Gottes Verheißung aus eigener Kraft zu erfüllen – mit katastrophalen Folgen (vgl. 1. Mose 16 und 21).

Manchmal hören wir richtig, was Gott uns sagt, aber wir irren uns im Zeitpunkt. Gott zeigte Josef im Traum, was mit ihm und seiner Familie geschehen sollte. Vermutlich dachte Josef, das Ganze würde sofort in Erfüllung gehen, aber er musste viele Jahre lang darauf warten. Als er im Gefängnis saß, muss es ihm schwergefallen sein, daran zu glauben, dass sein Traum je in Erfüllung gehen würde. Doch 13 Jahre nach dem Traum erlebte er endlich, dass Gott ihn Wirklichkeit werden ließ. Die Zeit des Wartens gehörte zu seiner Vorbereitung dazu (vgl. 1. Mose 37–50).

In dem Bereich der Führung Gottes machen wir alle Fehler. Manchmal versuchen wir wie Abraham, Gottes Pläne durch unsere eigenen falschen Methoden in Erfüllung zu bringen. Oder wir irren uns wie Josef, wenn es um den richtigen Zeitpunkt geht. Manchmal glauben wir, unser Leben vor unserer Umkehr so sehr verpfuscht zu haben, dass Gott damit nichts mehr anfangen könne. Aber Gott ist viel größer und mächtiger. Der Autor und Dramatiker Oscar Wilde sagte, „dass jeder Heilige eine Vergangenheit hat und jeder Sünder eine Zukunft"[52]. Gott kann „die Jahre erstatten, die die Heuschrecken gefressen haben" (Joel 2,25). Er ist in der Lage, aus dem, was von unserem Leben übrig geblieben ist, etwas Gutes zu machen, ganz gleich, wie viel Zeit wir noch vor uns haben. Voraussetzung ist, dass wir ihm geben, was wir haben, und mit seinem Heiligen Geist zusammenarbeiten.

Um die Mitte des 19. Jahrhunderts übernachtete Lord Radstock in einem norwegischen Hotel. Dort hörte er, wie ein kleines Mädchen auf dem Klavier in der Halle spielte und dabei einen fürchterlichen Lärm

machte: *Plink – plonk – plink ...!* Das machte ihn fast verrückt. Dann kam ein Mann, setzte sich neben das Mädchen und spielte mit. Er fing dessen Geklimper spielerisch auf und improvisierte eine Melodie dazu. Auf einmal klang das Ganze wunderschön. Wie sich später herausstellte, war der Mann Alexander Borodin, der Komponist der Oper „Fürst Igor" und zugleich Vater des Mädchens.

Paulus schrieb: „Wir wissen, dass Gott bei denen, die ihn lieben, alles zum Guten führt, bei denen, die nach seinem ewigen Plan berufen sind" (Römer 8,28). Während wir unbeholfen und fehlerhaft unsere Partitur spielen und dabei im Lesen („Gehorsam gegen das geschriebene Wort"), im Hören (auf das „Geheiß des Geistes"), im Nachdenken („Gebrauch des gesunden Menschenverstands"), im Reden („Gegenüber der Geschwister"), im Hinschauen („Gewichtung der Gegebenheiten") und im Warten Gottes Willen für unser Leben suchen, kommt Gott, setzt sich neben uns und „führt alles zum Guten". Er greift das „Plink-plonk" unseres Lebens auf und macht etwas Schönes daraus.

Kapitel 8

Wer ist der Heilige Geist?

Während des Studiums hatte ich mehrere Freunde, von denen fünf ebenfalls Nicky hießen! Wir trafen uns regelmäßig zum Mittagessen. Im Februar 1974 kamen die meisten von uns zum Glauben an Jesus Christus. Schlagartig waren wir Feuer und Flamme für unseren Glauben. Einer der Nickys war allerdings etwas zurückhaltender. Er schien nicht sehr begeistert zu sein, wenn es um seine Beziehung zu Gott ging, ums Bibellesen oder Beten.

Eines Tages betete jemand für ihn und bat Gott darum, ihn mit dem Heiligen Geist zu erfüllen. Der Heilige Geist kam und veränderte sein Leben. Ein großes Lächeln trat auf sein Gesicht. Er wurde überall für seine Ausstrahlung bekannt, und das ist er auch heute noch, Jahre danach. Danach gab es keine Bibelarbeit, keine Gebetsversammlung, keine Gemeindeveranstaltung, die Nicky ausließ. Er wollte unbedingt mit anderen Christen zusammen sein. Seine Persönlichkeit schlug viele in den Bann. Die Leute fühlten sich zu ihm hingezogen. Er half vielen, zum Glauben zu kommen und mit dem Heiligen Geist erfüllt zu werden, wie er es selbst erlebt hatte.

Was war die Ursache für diese tiefgreifende Veränderung bei Nicky? Ich denke, er würde auf diese Frage antworten: „Es ist die Erfahrung des Heiligen Geistes."

Viele Menschen wissen ein wenig über Gott den Vater und Jesus den Sohn. In Bezug auf den Heiligen Geist herrscht dagegen oft große Unwissenheit. Daher beschäftigen sich drei Kapitel dieses Buches mit der dritten Person der Trinität.

Bei dem Wort „Geist" wird es dem einen oder anderen vielleicht ein bisschen mulmig; man denkt dann an eine Art Gespenst. Oder man assoziiert damit Dinge wie Verstand oder Intellekt. Aber mit alledem hat der Heilige Geist nichts zu tun. Er ist eine Person und weist alle Merkmale auf, die eine Person hat. Er denkt (vgl. Apostelgeschichte 15,28), spricht (vgl. Apostelgeschichte 1,16), führt (vgl. Römer 8,14), und wir können ihn traurig machen (vgl. Epheser 4,30). Manchmal wird er der „Geist Christi" (vgl. Römer 8,9) oder der „Geist Jesu" (vgl. Apostelgeschichte 16,7) genannt. Durch ihn ist Jesus unter seinem Volk gegenwärtig. Er ist eine Art „zweites Selbst" von Jesus.

Wer ist der Heilige Geist eigentlich? Im Griechischen wird er ursprünglich als *parakletos* bezeichnet (vgl. Johannes 14,16), was wörtlich heißt: „Der an jemandes Seite gerufen wird". Gemeint ist jemand, der ermutigt, ein Berater, ein Tröster. Jesus sagte, dass der Vater „einen anderen" Berater schicken werde. Das Wort „einen anderen" meint jemand von der gleichen Art. Mit anderen Worten: Der Heilige Geist ist genau wie Jesus.

In diesem Kapitel möchte ich mich mit der Person des Heiligen Geistes beschäftigen: wer er ist und was wir über ihn lernen können. Dazu wollen wir uns sein Handeln in der Bibel ansehen, angefangen vom allerersten Kapitel bis hin zu Pfingsten. Aufgrund der Tatsache, dass die sogenannte „Pfingstbewegung" Anfang des 20. Jahrhunderts entstanden ist, könnte man versucht sein, den Heiligen Geist auch für ein Phänomen dieses Jahrhunderts zu halten. Dies ist natürlich nicht richtig.

Der Heilige Geist war an der Schöpfung beteiligt

Bereits in den ersten Versen der Bibel sehen wir den Heiligen Geist am Werk: „Im Anfang schuf Gott Himmel und Erde, die Erde aber war wüst und wirr, Finsternis lag über der Urflut, und Gottes Geist schwebte über dem Wasser" (1. Mose 1,1-2). Wie ein Vogel, der über seinem Nest schwebt und wartet, war der Heilige Geist im Begriff, etwas Neues hervorzubringen. Die gesamte Dreieinigkeit war an der Schöpfung beteiligt (Johannes 1,3).

In diesem Bericht über die Schöpfung sehen wir, wie der Geist Gottes neue Dinge ins Leben rief und Chaos in Ordnung verwandelte. Das Gleiche macht der Heilige Geist auch heute noch. Oft initiiert er Neues im Leben von Menschen und ganzen Gemeinden. Er stiftet Ordnung und Frieden und befreit Menschen von destruktiven Gewohnheiten, Abhängigkeiten und dem Chaos zerbrochener Beziehungen.

Als er den Menschen erschuf, „formte Gott, der Herr, den Menschen aus Erde vom Ackerboden und blies in seine Nase den Lebensatem. So wurde der Mensch zu einem lebendigen Wesen" (1. Mose 2,7). Das hebräische Wort für Atem ist *ruach*, was gleichzeitig auch „Geist" bedeutet. Der *ruach* Gottes schenkt dem Menschen, der aus Staub geformt wurde, physisches Leben. In ähnlicher Weise haucht er Menschen und Gemeinden, die ja bekanntlich auch staubtrocken sein können, geistliches Leben ein!

Vor einigen Jahren unterhielt ich mich mit einem Pfarrer, der in seinem persönlichen Leben und in der Gemeinde genau das erlebt hatte: Alles war ausgesprochen verstaubt. Eines Tages wurden er und seine Frau mit dem Geist Gottes erfüllt. Ihr ganzes Leben wurde verwandelt. Sie erlebten eine neue Begeisterung für die Bibel: Die Gemeinde war voller Leben. Sein Sohn, Gründer und Leiter der Gemeindejugendgruppe, wurde ebenfalls vom Geist erfüllt. Plötzlich wuchs die Jugendgruppe explosiv und wurde zu einer der größten in der ganzen Gegend.

Viele Menschen verspüren einen Hunger nach echtem Leben; sie fühlen sich zu Menschen und Gemeinden hingezogen, bei denen sie den lebensspendenden Geist Gottes am Werk sehen.

Gottes Geist kam zu bestimmten Zeiten auf bestimmte Menschen, damit diese bestimmte Aufgaben erfüllen konnten

Wenn der Geist Gottes auf Menschen kommt, geschieht etwas. Der Heilige Geist schenkt nicht einfach nur ein nettes, warmes Gefühl. Er kommt zu einem bestimmten Zweck: Dafür finden wir im Alten Testament reihenweise Beispiele.

Er erfüllte Menschen mit Begabung für ihre künstlerische Arbeit. Von Bezalel heißt es: „Siehe, ich habe Bezalel […] mit dem Geist Gottes erfüllt, mit Weisheit, mit Verstand und mit Kenntnis für jegliche Arbeit: Pläne zu entwerfen und sie in Gold, in Silber und Kupfer auszuführen und durch Schneiden und Fassen und durch Schnitzen von Holz allerlei Werke herzustellen" (2. Mose 31,3–5).

Natürlich kann man ein begabter Musiker, Schriftsteller oder Künstler sein, ohne mit dem Geist erfüllt zu sein. Wenn aber der Geist Gottes Menschen erfüllt, damit sie solche Aufgaben ausfüllen können, dann bekommt ihre Arbeit nicht selten eine ganz neue Dimension. Sie hat eine andere Ausstrahlung. Im geistlichen Bereich hat sie viel größere Auswirkungen: Sie trifft ins Herz und verändert Leben. Das kann sogar dann der Fall sein, wenn die natürlichen Fähigkeiten des Musikers oder Künstlers nicht besonders bemerkenswert sind. Zweifellos geschah bei Bezalel etwas Ähnliches.

Der Geist Gottes erfüllte auch Menschen, um sie zu Leitern zu machen. Während der Zeit der Richter waren die Israeliten oft den Übergriffen fremder Stämme ausgesetzt. Als die Midianiter das Land überrannt hatten, berief Gott Gideon zum Anführer der Israeliten. Gideon war sich seiner eigenen Schwäche nur zu bewusst und fragte Gott: „Ach, mein Herr, womit soll ich Israel befreien? Sieh doch, meine Sippe ist die schwächste in Manasse, und ich bin der Jüngste im Haus meines Vaters" (Richter 6,15). Als aber der Geist Gottes auf Gideon kam (Vers 34), wurde er zu einer der bemerkenswertesten Führungspersonen, von denen im Alten Testament berichtet wird.

Gott beruft oftmals Menschen dazu, Leiter zu sein, die sich für schwach, unzulänglich und schlecht ausgerüstet halten. Werden sie vom Heiligen Geist erfüllt, dann werden sie oft zu herausragenden Leitern in Kirche und Gemeinde.

Im Januar 1955 wurde Dr. Martin Luther King zum ersten Mal verhaftet. Ihm wurde vorgeworfen, in seiner Heimatstadt Montgomery, Alabama, 30 Meilen pro Stunde in einer Tempo-25-Zone gefahren zu sein. Diese kleinliche Verhaftung war die Krönung einer Phase ununterbrochener Belästigung von Seiten einer rassistischen Polizei. Die Behörden von Montgomery taten alles, was in ihrer Macht stand, um das Feuer auszulöschen, das durch den Busboykott von Montgomery entfacht worden war. Der Boykott war die erste Aktion der schwarzen Bürgerrechtsbewegung und sollte die Rassentrennung in den Bussen beenden. Organisiert wurde er von der *Montgomery Improvement Association* (MIA), deren Präsident der in Montgomery prominente Geistliche King war.

King wurde nach seiner Verhaftung noch in dersel-ben Nacht wieder entlassen. Erschöpft ging er nach Hause, doch das Telefon läutete sofort. Es war eine weitere Morddrohung: „Hör zu, Nigger, wir haben alles von dir genommen, was wir wollten. Vor nächster Woche wird es dir leidtun, je nach Montgomery gekommen zu sein."

King konnte nicht schlafen. Er machte sich einen Kaffee und setzte sich an den Küchentisch. „Ich war drauf und dran aufzugeben", sagte er. Wie er sich später erinnerte, stand er kurz davor, die Leitung der MIA abzugeben: „Die Angst wuchs immer mehr in mir." Doch während er dort saß und sein Gesicht in den Händen vergraben hatte, fühlte er sich dazu gedrängt zu beten. „Etwas sagte zu mir: ‚Du musst das anrufen, worüber dir dein Papa immer erzählt hat, die Macht, die einen Weg bahnen kann, wo kein Weg ist.'"

King betete: „Herr, ich bin hier unten und versuche, das Richtige zu tun. Aber ich muss zugeben, dass ich momentan wirklich schwach bin. Ich bin am Wanken. Ich verliere den Mut." In diesem Augenblick vernahm King Gottes Stimme, die ihn ermutigte, weiterzukämpfen. „Er versprach, mich nie zu verlassen." King war bereits Geistlicher und Prediger sowie ein Doktorand in Theologie. Doch erst in jener Küche im Jahre 1955 erlebte er „die Gegenwart des Göttlichen" wie noch nie zuvor in seinem Leben. Von dem Augenblick an, sagte King, „verschwand meine Unsicherheit" und „ich war bereit, mich allem zu stellen".

Was King in jener Nacht in seiner Küche erlebt hatte, war der Heilige Geist: „... die Macht, welche einen Weg bahnen kann, wo kein Weg ist ...“[53].

An anderen Stellen sehen wir, wie der Heilige Geist Menschen mit Kraft und Vollmacht erfüllt. Die Geschichte von Simson ist hinreichend bekannt. Die Philister hatten ihn mit Stricken gefesselt. „Da kam der Geist des Herrn über ihn. Die Stricke an seinen Armen wurden wie Fäden, die vom Feuer versengt sind, und die Fesseln fielen von seinen Händen“ (Richter 15,14).

Was im Alten Testament auf physischer Ebene geschieht, findet im Neuen Testament oft auf geistlicher Ebene seine Entsprechung. Wir sind nicht durch physische Stricke gebunden, aber durch Ängste, Gewohnheiten oder Abhängigkeiten, die unser Leben im Griff haben. Wir leiden unter Wutausbrüchen oder werden von Eifersucht, Neid oder Lust beherrscht. Dass wir gebunden sind, erkennen wir daran, dass wir bestimmte Dinge einfach nicht abstellen können, selbst wenn wir es wollen. Als der Geist Gottes Simson erfüllte, gaben die Stricke nach, und er wurde frei. In gleicher Weise kann der Geist Gottes Menschen auch heute von allem befreien, was sie bindet.

Wir erleben den Heiligen Geist nicht nur, damit uns warm ums Herz wird, sondern damit wir in die Welt gehen und sie verändern können. Wir werden später noch sehen, wie der Geist Gottes den Propheten Jesaja ergriff, „... damit ich den Armen eine frohe Botschaft bringe und alle heile, deren Herz zerbrochen ist, damit ich den Gefangenen die Entlassung verkünde und den Gefesselten die Befreiung, [...] damit ich alle Trauernden tröste“ (Jesaja 61,1–3).

Manchmal fühlen wir uns so hilflos, wenn wir mit den Problemen der Weit konfrontiert werden. Bevor ich Christ wurde, hatte ich oft dieses Gefühl. Ich wusste, dass ich Menschen, deren Leben in Scherben lag, wenig oder gar nichts anzubieten hatte. Manchmal empfinde ich das immer noch. Aber ich weiß, dass wir mit der Hilfe des Geistes Gottes tatsächlich etwas zu geben haben. Der Geist Gottes befähigt uns dazu, die frohe Botschaft von Jesus Christus zu bringen: Menschen zu heilen, deren Herz gebrochen ist, Freiheit zu verkünden, wenn Personen an Dinge gebunden sind, die sie tief in ihrem Herzen hassen, Befreiung zu bringen, wo Menschen in ihrem falschen Handeln gefangen sind, und den Trost des Heiligen Geistes zu bringen (des Trösters schlechthin), wo Personen bekümmert oder traurig sind. Wenn wir Menschen dauerhaft, ja sogar „auf ewig" helfen wollen, dann geht das nur mit Gottes Heiligem Geist.

Der Heilige Geist wurde vom Vater verheißen

Im Alten Testament haben wir Beispiele für das Wirken des Geistes Gottes gesehen. Aber da war sein Handeln auf bestimmte Menschen, bestimmte Zeiten und bestimmte Aufgaben beschränkt. Im Alten Testament stellen wir aber auch fest, dass Gott etwas Neues verheißt. Das Neue Testament nennt dies „die Verheißung des Vaters". Man spürt im Alten Testament eine zunehmende Erwartung, dass diese Verheißung bald in Erfüllung gehen würde: *Was würde dann geschehen?*

Im Alten Testament schloss Gott einen Bund mit seinem Volk. Dieser Bund hatte zum Inhalt, dass er ihr

Gott sein würde und sie sein Volk. Er verlangte von ihnen, dass sie seine Gebote hielten. Trauriberweise stellte das Volk fest, dass es dazu nicht in der Lage war. Der alte Bund wurde ständig gebrochen.

So verhieß Gott, eines Tages einen neuen Bund mit seinem Volk zu schließen. Dieser Bund sollte sich von dem ersten unterscheiden: „Ich lege mein Gesetz in sie hinein und schreibe es auf ihr Herz" (Jeremia 31,33). Mit anderen Worten: Im Neuen Bund sollte das Gesetz verinnerlicht werden und nicht mehr eine rein äußerliche Verpflichtung sein.

Wenn man eine lange Wanderung unternimmt, trägt man den Proviant zunächst im Rucksack auf dem Rücken. Je nach Menge kann er recht schwer sein und das Vorankommen beträchtlich verlangsamen. Wenn man den Proviant aber gegessen hat, dann ist man nicht nur das Gewicht los, sondern hat neue Kraft und Energie. Gott versprach seinem Volk durch den Propheten Jeremia, dass das Gesetz eines Tages keine äußere Last mehr sein würde, sondern eine innere Kraftquelle.

Wie würde das geschehen?

Der Prophet Ezechiel beantwortet uns diese Frage. Gott erklärte durch ihn die frühere Verheißung: „Ich schenke euch ein neues Herz und lege einen neuen Geist in euch. Ich nehme euch das Herz von Stein aus eurer Brust und gebe euch ein Herz von Fleisch. Ich lege meinen Geist in euch und bewirke, dass ihr meinen Gesetzen folgt und auf meine Gebote achtet und sie erfüllt" (Ezechiel 36,26–27).

Das Neue geschieht also dadurch, dass Gott seinen Geist in uns hineinlegt. So verändert er unser Herz: Ein hartes Herz („Herz von Stein") wird weich („Herz von Fleisch"). Der Geist Gottes bringt uns dazu, Gottes Gebote und Anordnungen zu befolgen.

Jackie Pullinger hat die vergangenen 20 Jahre in der sogenannten „Ummauerten Stadt" verbracht, einem der schlimmsten Slums Hongkongs. Sie hat ihr Leben ganz der Arbeit unter den Prostituierten, Heroinsüchtigen und Bandenmitgliedern gewidmet. In einem eindrücklichen Vortrag sagte sie einmal: „Gott will uns weiche Herzen und harte Füße geben. Aber das Problem ist für viele von uns, dass wir harte Herzen und weiche Füße haben." Christen sollten harte Füße haben: Wir sollten hartnäckig für den Willen Gottes eintreten, statt „Waschlappen" zu sein. Jackie ist ein leuchtendes Beispiel hierfür: Sie war bereit, auf Schlaf, Essen und Annehmlichkeiten zu verzichten, um anderen zu dienen. Und doch hat sie zugleich auch ein weiches Herz: ein Herz voller Anteilnahme. Die Härte betrifft ihre Füße, nicht ihr Herz.

Wir haben gesehen, was „die Verheißung des Vaters" beinhaltet und wie sie in Erfüllung gehen soll. Der Prophet Joël macht nun deutlich, *für wen* es geschehen würde:

„Danach aber wird es geschehen, dass ich meinen Geist ausgieße über alles Fleisch. Eure Söhne und Töchter werden Propheten sein, eure Alten werden Träume haben, und eure jungen Männer haben Visionen. Auch über Knechte und Mägde werde ich meinen Geist ausgießen in jenen Tagen" (Joël 3,1–2).

Joël prophezeit an dieser Stelle, dass die Verheißung des Geistes nicht mehr auf bestimmte Menschen zu ganz bestimmten Zeiten für bestimmte Aufgaben beschränkt sein wird, sondern *allen* gilt. Gott gießt seinen Geist aus, unabhängig von Geschlecht („Söhne und Töchter"), Alter („Alten ... jungen Männer"), Herkunft, Rasse, Hautfarbe oder Status („auch über Knechte und Mägde"). Die Menschen werden Gott ganz neu hören können („Propheten ... Träume ... Visionen"). Joël prophezeite, dass der Geist überreichlich auf das gesamte Volk Gottes ausgegossen wird.

Dennoch gingen alle diese Verheißungen mehr als 300 Jahre lang nicht in Erfüllung. Das Volk wartete sehnsüchtig auf die „Verheißung des Vaters". Als dann Jesus geboren wurde, nahm plötzlich die Aktivität des Geistes Gottes enorm zu.

Bei der Geburt Jesu wurde sozusagen der Startschuss gegeben. Fast jeder, der damit zu tun hatte, wurde mit dem Geist Gottes erfüllt. Johannes der Täufer, der Wegbereiter Jesu, wurde schon im Mutterleib mit dem Geist erfüllt (vgl. Lukas 1,15). Maria, die Mutter Jesu, bekam die Verheißung: „Der Heilige Geist wird über dich kommen, und die Kraft des Höchsten wird dich überschatten" (Lukas 1,35). Als ihre Cousine Elisabeth in die Gegenwart Jesu kam, der sich noch im Mutterleib befand, wurde auch sie vom Geist Gottes erfüllt (vgl. Lukas 1,41). Sogar der Vater von Johannes dem Täufer „wurde vom Geist Gottes erfüllt" (vgl. Lukas 1,67). In fast jedem dieser Fälle kam es zu einem spontanen Lobpreis Gottes oder zu einer Prophetie.

Johannes der Täufer verweist auf den Zusammenhang zwischen Jesus und dem Geist

Als Johannes der Täufer gefragt wurde, ob er der Messias sei, antwortete er: „Ich taufe euch nur mit Wasser. Es kommt aber einer, der stärker ist als ich, und ich bin es nicht wert, ihm die Schuhe aufzuschnüren. Er wird euch mit dem Heiligen Geist und mit Feuer taufen" (Lukas 3,16). Die Taufe mit Wasser ist zwar sehr wichtig, aber Gott verspricht noch viel mehr! Jesus ist der Geisttäufer. Das griechische Wort für „taufen" bedeutet auch so viel wie „eintauchen", „untertauchen" und „überwältigt werden". Genau dies sollte geschehen, wenn wir mit dem Heiligen Geist getauft werden: Wir werden völlig überwältigt, eingetaucht und untergetaucht im Geist Gottes.

Diese Erfahrung ähnelt einem ausgetrockneten, harten Schwamm, der in Wasser gelegt wird. In unserem Leben kann es eine Härte geben, die uns hindert, den Geist Gottes aufzunehmen. Es braucht vielleicht ein bisschen Zeit, bis sich die anfängliche Verhärtung löst und der Schwamm sich vollsaugt. Es gibt also zwei Aspekte: Der Schwamm kommt ins Wasser („getauft") und das Wasser kommt in den Schwamm („erfüllt"). Wenn der Schwamm mit Wasser vollgesogen ist, fließt das Wasser buchstäblich aus ihm heraus.

Jesus war ein Mensch, der vollkommen vom Geist Gottes erfüllt war. Der Geist Gottes kam bei seiner Taufe in leiblicher Gestalt auf ihn herab (vgl. Lukas 3,22). „Erfüllt vom heiligen Geist" kehrte er vom Jordan zurück. „Darauf führte ihn der Geist vierzig Tage lang in der Wüste umher" (Lukas 4,1). „Jesus kehrte, erfüllt von der Kraft des Geistes, nach Galiläa zurück"

(Lukas 4,14). In Nazareth las er in der Synagoge den Text aus Jesaja, Kapitel 61, Vers 1 vor: „Der Geist des Herrn ruht auf mir, weil er mich gesalbt hat." Und er fügte hinzu: „Heute hat sich das Schriftwort, das ihr eben gehört habt, erfüllt!" (Lukas 4,21).

Jesus kündigte das Kommen des Geistes an

Einst nahm Jesus am jüdischen Laubhüttenfest teil, bei dem die Juden zu Tausenden nach Jerusalem strömten. Bei diesem Fest spielte die Erinnerung daran, dass Mose in der Wüste Wasser aus einem Felsen hervorquellen lassen hatte, eine besondere Rolle. Man dankte Gott für die Versorgung mit Wasser im vergangenen Jahr und bat ihn, das auch im kommenden Jahr zu tun. Darüber hinaus hielt man aber die Erwartung auf eine von Ezechiel prophezeite kommende Zeit hoch, in der Wasserströme vom Tempel ausgehen würden, um Leben, Fruchtbarkeit und Heilung zu bringen (Ezechiel 47).

Dieser Text wurde beim Laubhüttenfest vorgelesen und gleichzeitig bildlich dargestellt. Der Hohepriester stieg mit einem goldenen Krug zum Siloah-Teich hinab und füllte ihn dort mit Wasser. Dann führte er das Volk in einer Prozession zum Tempel, wo er das Wasser durch einen Trichter auf der Westseite des Altars auf den Boden goss. Dies stellte eine symbolische Vorwegnahme des großen Wasserstroms dar, der einst von diesem Tempel ausgehen sollte. Nach der rabbinischen Überlieferung war Jerusalem der Nabel der Welt und der Tempel auf dem Berg Zion der Mittelpunkt dieses Nabels (sein „Bauch" oder „Inneres").

Als der letzte Tag dieses Festes gekommen war, stand Jesus auf und verkündete: „Wer Durst hat, der komme zu mir und trinke. Wer an mich glaubt, wie die Schrift sagt, aus dessen Innerem werden Ströme von lebendigem Wasser fließen" (Johannes 7,37–38). Damit erhob er den Anspruch, dass die Verheißungen Ezechiels und anderer nicht an einem bestimmten Ort, sondern durch eine Person in Erfüllung gehen sollten. Aus dem Inneren Jesu heraus wird der Strom des Lebens fließen. Im übertragenen Sinne wird der Strom des lebendigen Wassers auch aus jedem Christen fließen („wer an mich glaubt", Vers 38). Aus uns, so sagt Jesus, wird dieser Strom hervorfließen und anderen Leben, Fruchtbarkeit und Heilung bringen, wie Gott es durch Ezechiel versprochen hatte.

Der Evangelist Johannes erklärt dann, dass Jesus damit den Geist meinte, „den alle empfangen sollten, die an ihn glauben" (Johannes 7,39). Er fügte hinzu: „denn der Geist war noch nicht gegeben" (Vers 39). Aber die Verheißung des Vaters war noch nicht in Erfüllung gegangen. Auch nach der Kreuzigung und Auferstehung Jesu war der Geist noch nicht ausgegossen worden. Jesus hatte seine Jünger angewiesen: „Und ich werde die Gabe, die mein Vater verheißen hat, zu euch herabsenden. Bleibt in der Stadt, bis ihr mit der Kraft aus der Höhe erfüllt werdet" (Lukas 24,49).

Kurz vor seiner Himmelfahrt versprach Jesus wiederum: „Aber ihr werdet die Kraft des Heiligen Geistes empfangen, der auf euch herabkommen wird" (Apostelgeschichte 1,8). Doch bis dahin mussten sie noch weitere zehn Tage warten und beten. Endlich war es an Pfingsten soweit: „Da kam plötzlich vom Himmel her ein Brausen, wie wenn ein heftiger Sturm daherfährt, und erfüllte das ganze Haus, in dem sie waren. Und es erschienen ihnen Zungen wie von Feuer, die sich verteilten; auf jeden von ihnen ließ sich eine nieder. Alle wurden mit dem Heiligen Geist erfüllt und begannen, in fremden Sprachen zu reden, wie es der Geist ihnen eingab" (Apostelgeschichte 2,2–4).

Nun war es geschehen. Die Verheißung des Vaters war in Erfüllung gegangen. Die Menschen waren verwundert und standen vor einem Rätsel.

Petrus stand auf und erklärte, was sich ereignet hatte. Er begann mit den Verheißungen Gottes im Alten Testament und machte den Zuhörern klar, dass vor ihren Augen all ihre langgehegten Hoffnungen und Träume in Erfüllung gegangen waren: „Nachdem er [Jesus] durch die rechte Hand Gottes erhöht worden war und vom Vater den verheißenen Heiligen Geist empfangen hatte, hat er ihn ausgegossen, wie ihr seht und hört" (Apostelgeschichte 2,33).

Als die Menschen wissen wollten, was sie nun tun sollten, wies Petrus sie an, umzukehren und sich auf den Namen Jesu Christi taufen zu lassen, damit sie die Vergebung ihrer Sünden bekommen konnten. Dann versprach er ihnen, dass sie die Gabe des Heiligen Geistes empfangen würden: „Denn euch und euren Kindern gilt die Verheißung und *all* denen in der Ferne, die der Herr, unser Gott, herbeirufen wird" (2,39; Hervorhebung des Autors).

Wir leben heute im Zeitalter des Geistes. Die Verheißung des Vaters ist in Erfüllung gegangen. Jeder Christ empfängt die Verheißung des Vaters. Sie ist nicht mehr auf bestimmte Menschen zu bestimmten Zeiten und für bestimmte Aufgaben beschränkt. Sie gilt *allen* Christen, auch Ihnen und mir.

Kapitel 9

Was tut der Heilige Geist?

„Jesus antwortete: Amen, amen, ich sage dir: Wenn jemand nicht aus Wasser und Geist geboren wird, kann er nicht in das Reich Gottes kommen. Was aus dem Fleisch geboren ist, das ist Fleisch; was aber aus dem Geist geboren ist, das ist Geist. Wundere dich nicht, dass ich dir sagte: Ihr müsst von Neuem geboren werden. Der Wind weht, wo er will; du hörst sein Brausen, weißt aber nicht, woher er kommt und wohin er geht. So ist es mit jedem, der aus dem Geist geboren ist" (Johannes 3,5–8).

Vor ein paar Jahren war ich in einer Gemeinde in Brighton. Eine Sonntagsschullehrerin erzählte uns, was sich am vorangegangenen Sonntag in ihrer Klasse ereignet hatte. Ihr Thema war die Passage aus dem Johannesevangelium, Kapitel 3, Verse 5–8, Jesu Lehre über die Wiedergeburt, gewesen. Die Lehrerin versuchte, der Klasse den Unterschied zwischen der natürlichen Geburt und der geistlichen Geburt klarzumachen.

Um die Kinder mit einzubeziehen, stellte sie ihnen die Frage: „Wird man als Christ geboren?", worauf ein kleiner Junge antwortete: „Nein, man wird normal geboren!"

Der Ausdruck *„born again"* („wiedergeboren) ist mittlerweile zu einem Schlagwort geworden. Er hat in den USA eine weite Verbreitung gefunden und wird inzwischen sogar in der Autowerbung verwendet. Der Begriff geht aber auf Jesus zurück, der von Menschen sprach, die „vom Geist geboren werden" (Johannes 3,8).

Jesus gebraucht dabei den Vergleich mit der natürlichen Geburt: Wenn Mann und Frau miteinander schlafen, entsteht ein neuer Mensch. Wenn der Geist eines Menschen und der Geist Gottes zusammenkommen, entsteht ein neues geistliches Wesen. Das ist geistlich gesehen eine neue Geburt. Davon sprach Jesus, als er sagte: „Ihr müsst von Neuem geboren werden."

Damit macht Jesus deutlich, dass die physische Geburt nicht ausreicht. Wir müssen durch den Geist von Neuem geboren werden. Genau das geschieht, wenn man Christ wird. Jeder Christ ist wiedergeboren. Vielleicht können wir keinen exakten Zeitpunkt dafür nennen, doch genauso, wie wir wissen, ob wir physisch lebendig sind oder nicht, sollten wir wissen, ob wir geistlich lebendig sind.

Wenn wir physisch geboren werden, werden wir in eine Familie hineingeboren. Wenn wir geistlich neu geboren werden, werden wir in die Familie der Christen hineingeboren. Ein Großteil dessen, was der Heilige Geist tut, kann unter dem Aspekt der Familienzugehörigkeit verstanden werden. Der Heilige Geist versichert uns der Beziehung zu unserem himmlischen Vater und hilft uns, diese Beziehung zu entwickeln. Er bewirkt eine Familienähnlichkeit in uns. Er macht uns eins mit unseren Brüdern und Schwestern. Er schenkt jedem Familienmitglied besondere Begabungen und Fähigkeiten. Und er lässt die Familie auch zahlenmäßig wachsen.

In diesem Kapitel wollen wir diese Aspekte seines Wirkens an Christen näher betrachten. Bevor wir Christen werden, führt uns der Heilige Geist in erster Linie unsere Sünden vor Augen und macht uns klar, dass wir Jesus Christus brauchen: Er überzeugt uns von der Wahrheit und versetzt uns in die Lage, an Jesus zu glauben (vgl. Johannes 16,7–15). Doch wenn der Heilige Geist in uns Einzug hält, wandelt sich unsere Beziehung zu ihm. Als ich Christ wurde, dachte ich erst: *„Das war's! Jetzt ist alles in Butter!"* Vorher hatte ich mit verschiedenen Problemen zu kämpfen gehabt und dann entschied ich mich für Christus. Ein Freund musste mir erklären, dass das nur der Anfang war.

Söhne und Töchter Gottes

In dem Augenblick, in dem wir zu Christus kommen, werden uns alle Sünden restlos vergeben. Die Trennmauer zwischen uns und Gott ist niedergerissen. Paulus schreibt: „Jetzt gibt es keine Verurteilung mehr für die, die in Christus Jesus sind" (Römer 8,1). Jesus nahm alle unsere Sünden auf sich – die vergangenen, gegenwärtigen und auch die zukünftigen. Gott nimmt alle diese Sünden, wirft sie in die Tiefen des Meeres (Micha 7,19) und stellt, wie die niederländische Schriftstellerin Corrie ten Boom zu sagen pflegte, ein Schild auf: „Fischen verboten!"[54]

So macht der Heilige Geist nicht nur reinen Tisch zwischen uns und Gott, sondern er stiftet auch eine Beziehung zwischen Gott und uns als seinen Söhnen und

Töchtern. Obwohl Gott alle Menschen erschaffen hat, sind sie nicht alle automatisch in diesem Sinn Kinder Gottes. Nur denen, die Jesus annehmen, die an seinen Namen glauben, gibt er „das Recht, Gottes Kinder zu werden" (Johannes 1,12). Die „Sohnschaft" – ein Begriff, der auch das Tochtersein mit einschließt – ist im Neuen Testament kein naturgegebener Zustand, sondern ein geistgewirkter. Wir werden nicht durch die natürliche Geburt Kinder Gottes, sondern aufgrund der Wiedergeburt durch den Geist.

"Ich bin der perfekte Fabian ..."

Der Römerbrief wurde einmal als der „Himalaja des Neuen Testaments" bezeichnet. Dann wäre Kapitel 8 sein Mount Everest und die Verse 14 bis 17 dessen höchster Gipfel.

„Denn alle, die sich vom Geist Gottes leiten lassen, sind Kinder Gottes. Denn ihr habt nicht einen Geist

empfangen, der euch wieder zu Sklaven der Angst macht, sondern den Geist der Kindschaft. Und in ihm rufen wir: Abba, Vater! So bezeugt der Geist selbst unserem Geist, dass wir Kinder Gottes sind. Sind wir aber Kinder, dann auch Erben; wir sind Erben Gottes und Miterben Christi, wenn wir mit ihm leiden, um mit ihm auch verherrlicht zu werden" (Römer 8,14–17).

Als Erstes gilt es festzuhalten: Kind Gottes zu sein ist das höchste Vorrecht, das es gibt. Nach römischem Recht konnte ein Erwachsener entweder einen seiner leiblichen Söhne als Erben einsetzen oder er konnte einen Sohn adoptieren, den er zum Erben ernannte. Gott hat nur einen einzigen wesensgleichen Sohn, Jesus Christus. Aber er hat viele Adoptivsöhne. Es gibt ein Märchen, in dem ein König herumstreunende Kinder adoptiert und sie zu Königskindern macht. In Christus ist dieses Märchen Wirklichkeit geworden. Wir sind in Gottes Familie hinein adoptiert worden. Eine größere Ehre gibt es nicht.

1794 wurde Billy Bray geboren. Er war Bergmann in Cornwall, Alkoholiker und führte ein zügelloses Leben. Ständig war er in Schlägereien verwickelt; zu Hause prügelte er seine Frau. Mit 29 Jahren wurde er Christ. Er ging nach Hause und verkündete seiner Frau: „Mit Gottes Hilfe wirst du mich nie wieder betrunken erleben!"

Das geschah tatsächlich. Seine Worte, sein Tonfall, seine Gesten: Alles strahlte eine innere Kraft aus. Es war, als stünde er unter himmlischem Strom. Die Bergleute kamen in Scharen, um ihn predigen zu hören. Viele kamen ebenfalls zum Glauben und es kam zu bemerkenswerten Heilungen. Billy pries Gott unablässig, denn er hatte mehr als genug Grund zur Freude. Er bezeichnete sich als einen „jungen Prinzen". Als Adoptivsohn Gottes, des Königs der Könige, sei er ein Prinz, der schon jetzt königliche Rechte und Privilegien genieße. Sein Lieblingssatz war: „Ich bin der Sohn eines Königs."[55]

Ich lernte einmal eine Frau aus Ungarn kennen. Sie hieß Ildiko Papp. Eineinhalb Jahre zuvor war sie eine obdachlose Alkoholikerin gewesen. Sie hatte auf den Straßen eines Ortes in der Nähe von Budapest gelebt, als jemand sie zu einem Alpha-Kurs einlud. Bei dem Kurs vertraute sie Christus ihr Leben an, erlebte die Liebe Jesu und wurde vom Alkoholismus befreit. Als ich sie fragte, inwieweit Jesus ihr Leben verändert habe, antwortete sie: „Er hat mich von einer Bettlerin in eine Prinzessin verwandelt."

Wenn wir uns unseren Status als Adoptivsöhne und -töchter Gottes klargemacht haben, dann erkennen wir, dass keine Position in dieser Welt mit dem Privileg vergleichbar ist, ein Kind des Schöpfers des Universums zu sein.

Zweitens leben wir als Kinder in innigster Vertrautheit mit Gott. Paulus schreibt, dass wir im Geist zu Gott rufen: *Abba*, Vater!" Im Alten Testament wird Gott nirgends so angeredet. Die Anrede „Abba" ist ein ausschließliches Kennzeichen Jesu. Das aramäische „Abba" lässt sich nur schwer übersetzen. Am ehesten kann man es vielleicht mit „lieber Vater" oder „Papa" wiedergeben. Das deutsche „Papa" und das englische „Daddy" bezeichnen manchmal ein eher kumpelhaft-freundschaftliches Verhältnis zum Vater, während der Vater zur Zeit Jesu eine Autoritätsperson darstellte. Obwohl „Abba" innigste Vertrautheit bezeichnete, war es keine oberflächlich-platte Anrede. Jesus redete Gott so an. Und er gibt uns an dieser innigen Vater-Sohn-Beziehung Anteil, wenn wir seinen Geist empfangen. „Denn ihr habt nicht einen Geist empfangen, der euch wieder zu Sklaven der Angst macht, sondern den Geist der Kindschaft" (Römer 8,15). Wie Papst Johannes Paul II. in einer Ansprache zu mehr als einer halben Million junger Menschen in Polen sagte, kurz nachdem der Kommunismus zusammengebrochen war: „Es ist gänzlich unmöglich, nicht über die Höhen zu staunen, zu denen wir berufen sind. Ein Mensch, ein erschaffenes, beschränktes Wesen – ja, ein Sünder – ist dazu bestimmt, ein Kind Gottes zu sein!"[56]

Prinz Charles hat viele Titel: Thronfolger, Seine Königliche Hoheit, Prinz von Wales, Herzog von Cornwall, befehlshabender Oberst des Königlichen Regiments von Wales, Herzog von Rothesay, Ritter der Distel, Befehlshaber der Königlichen Marine, Großmeister des Bath-Ordens, Earl von Chester, Earl von Carrick, Baron von Renfrew, Lord der Inseln und Great Steward von Schottland. Wir würden ihn mit „Eure Königliche Hoheit" anreden, aber für seine Söhne William und Harry ist er vermutlich einfach nur „Daddy". Wenn wir Kinder Gottes werden, erleben wir eine innige Nähe zu unserem himmlischen König. John Wesley, der vor seiner Umkehr ein streng religiöser Mann gewesen war, sagte über dieses Ereignis: „Ich habe den Glauben eines Knechts gegen den eines Sohnes eingetauscht."

Drittens schenkt uns der Heilige Geist die tiefste Erfahrung Gottes. „So bezeugt der Geist selbst unserem Geist, dass wir Kinder Gottes sind" (Römer 8,16). Er möchte, dass wir ganz tief in uns die Gewissheit tragen, Kinder Gottes zu sein. So, wie ich als Vater möchte, dass meine Kinder meine Liebe erkennen und spüren, so möchte auch Gott, dass seine Kinder sich seiner Liebe und seiner Vaterschaft völlig gewiss sind.

Einer, der dies erst ziemlich spät in seinem Leben erfuhr, ist der südafrikanische Bischof Bill Burnett, der eine Zeitlang Erzbischof von Kapstadt war. Er erzählte: „Als ich Bischof wurde, glaubte ich an die Theologie [die Wahrheit über Gott], aber nicht an Gott. In praktischer Hinsicht war ich Atheist. Ich suchte Gerechtigkeit durch gute Werke." Als er bereits 15 Jahre Bischof war, predigte er in einem Konfirmationsgottesdienst über den Vers aus dem Römerbrief: „Denn die Liebe Gottes ist ausgegossen in unsere Herzen durch den Heiligen Geist" (Römer 5,5). Nach dem Gottesdienst ging er nach Hause, goss sich einen starken Drink ein und las Zeitung. Plötzlich hatte er das Empfinden, als sagte Gott ihm: „Geh und bete!" Er ging in seine Privatkapelle, kniete sich schweigend nieder und spürte, wie Gott zu ihm sprach: „Ich möchte deinen Körper." Er verstand nicht so recht, was das bedeuten sollte, denn er ist groß und hager und sagt von sich: „Ich bin nicht unbedingt Mister Universum." Trotzdem übergab er Gott seinen gesamten Körper. „Danach", erzählte er, „geschah genau das, worüber ich am Morgen gepredigt hatte. Ich spürte Gottes Liebe wie eine Art Elektroschock." Bald lag er flach auf dem Boden und hörte Gott sagen: „Du bist mein Sohn." Als er sich erhob, wusste er, dass etwas Tiefgreifendes geschehen war. Dieses Erlebnis wurde zum Wendepunkt seines Lebens und seines Dienstes. Seither hat er vielen Menschen geholfen, durch das Wirken des Heiligen Geistes Kinder Gottes zu werden.

Viertens bietet die Gotteskindschaft laut Paulus die größte Sicherheit auf Erden. „Sind wir aber Kinder, dann auch Erben. Wir sind Erben Gottes und Miterben Christi" (Römer 8,17). Nach römischem Recht nahm ein Adoptivsohn den Namen des Vaters an und beerbte ihn. Als Kinder Gottes sind wir Erben. Der einzige Unterschied ist, dass wir das Erbe nicht beim Tod unseres Vaters antreten, sondern bei unserem eigenen „Tod". Deshalb war Billy Bray so begeistert, dass sein „himmlischer Vater ewige Herrlichkeit und Seligkeit" für ihn bereithielt. Eine ganze Ewigkeit der Liebe wartet auf uns.

Paulus fügt hinzu: „Wenn wir mit ihm leiden, um mit ihm auch verherrlicht zu werden" (Römer 8,17). Dies ist keine Bedingung, sondern eine Beobachtung. Christen identifizieren sich mit Jesus Christus. Das kann ab und zu Ablehnung oder Widerstand bedeuten, doch ist das nichts im Vergleich zu unserem Erbe als Kinder Gottes.

Beziehungspflege

Die Geburt ist nicht nur das große Finale der Schwangerschaft, sondern auch der Beginn eines neuen Lebens und neuer Beziehungen. Die Beziehung zu unseren Eltern wächst und vertieft sich im Laufe der Jahre. Dies geschieht nicht über Nacht, sondern dadurch, dass wir Zeit miteinander verbringen.

Wie wir in den vorhergehenden Kapiteln gesehen haben, wächst und vertieft sich unsere Beziehung zu Gott dadurch, dass wir Zeit mit ihm verbringen. Der Geist Gottes hilft uns dabei, die Beziehung zu Gott zu entwickeln und zu pflegen. Er führt uns in die Gegenwart Gottes. Im Epheserbrief, Kapitel 2, Vers 18 heißt es: „Durch ihn [Jesus Christus] haben wir beide [Juden wie Heiden] in dem einen Geist Zugang zum Vater." Durch Jesus haben wir im Geist den persönlichen Zugang zu Gott. Durch seinen Tod am Kreuz hat Jesus die Trennmauer zwischen uns und Gott niedergerissen. Deshalb dürfen wir in Gottes Gegenwart kommen. Oft wissen wir das nicht richtig zu schätzen, wenn wir beten. Uns mag es so vorkommen, als gäbe es da eine Trennmauer, doch das stimmt nicht.

Als Student hatte ich ein Zimmer über der *Barclays Bank* in der High Street. Dort trafen sich mehrere von uns regelmäßig zum Mittagessen. Eines Tages unterhielten wir uns darüber, ob man den Lärm, den wir veranstalteten, unten in der Bank hören könne. Um der Sache auf den Grund zu gehen, beschlossen wir, ein Experiment zu machen. Ein Mädchen namens Kay ging nach unten in die Bank. Um die Mittagszeit war dort immer sehr viel los. Wir hatten verabredet, unseren Lärm langsam zu steigern. Zuerst sollte einer allein zu hüpfen anfangen, dann zwei, dann drei, dann vier und schließlich fünf. Dann wollten wir von Stühlen auf den Boden springen und schließlich vom Tisch. Wir wollten wissen, ab wann man uns unten in der Bank hören konnte.

Wie sich herausstellte, war die Decke erheblich dünner, als wir angenommen hatten. Schon der erste Sprung war deutlich vernehmbar. Bei zwei Leuten machte es schon richtig Krach. Bei fünf klang es nach einem schweren Gewitter, das zu einer totalen Stille in der Bank führte. Die Kassierer gaben kein Geld mehr heraus; sie starrten nur noch mit allen anderen zusammen zur Decke und fragten sich, was da oben wohl los wäre. Kay stand mitten in der Bank und dachte: „Was soll ich jetzt bloß machen? Wenn ich plötzlich verschwinde, sieht das verdächtig aus; aber wenn ich noch länger bleibe, dann wird alles noch schlimmer." Also blieb sie. Und der Krach wurde immer schlimmer. Es dauerte nicht lange, bis sich die ersten Deckenplatten aus Styropor lösten. In diesem Augenblick rannte Kay los, aus Angst, die Decke würde nachgeben, und teilte uns atemlos mit, man könne uns unten in der Bank recht gut hören!

Sie können sich meine Überraschung vorstellen, als ich Jahre später einen Brief von einem Mann erhielt, der ein Video gesehen hatte, auf dem ich diese Geschichte erzählte. Er schrieb, es habe sein Interesse geweckt, als ich die Wohnanlagen S1 und S2 in *Hewell's Court* erwähnte, war er doch damals der Werkmeister dort: „Man teilte mir das Problem der Lärmdurchdringung zwischen S1/S2 und ‚Barclays Bank' mit, doch bis jetzt wusste ich nicht, wer dafür verantwortlich gewesen war. Es waren jedoch keine Deckenplatten aus Styropor, die in der Bank herabfielen, sondern Teile der abgehängten Unterdecke. Keine Sorge – es wird keine Schuldzuweisungen geben!"

Es trennte uns viel weniger von der Bank, als wir dachten. Seit Jesus die Trennmauer beseitigt hat, hört Gott uns, wenn wir beten. Sein Geist verschafft uns unmittelbaren Zutritt zu ihm. Wir brauchen also nicht herumzuhüpfen und Krawall zu machen, um seine Aufmerksamkeit zu erlangen!

Der Heilige Geist führt uns nicht nur in die Gegenwart Gottes, sondern hilft uns auch zu beten (vgl. Römer 8,26). Manchmal wissen wir einfach nicht, wie wir beten sollen. Doch der Geist selbst betet für uns. Es spielt keine Rolle, wo wir beten und wie wir beten oder ob wir dabei vorformulierte Gebete sprechen; es kommt einzig darauf an, ob wir „im Geist" beten. Jedes Gebet sollte vom Heiligen Geist geleitet sein. Ohne seine Hilfe kann Gebet sehr leicht leblos und langweilig werden.

Ein anderer Aspekt in unserer Beziehung zu Gott ist, dass wir verstehen, was er uns sagt. Auch hier hilft uns Gottes Geist. Paulus sagt: „Der Gott Jesu Christi, unseres Herrn, der Vater der Herrlichkeit, gebe euch den Geist der Weisheit und Offenbarung, damit ihr ihn erkennt. Er erleuchte die Augen eures Herzens [...]" (Epheser 1,17–18). Der Geist Gottes ist ein Geist der Weisheit und Offenbarung. Er erleuchtet unsere Augen, sodass wir verstehen können, was Gott beispielsweise durch die Bibel sagt.

Bevor ich Christ wurde, hatte ich endlos in der Bibel gelesen und vieles gehört, aber nichts verstanden. Die Bibel sagte mir überhaupt nichts. Der Grund, weshalb sie für mich keinen Sinn ergab, war die Tatsache, dass der Geist Gottes sie mir nicht auslegte. Der Geist Gottes ist der beste Interpret dessen, was Gott gesagt hat.

Letztendlich werden wir den christlichen Glauben nie verstehen, solange der Heilige Geist uns nicht die Augen dafür öffnet. Wir können genug erkennen, um einen Schritt im Glauben zu tun, der kein blinder Sprung ins Ungewisse ist. Doch echtes Verstehen ist oftmals erst eine Folge des Glaubens. Anselm von Canterbury (1033–1109) formulierte dies treffend: „*Credo ut intelligam*" – „Ich glaube, um zu verstehen."[57] Erst wenn wir glauben und den Heiligen Geist empfangen, können wir Gottes Offenbarung wirklich verstehen.

Der Geist Gottes hilft uns, eine Beziehung zu Gott zu entwickeln, und befähigt uns dazu, sie auf Dauer aufrechtzuerhalten. Viele fürchten, sie würden es nicht schaffen, auf Dauer ein Leben als Christ zu führen. Diese Sorge ist berechtigt. Aus eigener Kraft halten wir es nicht durch, aber Gott schafft das durch seinen Geist. Es ist der Heilige Geist, der uns in eine Beziehung zu Gott führt, und es ist der Heilige Geist, der diese Beziehung aufrechterhält. Wir sind völlig auf ihn angewiesen.

Die Familienähnlichkeit

Es fasziniert mich immer wieder, dass Kinder gleichzeitig beiden Eltern ähnlich sehen, obwohl diese vielleicht sehr unterschiedlich aussehen. Selbst Eheleute werden sich manchmal im Laufe der Jahre immer ähnlicher.

Wenn wir Zeit in der Gegenwart Gottes verbringen, dann verwandelt uns der Heilige Geist ebenfalls. Paulus drückt dies folgendermaßen aus: „Wir alle spiegeln mit enthülltem Angesicht die Herrlichkeit des Herrn wider und werden so in sein eigenes Bild verwandelt, von Herrlichkeit zu Herrlichkeit, durch den Geist des Herrn" (2. Korinther 3,18). Unser Wesen wird dem von Jesus immer ähnlicher. Die Frucht des Geistes wächst in uns. Paulus sagt uns, worin diese besteht: „Liebe, Freude, Friede, Langmut, Freundlichkeit, Güte, Treue, Sanftmut und Selbstbeherrschung" (Galater 5,22–23). Dies sind die Wesenszüge, die der Geist Gottes in uns hervorbringt. Wir werden nicht sofort vollkommen, aber über einen längeren Zeitraum hinweg sollte sich eine deutliche Veränderung bei uns einstellen.

Die erste und wichtigste Frucht des Geistes ist Liebe. Liebe ist das Herzstück des christlichen Glaubens. Die Bibel ist die Geschichte der Liebe Gottes zu uns. Er wünscht sich, dass wir auf seine Liebe antworten, indem wir ihn und unseren Nächsten lieben. Das Kennzeichen dafür, dass der Heilige Geist in uns am Werk ist, besteht in einer wachsenden Liebe zu Gott und unseren Mitmenschen. Ohne diese Liebe ist alles andere wertlos.

An zweiter Stelle in der Liste erscheint die Freude. Der Journalist Malcolm Muggeridge schrieb: „Das charakteristischste und erhebendste Merkmal einer Entscheidung für Christus ist tiefe Verzückung – eine unaussprechliche Freude, die unser gesamtes Wesen durchdringt und unsere Ängste dahinschmelzen lässt. Alle unsere Erwartungen richten sich auf den Himmel."[58] Diese Freude ist unabhängig von äußeren Umständen. Sie entspringt dem Geist, der in uns wohnt. Richard Wurmbrand, der wegen seines Glaubens viele Jahre im Gefängnis verbrachte und gefoltert wurde, schrieb über diese Freude: „Allein in meiner Zelle, frierend, hungrig und in Lumpen – so tanzte ich jede Nacht vor Freude [...]. Manchmal war ich so voller Freude, dass ich dachte, ich würde zerspringen, wenn ich ihr nicht irgendwie Ausdruck verleihen könnte."[59]

Die dritte Frucht, die Paulus in seiner Liste aufführt, ist Frieden. Ein innerer Frieden ohne Christus ist wie geistliche Zuckerwatte: weich und süß, aber nur wenig echte Substanz. Das griechische Wort *eirene* und seine hebräische Entsprechung *schalom* bedeuten „Heil",

„Ganzheitlichkeit", „Echtheit", „Wohlergehen" und „Eins sein mit Gott". In jedem Menschen wohnt die Sehnsucht nach einem solchen Frieden. Epiktet, ein heidnischer Philosoph des 1. Jahrhunderts, sagte: „Der Kaiser mag zwar Frieden stiften, indem er die Kriege zu Wasser und zu Land beendet, aber er kann keinen Frieden für Leidenschaften, Trauer und Neid stiften. Er kann keinen Herzensfrieden erwirken, nach dem sich die Menschen mehr sehnen als nach äußerem Frieden."[60]

Es ist etwas Wunderbares, wenn man beobachten kann, wie Menschen Jesus immer ähnlicher werden und wie die Frucht des Geistes in ihrem Leben zur Reife gekommen ist. Eine etwa 80-jährige Frau aus unserer Gemeinde sagte über einen früheren Pfarrer: „Er wird unserm Herrn immer ähnlicher." Ich kann mir kein größeres Kompliment vorstellen. Es ist der Geist Gottes, der uns Jesus immer ähnlicher macht, sodass wir den „Duft der Erkenntnis Christi" überall dort verbreiten, wohin wir kommen (2. Korinther 2,14).

Einheit in der Familie

Wenn wir zu Christus kommen und Söhne und Töchter Gottes werden, werden wir Teil einer großen Familie. Wie jeder Vater und jede Mutter wünscht sich auch Gott, dass seine Familie in Einheit lebt. Und deshalb betete Jesus um Einheit unter seinen Anhängern (vgl. Johannes 17). Paulus bat die Christen in Ephesus eindringlich: „Bemüht euch, *die Einheit des Geistes* zu wahren durch das Band des Friedens" (Epheser 4,3; Hervorhebung des Autors). Der Heilige Geist möchte, dass wir harmonisch miteinander leben, und er hilft uns, in Einheit zu wachsen. Wir sollen inmitten einer unruhigen und entzweiten Welt ein Vorbild sein.

In jedem Christen lebt derselbe Heilige Geist, unabhängig davon, wo er sich befindet, welcher Konfession oder Rasse er angehört oder welche Herkunft oder Hautfarbe er hat. Der gleiche Geist wohnt in jedem Kind Gottes, und es ist sein tiefster Wunsch, dass wir eins sind. Kirchenspaltungen sind unsinnig, denn das läuft dem Prinzip zuwider: „*Ein* Leib und *ein* Geist, wie euch durch eure Berufung auch *eine* gemeinsame Hoffnung gegeben ist: *ein* Herr, *ein* Glaube, *eine* Taufe, *ein* Gott und Vater aller, der über *allem* und durch *alles* und in *allem* ist" (Epheser 4,4–6; Hervorhebung des Autors).

Derselbe Geist lebt in den Christen in Russland, China, Afrika, USA, England und überall sonst auf der Welt. Aus diesem Blickwinkel spielt es also keine Rolle, ob Sie katholisch oder evangelisch, Baptist, Methodist oder Pfingstler, Anglikaner oder Mitglied einer freien Gemeinde sind. Viel wichtiger ist, ob wir den Geist Gottes haben oder nicht. Alle, in denen der Geist Gottes lebt, sind Christen und damit unsere Schwestern und Brüder. Wie Raniero Cantalamessa, der päpstliche Prediger, gesagt hat: „Das, was uns vereint, ist unendlich größer als das, was uns voneinander unterscheidet." Es ist ein großes Vorrecht, Teil dieser weltweiten Familie zu sein, und es ist absolut begeisternd, diese Einheit zu erleben, wenn man zu Christus kommt. In der Gemeinde Jesu gibt es eine Innigkeit und eine Tiefe von Beziehung, wie ich sie sonst nirgendwo gefunden habe. Wir müssen alles daransetzen, diese Einheit des Geistes zu wahren, und zwar auf jeder Ebene: in unserer Kleingruppe, dem Hauskreis, der Ortsgemeinde, der gesamten Gemeinde Jesu am Ort bis hin zur Kirche weltweit.

Gaben für alle Kinder

Auch wenn es in einer Familie viele Ähnlichkeiten und Gemeinsamkeiten gibt – und hoffentlich auch Einheit –, so gibt es doch auch eine große Vielfalt. Es gibt keine zwei Kinder, die identisch sind, nicht einmal eineiige Zwillinge. Das Gleiche gilt für den Leib Christi. Jeder Christ ist unterschiedlich; jeder hat unterschiedliche Gaben; jeder kann einen anderen Beitrag zum Ganzen leisten. Im Neuen Testament finden sich einige Listen von Geistesgaben. Im 1. Korintherbrief, Kapitel 12 erwähnt Paulus neun Gaben:

„Jedem aber wird die Offenbarung des Geistes geschenkt, damit sie andern nützt. Dem einen wird vom Geist ein Wort der Weisheit geschenkt, dem anderen durch den gleichen Geist ein Wort der Erkenntnis, dem dritten im gleichen Geist Glaubenskraft, einem anderen – immer in dem einen Geist – Gaben der Heilung, einem anderen Wunderkräfte, einem anderen prophetisches Reden, einem anderen die Fähigkeit, die Geister zu unterscheiden, wieder einem anderen verschiedene Arten von Zungenrede, einem anderen schließlich die Gabe, sie zu deuten. Das alles bewirkt ein und derselbe Geist; einem jeden teilt er seine besondere Gabe zu, wie er will" (1. Korinther 12,7–11).

An anderen Stellen erwähnt das Neue Testament weitere Gaben, die Christen gegeben wurden, und die diese zum Dienst als Apostel, Lehrer, Helfer, Verwalter (1. Korinther 12,28-30), Evangelisten und Hirten (Epheser 4) sowie zum Dienen, zur Ermutigung, Freigebigkeit, Gemeindeleitung, Barmherzigkeit (Römer 12,7-8), Gastfreundschaft und zum Reden (1. Petrus 4) befähigten. Und diese Listen erheben sicher keinen Anspruch auf Vollständigkeit. Alle guten Gaben kommen von Gott, auch wenn einige, beispielsweise die Gabe Wunder zu vollbringen, die übernatürliche Macht Gottes in dieser Welt deutlicher sichtbar machen als andere. Geistliche Gaben schließen auch natürliche Begabungen ein, die vom Heiligen Geist verwandelt wurden. Der deutsche Theologe Jürgen Moltmann weist zu Recht darauf hin, dass grundsätzlich jede menschliche Fähigkeit und Begabung durch Gottes Berufung „charismatisch" (das heißt zu einer Geistesgabe) werden kann, wenn sie in Christus gebraucht wird.[61]

Diese Gaben werden allen Christen gegeben. Wie ein roter Faden zieht sich der Begriff „einander" durch das 12. Kapitel des 1. Korintherbriefes. Jeder Christ ist ein Teil des Leibes Christi. Es gibt viele verschiedene Glieder, aber nur einen einzigen Leib (Vers 12). Wir werden alle durch (oder in) einen einzigen Geist getauft (Vers 13). Wir wurden alle mit einem Geist getränkt (Vers 13). Es gibt keine Christen erster und zweiter Klasse; alle Christen empfangen den Geist. Alle Christen besitzen geistliche Gaben.

Es ist dringend notwendig, dass diese Gaben auch eingesetzt werden. Eines der größten Probleme für die Kirche Jesu Christi liegt darin, dass nur so wenige ihre Gaben im Rahmen der Kirche praktisch einsetzen. Die Kirche wird solange nicht wirklich effektiv werden, solange nicht jeder seinen Beitrag leistet. Gott verlangt nicht, dass wir viele Gaben haben – das liegt ohnehin in seinem Ermessen –, aber er will, dass wir die, die wir haben, auch gebrauchen und uns nach mehr ausstrecken (vgl. 1. Korinther 12,31; 14,1).

Eine wachsende Familie

Dass Familien wachsen, ist nur natürlich. Gott sagte zu Adam und Eva: „Seid fruchtbar und vermehrt euch." Für die Familie Gottes sollte Wachstum ebenfalls ganz natürlich sein. Auch das ist ein Werk des Heiligen Geistes. Jesus sagte: „Ihr werdet die Kraft des Heiligen Geistes empfangen, der auf euch herabkommen wird; und ihr werdet meine Zeugen sein in Jerusalem und in ganz Judäa und Samarien und bis an die Enden der Erde" (Apostelgeschichte 1,8).

Der Geist Gottes schenkt uns sowohl das Verlangen als auch die Fähigkeit, anderen von unserem Glauben zu erzählen. Der Dramatiker Murray Watts erzählt die Geschichte eines jungen Mannes, der zwar von der Wahrheit des christlichen Glaubens überzeugt war, aber eine lähmende Angst davor hatte, „ein Christ" zu werden. Die bloße Vorstellung, jemandem von seinem neugefundenen Glauben erzählen zu müssen und möglicherweise für einen religiösen Spinner gehalten zu werden, erschreckte ihn.

So versuchte er über viele Wochen hinweg, alle Gedanken an Religion aus seinem Kopf zu verbannen, doch stellte sich das als zwecklos heraus. Es war, als hörte er immer wieder eine Stimme in seinem Gewissen, die ihm zuflüsterte: „Folge mir nach!"

Schließlich hielt er es nicht mehr aus. Er suchte einen alten Mann auf, der viele Jahrzehnte Christsein hinter sich hatte, und erzählte ihm von seinem Albtraum. Er schilderte sein Entsetzen bei dem bloßen Gedanken, „ein Zeuge des Lichts" sein zu müssen, und wie diese Vorstellung ihn davon abhielt, Christ zu werden.

Der Alte seufzte und schüttelte den Kopf. „Das geht nur dich und Christus etwas an", sagte er. „Was haben denn andere Leute damit zu tun?" Der junge Mann nickte nachdenklich.

„Geh nach Hause", sagte der alte Mann. „Geh allein in dein Zimmer. Vergiss die anderen. Vergiss deine Familie und mach die Sache ganz privat mit Gott ab."

Dem jungen Mann fiel eine zentnerschwere Last vom Herzen. „Dann brauche ich also keinem etwas davon zu sagen?"

„Nein", sagte der alte Mann.

„Wirklich überhaupt niemandem?"

„Nicht, wenn du nicht willst."

Einen solchen Ratschlag hatte ihm noch niemand zu geben gewagt.

„Sind Sie sich da wirklich sicher?", fragte der junge Mann und begann, vor freudiger Erregung zu zittern. „Kann das denn stimmen?"

„In deinem Fall schon", antwortete der Alte.

Der junge Mann ging nach Hause, sperrte sich in seinem Schlafzimmer ein, betete und nahm Jesus Christus als Herrn und Erlöser in sein Leben auf. Dann lief er unverzüglich die Treppe hinunter in die Küche, wo seine Frau, sein Vater und drei seiner Freunde saßen.

„Habt ihr gewusst", fragte er, atemlos vor lauter Begeisterung, „dass man Christ sein kann, ohne irgendjemandem etwas davon zu erzählen?"[62]

Wenn man einmal die Kraft des Heiligen Geistes erfahren hat, dann will man anderen unbedingt davon erzählen. Und wenn man das tut, beginnt die Familie zu wachsen. Die Familie Gottes sollte niemals stagnieren, sondern ständig wachsen und neue Menschen anziehen, die dann selbst die Kraft des Heiligen Geistes empfangen und anderen von Jesus erzählen.

Ich habe in diesem Kapitel immer wieder betont, dass der Heilige Geist in jedem Christen wohnt. Paulus schreibt: „Wer den Geist Christi nicht hat, der gehört nicht zu ihm" (Römer 8,9). Doch nicht jeder Christ ist vom Geist erfüllt. Deshalb schreibt Paulus an die Christen in Ephesus: „Lasst euch vom Geist erfüllen!" (Epheser 5,18). Im nächsten Kapitel werden wir uns ansehen, wie man vom Geist erfüllt wird.

Das vorangegangene Kapitel begannen wir mit einer Betrachtung der ersten Verse der Bibel, 1. Mose 1,1-2. Das vorliegende Kapitel möchte ich mit einem der letzten Verse der Bibel abschließen, nämlich Offenbarung, Kapitel 22, Vers 17. Daran sehen wir, wie der Geist Gottes durch die ganze Bibel hindurch aktiv ist, von der ersten bis zur letzten Seite.

„Der Geist und die Braut aber sagen: Komm! Wer hört, der rufe: Komm! Wer durstig ist, der komme. Wer will, empfange umsonst das Wasser des Lebens" (Offenbarung 22,17). Gott möchte jeden von uns mit seinem Geist erfüllen. Manche sehnen sich danach. Andere sind sich nicht so sicher, ob sie das wirklich möchten. Sie sind nicht wirklich durstig. Wenn Sie diesen Durst nach der Fülle des Geistes nicht verspüren, dann dürfen Sie darum beten. Gott nimmt uns so, wie wir sind. Wenn wir Durst haben und Gott bitten, wird er uns „das Wasser des Lebens" schenken.

Kapitel 10

Wie werde ich mit dem Heiligen Geist erfüllt?

Auf einer Konferenz hielt der Evangelist J. John einen Vortrag über die Kunst des Predigens, in dem er die Tatsache beklagte, dass die Prediger ihre Zuhörer oft zu bestimmten Handlungen auffordern, ohne ihnen zu sagen, wie sie es tun sollen. „Lies die Bibel!", wird da gefordert, aber es stellt sich die Frage: „Ja, aber wie?" Es heißt: „Bete mehr!" – „Aber wie?" Man appelliert: „Erzähle anderen von Jesus!" – „Aber wie?" In diesem Kapitel möchte ich auf die Frage eingehen, wie man mit dem Heiligen Geist erfüllt werden kann.[63]

Wir haben zu Hause einen alten Gasboiler. Die Zündflamme brennt ständig, doch der Boiler selbst gibt deswegen noch lange nicht ununterbrochen Wärme und Energie ab. So ist es auch bei Christen: Bei manchen Menschen brennt nur die Zündflamme des Heiligen Geistes, während Menschen, die vom Heiligen Geist erfüllt sind, mit Volldampf loslegen (wenn Sie mir den Wechsel der Metapher gestatten). Den Unterschied erkennt man auf den ersten Blick.

Die Apostelgeschichte wird manchmal als der erste Band der Kirchengeschichte bezeichnet. In ihr finden wir verschiedene Beispiele dafür, wie Menschen den Heiligen Geist erlebten. Im Idealfall würde jeder Christ in dem Augenblick seiner Umkehr mit dem Heiligen Geist erfüllt. Das geschieht auch manchmal (im Neuen Testament wie auch heute), aber eben nicht immer, nicht einmal im Neuen Testament. Wir haben uns bereits mit der ersten Ausgießung des Heiligen Geistes an Pfingsten beschäftigt (vgl. Apostelgeschichte 2). Im weiteren Verlauf der Apostelgeschichte treffen wir noch auf andere ähnliche Ereignisse.

Als Petrus und Johannes für die Gläubigen in Samarien beteten und der Heilige Geist auf sie kam, war Simon der Magier so beeindruckt, dass er den Aposteln Geld bot, um das Gleiche tun zu können (vgl. Apostelgeschichte 8,14–18). Petrus wies ihn dafür scharf zurecht und warnte ihn: „Gottes Gaben lassen sich nicht mit Geld kaufen!" Der Bericht macht deutlich, dass etwas Außerordentliches geschehen sein muss.

Im nächsten Kapitel (vgl. Apostelgeschichte 9) lesen wir von einer der bemerkenswertesten Bekehrungen aller Zeiten. Als Stephanus, der erste christliche Märtyrer, gesteinigt wurde, unterstützte Saulus dieses Vorgehen (vgl. Apostelgeschichte 8,1). Später fing er an, die Gemeinde Jesu zu verfolgen. Er ging von Haus zu Haus und schleppte Männer und Frauen ins Gefängnis (Vers 3). Zu Beginn des Kapitels 9 heißt es dann: „Saulus wütete immer noch mit Drohung und Mord gegen die Jünger des Herrn."

Nur wenige Tage später predigte Saulus in den Synagogen, dass Jesus „der Sohn Gottes" sei (Vers 20). Damit richtete er große Verwirrung unter den Juden an: „Ist das nicht der Mann, der in Jerusalem alle vernichten wollte, die diesen Namen [Jesus] anrufen?" (Vers 21).

Was war in diesen wenigen Tagen geschehen, das ihn so völlig verwandelt hatte? Erstens war Jesus ihm auf dem Weg nach Damaskus begegnet. Zweitens war er mit dem Geist erfüllt worden (Vers 17). In diesem Moment „fiel es wie Schuppen von seinen Augen, und er sah wieder" (Vers 18). Manchmal passiert es, dass Menschen, die keine Christen oder dem Christentum sogar feindselig gegenüberstanden, eine völlige Kehrtwende erleben, wenn sie zum Glauben kommen und mit dem Geist erfüllt werden. Aus ihnen können vollmächtige Vertreter des christlichen Glaubens werden.

In Ephesus stieß Paulus auf eine Gruppe von Menschen, die zwar „glaubten", doch noch nie etwas vom Heiligen Geist gehört hatten. Er legte ihnen die Hände auf und der Heilige Geist kam auf sie. Das führte dazu, dass sie in anderen Sprachen beteten und prophetische Aussagen machten (vgl. Apostelgeschichte 19,1–7). Auch heute gibt es Menschen, die sich in derselben Situation befinden. Vielleicht haben sie schon eine Zeitlang „geglaubt", möglicherweise sogar ihr ganzes Leben lang. Vielleicht sind sie getauft und konfirmiert bzw. gefirmt und gehen sogar mehr oder weniger regelmäßig in die Kirche. Dennoch wissen sie wenig oder gar nichts über den Heiligen Geist.

In der ersten Hälfte der Apostelgeschichte findet sich eine weitere Begebenheit, auf die ich etwas näher eingehen möchte. Hier wurden zum ersten Mal Nichtjuden mit dem Heiligen Geist erfüllt. Gott tat etwas Außergewöhnliches: Es begann mit einem Mann namens Kornelius, der eine Vision hatte. Gott sprach dann auch durch eine Vision zu Petrus und trug diesem auf, mit den Nichtjuden im Hause von Kornelius zu sprechen. Petrus gehorchte und ging hin. Während seines Vortrags geschah etwas Außerordentliches: „Noch während Petrus dies sagte, kam der Heilige

Geist auf alle herab, die das Wort hörten. Die gläubig gewordenen Juden, die mit Petrus gekommen waren, konnten es nicht fassen, dass auch auf die Heiden [die Nichtjuden] die Gabe des Heiligen Geistes ausgegossen wurde. Denn sie hörten sie in Zungen reden und Gott preisen" (Apostelgeschichte 10,44–46). Im Folgenden möchte ich drei Aspekte dieser Begebenheit näher untersuchen.

1. Sie erlebten die Kraft des Heiligen Geistes

Petrus musste seinen Vortrag unterbrechen, weil es offensichtlich war, dass hier etwas Ungewöhnliches geschah. Die Erfüllung mit dem Heiligen Geist vollzieht sich nur selten unbemerkt, auch wenn diese Erfahrung bei jedem anders aussieht.

In seiner Beschreibung des Pfingst-Ereignisses (vgl. Apostelgeschichte 2) verwendet Lukas Worte, die einen schweren tropischen Regensturm bezeichnen. Damit wird bildhaft zum Ausdruck gebracht, dass der Heilige Geist die Menschen richtiggehend überflutete. Dabei kam es auch zu äußerlich wahrnehmbaren Begleiterscheinungen: Die Anwesenden vernahmen ein Brausen wie bei einem Sturm (Vers 2), wobei das kein echter Sturm war, sondern ein Phänomen, das mit ihm vergleichbar war: Es war die mächtige, unsichtbare Kraft von Gottes *ruach*. Dieses Wort bezeichnet im Alten Testament, wie wir gesehen haben, den Wind, den Atem und den Geist Gottes. Wenn Menschen vom Geist erfüllt werden, zittern sie manchmal wie ein Blatt im Wind. Andere holen tief Luft, als ob sie den Geist förmlich einatmen würden.

Die Jünger erlebten an Pfingsten auch ein Phäno-men, das wie Feuer aussah (Vers 3). Manchmal emp-finden Menschen, die vom Geist erfüllt werden, eine körperliche Hitze, beispielsweise in ihren Händen oder in anderen Teilen des Körpers. Jemand beschrieb es ein-mal so, als würde er „am ganzen Körper glühen". Ein anderer sprach von „flüssiger Hitze". Ein Dritter be-schrieb die Empfindung als „Brennen in meinen Armen, obwohl mir nicht heiß war". Vielleicht stellt das Feuer symbolisch die Kraft, die Leidenschaft und die Reinheit dar, die der Geist Gottes in unser Leben bringt.

Für andere ist die Erfahrung des Geistes eher die überwältigende Erfahrung der Liebe Gottes. Paulus betet für die Christen in Ephesus: „In der Liebe ver-wurzelt [...] sollt ihr zusammen mit allen Heiligen dazu fähig sein, die Länge und Breite, die Höhe und Tiefe zu ermessen und die Liebe Christi zu verstehen, die alle Erkenntnis übersteigt" (Epheser 3,17b–19a). Die Liebe Christi reicht so weit, dass sie jeden Menschen auf der Welt umfasst. Sie umspannt Menschen aller Kontinente und jeder Rasse, Hautfarbe, Abstammung und Herkunft. Sie ist groß genug, um ein ganzes Le-ben lang und darüber hinaus die Ewigkeit lang anzu-dauern. Sie ist tief genug, um uns zu erreichen, egal, wie tief wir gefallen sind. Sie ist hoch genug, um uns in den Himmel hinaufzutragen. Diese Liebe findet ih-ren tiefsten Ausdruck im Kreuz Christi. Auf Grund des-sen, was dort geschah, wissen wir, wie sehr Christus uns liebt: Er war bereit, für uns zu sterben. Und des-halb betete Paulus, dass wir das Ausmaß dieser Liebe „ermessen" können.

Doch er bleibt nicht dabei stehen. Er betet darum, „die Liebe Christi zu *verstehen*, die alle *Erkenntnis übersteigt.* So werdet ihr mehr und mehr von der ganzen Fülle Gottes erfüllt" (Vers 19; Hervorhebung des Autors). Es reicht nicht, seine Liebe nur zu begreifen, wir müssen diese Liebe, die „alle Erkenntnis übersteigt", auch erleben. Oft geschieht das, wenn Menschen mit dem Geist erfüllt („von der ganzen Fülle Gottes erfüllt") werden. In diesem Geschehen erfahren sie in ihrem Herzen die verändernde Kraft der Liebe Christi.

Thomas Goodwin, einer der Puritaner, die vor 300 Jahren lebten, lieferte eine gute Illustration für diese Erfahrung. Er beschrieb einen Mann, der mit seinem kleinen Sohn an der Hand die Straße entlanggeht. Der kleine Junge weiß natürlich, dass dieser Mann sein Vater ist und dass sein Vater ihn liebhat. Auf einmal bleibt der Vater stehen, nimmt den Jungen in seine Arme, umarmt ihn, küsst ihn und drückt ihn zärtlich an sich. Dann stellt er ihn wieder auf den Boden und die beiden gehen weiter. Es ist ein schönes Gefühl, an der Hand unseres Vaters durchs Leben zu gehen – es ist aber unvergleichlich schöner, von ihm in die Arme genommen zu werden.

„Er hat uns umarmt", um es mit Spurgeon, einem bekannten Erweckungsprediger, zu sagen. Er gießt seine Liebe über uns aus und er drückt uns zärtlich an sich. Martyn Lloyd-Jones zitiert in seinem Buch über den Römerbrief diese Beispiele neben vielen anderen und kommentiert die Erfahrung des Heiligen Geistes folgendermaßen:

„Wollen wir uns also die Tiefe dieser Erfahrung bewusst machen. Es ist nichts Leichtes, Oberflächliches oder Gewöhnliches. Es ist nichts, worüber man sagen

dürfte: ‚Kümmere dich nicht um deine Gefühle!' Gefühle? Es wird dich in einer solchen Tiefe anrühren, dass es dir einen Augenblick lang so vorkommen könnte, als hättest du noch nie etwas in deinem Leben ‚gefühlt'. Es ist die tiefste Erfahrung, die ein Mensch überhaupt nur machen kann."[64]

2. Sie fingen an, Gott zu loben

Als die Leute im Haus von Kornelius mit dem Heiligen Geist erfüllt wurden, begannen sie, „Gott zu preisen". Spontaner Lobpreis ist die Sprache von Menschen, die überglücklich sind und völlig begeistert über ihre Erfahrung mit Gott. Dieser Lobpreis sollte unsere gesamte Person erfassen, einschließlich unserer Gefühle.

Manche fragen besorgt: „Ist es denn richtig, in der Kirche Emotionen zu zeigen? Besteht da nicht die Gefahr, dass die Emotionen hochgeschaukelt werden?" Bei den meisten von uns liegt die Gefahr in unserer Beziehung zu Gott nicht in einem Übermaß an Emotionalität, sondern in einem Gefühlsdefizit, einem Mangel an Emotionen. Unsere Beziehung zu Gott ist oft ziemlich unterkühlt. Liebe zwischen Menschen beinhaltet Emotionen. Natürlich muss es in einer solchen Beziehung noch mehr geben als nur Gefühle: Es braucht Freundschaft, Kommunikation, Verständnis und Hilfsbereitschaft. Doch wenn ich meiner Frau gegenüber nie Gefühle zeigen würde, dann hätte meine Liebe ein Defizit. Wenn wir keinerlei Gefühle in unserer Beziehung zu Gott empfinden, dann bleibt ein Teil unserer Person davon ausgeschlossen: Wir sind dann nicht „mit Leib und Seele" bei der Sache.

Augustinus, eine der bekanntesten Persönlichkeiten der alten Kirche, sagte zu Gott: „Und loben will dich der Mensch [...]. Du schaffest, dass er mit Freuden dich preise, denn zu deinem Eigentum erschufst du uns, und ruhelos ist unser Herz, bis es ruhet in dir."[65] Wir wurden für die Anbetung erschaffen. Wie es im „Westminster Katechismus" formuliert ist: „Das höchste Ziel des Menschen ist, Gott zu verherrlichen und sich für immer an ihm zu erfreuen." Das sollte unsere ganze Person mit einschließen. Als Christen sind wir berufen, Gott mit unserem *ganzen* Sein zu lieben, zu preisen und anzubeten.

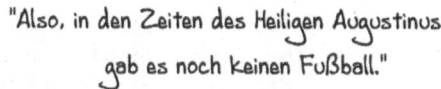

"Also, in den Zeiten des Heiligen Augustinus gab es noch keinen Fußball."

Nun sind manche der Ansicht, dass Gefühle in den Bereich der Privatsphäre gehören und in der Öffentlichkeit nichts zu suchen haben. Nach einer Konferenz in Brighton, bei der auch William Carey, der Erzbischof von Canterbury, anwesend war, druckte die „Times" eine Reihe von Leserbriefen zum Thema „Welchen Platz haben Gefühle in der Kirche" ab. Unter der Überschrift „Careys Charismen" schrieb ein Leser:

„Weshalb wird wohl ein Kinofilm, der die Menschen zum Lachen bringt, als Erfolg betrachtet? Weshalb gilt wohl ein Theaterstück, das die Menschen zu Tränen rührt, als bewegend? Und warum wird wohl ein Fußballspiel, das die Zuschauer begeistert, als spannend bezeichnet? Aber wenn eine Gemeinde im Gottesdienst von Gottes Herrlichkeit angerührt wird, dann wird sie des emotionalen Überschwangs bezichtigt."

Nun besteht natürlich die Gefahr des „emotionalen Überschwangs": Nämlich dann, wenn Emotionen wichtiger werden als solide biblische Lehre. Doch wie es der ehemalige Bischof von Coventry, Cuthbert Bardsley, einmal formulierte: „Die Hauptgefahr der anglikanischen Kirche besteht sicherlich nicht darin, dass die Menschen völlig außer sich sind vor Emotionen." Man möchte hinzufügen: „Und das trifft auch auf viele andere Kirchen zu." Unsere Anbetung sollte unsere gesamte Person erfassen: Verstand, Herz, Willen und Gefühle.

3. Sie empfingen eine neue Sprache

Wie an Pfingsten und in Ephesus (vgl. Apostelgeschichte 19) empfingen die Leute im Haus des Kornelius die Gabe des „Zungenredens", als sie vom Geist erfüllt wurden. Die „Zungen" bedeuten nichts anderes als „Sprachen", und so ist das „Zungenreden" nichts anderes als die Fähigkeit, in einer Sprache zu reden, die man nicht gelernt hat. Da dies meist im Gebet geschieht, wird es im Deutschen auch oft als „Sprachengebet" übersetzt. Hierbei kann es sich in der Bibel entweder um eine „Sprache von Engeln" handeln (vgl. 1. Korinther 13,1), die für Menschenohren unverständlich bleibt, oder um eine verständliche menschliche Sprache, wie es an Pfingsten der Fall war.

Penny, ein junges Mädchen aus unserer Gemeinde, betete einmal mit einem anderen Mädchen. Bald gingen ihr die Worte aus, und sie fing an, in einer anderen Sprache zu beten („in Zungen zu beten"). Da begann das andere Mädchen zu lächeln, öffnete ihre Augen und lachte dann laut los. „Du hast gerade auf Russisch mit mir geredet", meinte sie. Das Mädchen war zwar Engländerin, sprach aber fließend Russisch; sie liebte diese Sprache sehr. „Was habe ich denn gesagt?", wollte Penny wissen. Das Mädchen erzählte ihr, dass sie immer wieder gesagt hatte: „Mein liebes Kind!" Penny spricht kein Wort Russisch. Für jenes Mädchen aber waren diese drei Worte ungemein bedeutsam. Durch sie erhielt sie die Gewissheit, dass Gott sehr viel an ihr lag, da er auf eine Weise zu ihr sprach, die ihr sehr viel bedeutete, und das Ganze zudem noch übernatürlich war.

Die Gabe des Sprachengebets ist für viele Menschen ein großer Segen. Sie ist, wie wir gesehen haben, eine der Gaben des Geistes. Sie ist allerdings weder die einzige Geistesgabe noch die wichtigste. Nicht alle Christen sprechen in Zungen, und das Sprachengebet ist auch nicht das Zeichen dafür, dass man vom Geist erfüllt ist. Es ist durchaus möglich, vom Geist erfüllt zu sein, ohne in Zungen zu reden. Andererseits tritt es häufig als Begleiterscheinung auf, wenn Menschen mit dem Heiligen Geist erfüllt werden, sowohl im Neuen Testament wie auch in unserer heutigen Erfahrung. Es stellt oftmals die erste Erfahrung mit der Dimension des Übernatürlichen im Wirken des Heiligen Geistes dar. Vielen Menschen ist diese Gabe heutzutage ein Rätsel. Deshalb möchte ich etwas näher darauf eingehen.

Im 1. Korintherbrief, Kapitel 14 behandelt Paulus eine Reihe von Fragen, die häufig gestellt werden.

Was ist „Zungenrede" eigentlich?

„Zungenrede" oder „Sprachengebet" ist eine Form des Gebets. Sie ist eine von vielen Gebetsarten im Neuen Testament. So schreibt Paulus: „Denn wer in Zungen redet, redet nicht zu Menschen, sondern *zu Gott*" (1. Korinther 14,2; Hervorhebung des Autors). Es ist eine Form des Gebets, durch die der Einzelne gestärkt wird (Vers 4). Natürlich sind die Gaben, die eine Gemeinde direkt im Glauben weiterbringen, noch wichtiger, aber dadurch wird das Sprachengebet nicht unwichtig. Der große Vorteil des Sprachengebets ist, dass es nicht an die Begrenzungen der menschlichen Sprache gebunden ist. Das meint Paulus offensichtlich, wenn er schreibt: „Denn wenn ich in Zungen bete, betet mein Geist, aber mein Verstand bleibt unfruchtbar" (1. Korinther 14,14).

Jedem wird mehr oder weniger durch die Sprache in seinem Ausdrucksvermögen Grenzen gesetzt. Ein durchschnittlicher Engländer, so habe ich gehört, verfügt über einen Wortschatz von 10.000 bis 20.000 Worten. Winston Churchill hatte mit 50.000 Wörtern einen ungewöhnlich großen Wortschatz, doch selbst er war dadurch begrenzt. Oft leiden Leute darunter, dass sie das, was sie empfinden, nicht wirklich ausdrücken können, und zwar besonders dann, wenn es sich um Beziehungen handelt. Sie spüren tief in sich etwas, aber sie wissen nicht, wie sie es in Worte fassen sollen. Das trifft auch oft auf unsere Beziehung zu Gott zu.

Hier kann die Gabe des Sprachengebets eine große Hilfe sein. Sie versetzt uns in die Lage, Gott das auszudrücken, was wir tief in unserem Geist empfinden, ohne den Umweg über unsere Muttersprache nehmen zu müssen. Deshalb schreibt Paulus: „[...] mein Verstand bleibt unfruchtbar." Sprachengebet ist nicht gedankenlos oder sinnlos, sondern es ist deshalb für den Verstand „unfruchtbar", weil es nicht den Prozess der Übersetzung in eine verständliche Sprache durchläuft.

Wann ist Sprachengebet hilfreich?

Es gibt drei Bereiche, in denen sich diese Gabe als besonders hilfreich erwiesen hat.

Erstens im Bereich von *Lobpreis und Anbetung*. Unser Wortschatz ist hier sehr eingeschränkt. Wenn Kinder (oder selbst Erwachsene) sich beispielsweise schriftlich für ein Geschenk bedanken wollen, dauert es nicht lange, bis ihnen die Worte ausgehen, und so häufen sich dann Worte wie „schön", „toll" oder „fantastisch" bis zum Überdruss. Das gilt erst recht, wenn wir Gott loben und anbeten wollen: Hier reicht unser Wortschatz oft einfach nicht aus.

Wenn wir vom Geist erfüllt wurden, empfinden wir in besonderer Weise eine tiefe Sehnsucht danach, Gott unsere Liebe, unsere Anbetung und unser Lob zum Ausdruck zu bringen. Die Gabe des Sprachengebets ermöglicht es uns, dies zu tun, ohne an die Grenzen unserer menschlichen Sprache zu stoßen.

Zweitens ist das Sprachengebet eine große Hilfe, wenn wir *unter Druck stehen*. Es gibt Zeiten im Leben, wo man kaum weiß, wie man beten soll. Das kann daran liegen, dass wir unter Druck stehen, Angst empfinden oder Kummer haben. Vor einiger Zeit betete ich mit einem 26-jährigen Mann, dessen Frau nach einem Jahr Ehe an Krebs gestorben war. Er bat um die Gabe des Sprachengebets und erhielt sie auch augenblicklich. Nun konnte alles, was sich ein Leben lang in ihm aufgestaut hatte, aus ihm herausfließen. Später sagte er mir, welch eine Erleichterung es gewesen sei, alle diese Lasten loslassen zu können.

Ich habe selbst ähnliche Erfahrungen gemacht. 1987 erhielt ich während einer Mitarbeiterbesprechung in unserer Gemeinde die Nachricht, dass meine Mutter einen Herzinfarkt erlitten hatte und ins Krankenhaus gebracht worden war. Während ich zur Hauptstraße rannte, um ein Taxi anzuhalten, war ich zutiefst dankbar für die Gabe des Sprachengebets. Ich hatte das verzweifelte Verlangen zu beten, stand aber zu sehr unter Schock, um irgendwelche Sätze auf Englisch zu formulieren. Die Gabe des Sprachengebets ermöglichte es mir, auf dem ganzen Weg ins Krankenhaus zu beten und so in dieser Krise die ganze Situation vor Gott zu bringen.

Drittens haben viele das Sprachengebet in der *Fürbitte für andere* als hilfreich erlebt. Es ist nicht immer leicht, für andere zu beten, besonders wenn man längere Zeit nichts von ihnen gehört oder gesehen hat; „Herr, segne sie", ist dann häufig schon alles, was uns einfällt. Hier kann das Sprachengebet eine echte Hilfe sein. Wenn wir für andere in Sprachen beten, dann gibt Gott uns oft auch Worte in unserer Muttersprache für sie.

Es ist nicht selbstsüchtig, in Sprachen beten zu wollen. Zwar gilt: „Wer in Zungen redet, erbaut sich selbst" (1. Korinther 14,4), doch kann das indirekt weitreichende Auswirkungen haben.

Jackie Pullinger beschreibt, wie sich ihr Dienst veränderte, als sie damit begann, diese Gabe anzuwenden:

„Auf die Minute genau betete ich nun jeden Tag in der Sprache des Geistes und bat den Heiligen Geist, mir zu helfen, für die zu beten, die er erreichen wollte. Nach wie vor hatte ich keine Gefühle dabei. Etwa sechs Wochen danach geschah es immer häufiger, dass ich ohne jede Anstrengung Menschen zu Jesus führte. Gangster fielen mitten auf der Straße schluchzend auf die Knie, Frauen wurden geheilt, Heroinsüchtige wurden durch ein Wunder frei von ihrer Sucht. Und ich wusste, dass das alles nichts mit mir zu tun hatte."

Diese Gabe war für sie auch die Tür zu weiteren Geistesgaben:

„Mit Hilfe meiner Freunde begann ich, auch die anderen Gaben des Geistes einzusetzen, und wir verbrachten einige gesegnete Jahre im Dienst zusammen. Scharen von Gangstern und wohlhabenden Menschen, Studenten und Kirchgängern kamen zum Glauben und empfingen alle sowohl eine neue Sprache, die sie zum persönlichen Gebet benutzten, als auch andere Gaben, die sie im Gottesdienst einsetzten. Wir eröffneten mehrere Häuser, um Drogenabhängige aufzunehmen. Alle wurden durch die Kraft des Heiligen Geistes ohne Entzugserscheinungen von den Drogen frei."[66]

Ist Paulus für oder gegen das Sprachengebet?

Das 14. Kapitel des 1. Korintherbriefes wurde vor dem Hintergrund geschrieben, dass die Zungenrede in den öffentlichen Gemeindeversammlungen von Korinth außer Kontrolle geriet. In diesem Zusammenhang schreibt Paulus: „Doch *vor der Gemeinde* will ich lieber fünf Worte mit Verstand reden, um auch andere zu unterweisen, als zehntausend Worte in Zungen" (Vers 19; Hervorhebung des Autors). Es würde kaum Sinn machen, wenn Paulus nach Korinth käme und seine Predigt in „Zungen" hielte. Keiner würde verstehen, was er sagt, es sei denn, jemand könnte dafür eine Auslegung im Geist geben. Daher gibt Paulus Richtlinien für den öffentlichen Gebrauch des Zungenredens (Vers 27).

Auf der anderen Seite stellt Paulus klar, dass man das Sprachengebet nicht verbieten soll (Vers 39). Er ermutigt sehr dazu, diese Gabe im Privatbereich (d. h. in unserem persönlichen Gespräch mit Gott) einzusetzen. Er sagt sogar: „Ich wünschte, ihr alle würdet in Zungen reden" (Vers 5) und: „Ich danke Gott, dass ich mehr als ihr alle in Zungen rede" (Vers 18). Das heißt nicht, dass jeder Christ in Zungen reden muss oder dass man ein Christ zweiter Klasse wäre, wenn man es nicht tut. Christen erster und zweiter Klasse gibt es nicht. Es bedeutet auch nicht, dass Gott uns weniger liebt, wenn wir noch nicht in Zungen reden. Dennoch ist diese Gabe eine Segnung Gottes.

Wie empfängt man die Gabe des Sprachengebets?

Manche sagen von sich: „Ich möchte die Gabe des Zungenredens gar nicht haben." Gott wird uns nie ein Geschenk aufdrängen. Das Sprachengebet ist nur eine von vielen wunderbaren Gaben des Geistes und bei Weitem nicht die einzige, wie wir im vorigen Kapitel gesehen haben. Wie jede Gabe muss sie im Glauben empfangen werden.

Nicht jeder Christ betet in unbekannten Sprachen. Paulus behauptet nicht, das Sprachengebet sei das Nonplusultra im Leben eines Christen. Es ist aber seiner Meinung nach eine sehr hilfreiche Gabe. Wenn Sie sie gern bekommen möchten, gibt es nichts, was dagegen spräche.

Wie bei allen Gaben Gottes müssen wir bereit sein, mit Gottes Geist zusammenzuarbeiten. Gott drängt uns seine Gaben nicht auf. Als ich gerade Christ geworden war, las ich irgendwo, dass die Gaben des Geistes nach dem Zeitalter der Apostel (also nach dem 1. Jahrhundert) versiegt seien, heute gäbe es sie nicht mehr. Als ich dann vom Sprachengebet hörte, beschloss ich zu beweisen, dass es nicht für unsere Zeit bestimmt sei: So betete ich um diese Gabe und hielt dann meinen Mund krampfhaft geschlossen! Als ich dann auch tatsächlich nicht in Zungen betete, bewies das meiner Meinung nach, dass die Gaben des Geistes wirklich mit den Aposteln ausgestorben waren.

Dann kamen eines Tages zwei Freunde vorbei, die gerade mit dem Heiligen Geist erfüllt worden waren und die Gabe des Sprachengebets bekommen hatten. Ich sagte ihnen mit voller Überzeugung, dass die Gaben des Geistes seit der Zeit der Apostel versiegt seien, aber ich konnte zugleich sehen, wie sich die beiden dadurch verändert hatten. Sie hatten eine neue Ausstrahlung und die haben sie auch heute nach vielen Jahren noch. So entschloss ich mich, die

Leute, die für sie gebetet hatten, auch für mich beten zu lassen, damit ich mit dem Geist erfüllt würde und die Gabe des Sprachengebets bekäme. Dabei erfuhr ich dann die Kraft des Heiligen Geistes am eigenen Leib. Sie erklärten mir, dass man mit dem Geist Gottes zusammenarbeiten müsse, wenn man die Gabe des Sprachengebets bekommen möchte. Ich müsste schon selbst meinen Mund aufmachen und anfangen, zu Gott zu reden. Das tat ich und empfing so die Gabe des Sprachengebets.

Welche Hindernisse gibt es für die Erfüllung mit dem Geist?

Jesus sprach einmal mit seinen Jüngern über das Thema „Gebet und Heiliger Geist" (vgl. Lukas 11,9–13). Dabei ging es um einige der häufigsten Probleme, die wir haben, wenn wir etwas von Gott empfangen wollen.

Zweifel

In diesem Bereich haben viele Menschen Zweifel. Der häufigste lautet dabei: „Bekomme ich wirklich, um was ich bitte?" Jesus sagt ganz einfach: „Bittet, dann wird euch gegeben." Jesus muss gewusst haben, dass seine Jünger etwas skeptisch waren, denn er wiederholt das Gleiche mit anderen Worten: „Sucht, dann werdet ihr finden."

Und er fügt gleich noch ein drittes Mal hinzu: „Klopft an, dann wird euch geöffnet."

Weil er aber die Menschen so gut kennt, sagt er es noch ein viertes Mal: „Denn wer bittet, der empfängt."

Die Jünger scheinen immer noch nicht überzeugt zu sein, so sagt er es ein fünftes Mal: „Wer sucht, der findet."

Und dann noch ein sechstes Mal: „Wer anklopft, dem wird geöffnet."

Warum sagt er das alles sechsmal? Weil er weiß, wie es uns damit geht. Es fällt uns sehr schwer zu glauben, dass Gott uns etwas gibt, geschweige denn etwas so Ungewöhnliches und Wunderbares wie den Heiligen Geist und die damit verbundenen Gaben dieses Geistes.

Angst

Wenn man die erste Hürde des Zweifels genommen hat, kommt man manchmal bei der nächsten zu Fall, nämlich der Angst. Wir haben Angst vor dem, was wir empfangen. Ist es wirklich etwas Gutes?

Jesus verwendet den Vergleich mit einem irdischen Vater, um diese Frage zu beantworten: Wenn ein Kind um einen Fisch bittet, dann wird ihm sein Vater keine Schlange geben. Oder wenn das Kind um ein Ei bittet, wird ihm sein Vater keinen Skorpion geben (vgl. Lukas 11,11–12). Es ist undenkbar, dass wir so mit unseren Kindern umgehen würden. Dann fügt Jesus hinzu, dass wir als fehlerhafte Menschen im Vergleich zu Gott sogar noch böse sind. Wenn aber schon wir mit unseren Kindern nicht so umgehen würden, dann ist es erst recht unvorstellbar, dass Gott so handeln würde. Er wird uns nicht enttäuschen. Wenn wir um den Heiligen Geist und seine wunderbaren Gaben bitten, dann werden wir auch genau das bekommen (vgl. Lukas 11,13).

Das Gefühl der eigenen Unzulänglichkeit

Selbstverständlich ist es wichtig, dass wir keine Sünde mit uns herumtragen und uns von allem abgewandt haben, was verkehrt ist. Außerdem müssen wir anderen vergeben. Doch selbst wenn wir das alles getan haben, werden wir oft von einem vagen Gefühl der eigenen Unzulänglichkeit geplagt. Wir fühlen uns einfach unwürdig und können uns nicht vorstellen, dass Gott uns irgendetwas schenkt. Er mag ja Menschen, die in ihrem Christsein weit fortgeschritten sind, etwas schenken – aber uns? Aber Jesus sagte nicht: „Wie viel mehr wird der Vater im Himmel den Heiligen Geist den fortgeschrittenen, reifen Christen geben", sondern: „Wie viel mehr wird der Vater im Himmel den Heiligen Geist denen geben, *die ihn bitten*" (Lukas 11,13; Hervorhebung des Autors).

Wenn Sie mit dem Heiligen Geist erfüllt werden möchten, dann sollten Sie sich jemanden suchen, der für Sie betet. Wenn Sie niemanden kennen, der dazu in der Lage ist, dann lassen Sie sich dadurch nicht davon abhalten, selbst dafür zu beten. Manche Menschen werden vom Geist erfüllt, ohne die Gabe des Sprachengebets zu erhalten. Diese beiden Dinge fallen nicht notwendigerweise zusammen, auch wenn das im Neuen Testament und auch nach unserer Erfahrung häufig der Fall ist. Aber es gibt keinen Grund, weshalb wir nicht um beides bitten sollten.

Wenn Sie für sich beten, tun Sie bitte Folgendes:

1. Bitten Sie Gott, Ihnen alles zu vergeben, was Sie daran hindern könnte zu empfangen.
2. Wenden Sie sich von allen Dingen ab, von denen Sie wissen, dass sie verkehrt sind.

3. Bitten Sie Gott, Sie mit seinem Geist zu erfüllen. Suchen Sie ihn weiter, bis Sie finden. Klopfen Sie an, bis die Tür geöffnet wird. Suchen Sie Gott von ganzem Herzen.

4. Wenn Sie die Gabe des Sprachengebets empfangen möchten, dann bitten Sie darum. Öffnen Sie dann Ihren Mund, und loben Sie Gott in irgendeiner Sprache außer Ihrer Muttersprache oder einer anderen Sprache, die Sie kennen.

5. Glauben Sie, dass das, was Sie empfangen, von Gott ist. Lassen Sie sich von niemandem einreden, Sie hätten das selbst aus sich heraus hervorgebracht (das wäre äußerst unwahrscheinlich).

6. Geben Sie nicht auf. Um eine Sprache zu lernen, braucht man Zeit. Meistens fangen wir mit einem sehr kleinen Wortschatz an; er wird mit der Zeit dann immer größer. Beim Sprachengebet ist es genauso. Es braucht Zeit, diese Gabe zu entwickeln. Nur Mut!

7. Wenn Sie um weitere Gaben gebetet haben, dann suchen Sie nach Gelegenheiten, sie zu gebrauchen. Denken Sie daran, dass alle diese Gaben sich nur dann entfalten, wenn man sie einsetzt.

Die Erfüllung mit dem Geist ist keine einmalige Angelegenheit. Petrus wurde im Verlauf von drei Kapiteln der Apostelgeschichte dreimal vom Geist erfüllt (vgl. Apostelgeschichte 2,4; 4,8; 4,31). Wenn Paulus schreibt: „Lasst euch vom Geist erfüllen" (Epheser 5,18), dann verwendet er dabei eine grammatische Form, die besagt: „Lasst euch immer und immer wieder neu vom Geist erfüllen." Und das gilt genauso auch für uns.

Kapitel 11

Wie widerstehe ich dem Bösen?

Es gibt einen engen Zusammenhang zwischen „Gott" und dem „Guten" sowie zwischen dem Teufel und dem Bösen; im Englischen wird Letzteres durch den Gleichklang von *devil* (Teufel) und *evil* (das Böse) noch deutlicher. Hinter der Macht des Guten steht der Gute selbst. Hinter unseren bösen Wünschen und den Versuchungen dieser Welt steht direkt oder indirekt das Böse in Person: der Teufel.

Weil es so viel Böses in der Welt gibt, fällt es manchen leichter, an den Teufel zu glauben als an Gott: „Was Gott anbelangt, bin ich ein Ungläubiger ... aber wenn es um den Teufel geht, nun, dann sieht die Sache schon anders aus ... Der Teufel macht fleißig Werbung ... der Teufel produziert jede Menge Werbespots", verkündete William Peter Blatty, Autor und Produzent des Films „Der Exorzist".[67]

Andererseits tun sich viele Menschen im Westen mit dem Glauben an den Teufel schwerer als mit dem Glauben an Gott. Dies mag zum Teil an einer falschen Vorstellung von dem liegen, was der Teufel ist. Ist schon das Bild Gottes als eines alten, weißbärtigen Mannes auf einer Wolke lächerlich und absurd, dann gilt das Gleiche für einen Teufel mit Hörnern und Pferdefüßen und einem spitzen Schwanz.

Wenn man einmal an einen transzendenten Gott glaubt, dann ist es in mancher Hinsicht nur logisch, sich auch auf den Glauben an die Existenz eines Teufels einzulassen. Michael Green schreibt dazu:

„Der Glaube an eine große transzendente Macht des Bösen vergrößert keineswegs die Schwierigkeiten, die der Glaube an eine transzendente Macht des Guten mit sich bringt. Im Gegenteil: Er verringert sie. Gäbe es nämlich keinen Satan, dann könnte man nur schwer der Schlussfolgerung entgehen, Gott sei uns feindselig gesonnen, und zwar zum einen wegen seines Handelns in der Natur und zum andern wegen dem, was er an menschlicher Grausamkeit zulässt."[68]

Nach der biblischen Weltanschauung steckt hinter dem Bösen in der Welt der Teufel. Das griechische Wort für Teufel, diabolos, ist eine Übersetzung für den hebräischen Begriff „Satan". Die Bibel gibt uns nur wenig Anhaltspunkte, was die Herkunft Satans anbelangt. Im Buch Jesaja, Kapitel 14, Verse 12–23 findet sich die Andeutung, dass er ein gefallener Engel ist. Im Alten Testament taucht er nur an einigen wenigen Stellen auf (vgl. Hiob 1; 1. Chronik 21,1). Dort wird aber schon deutlich, dass er nicht nur eine böse Macht ist, sondern ein personales Wesen.

Das Neue Testament zeichnet ein klareres Bild von seinem Handeln. Der Teufel ist ein personales geistliches Wesen, das sich gegen Gott auflehnt und der Anführer vieler Dämonen ist, die ihm ähnlich sind. Paulus fordert uns auf: „Zieht die Rüstung Gottes an, damit ihr den Anschlägen des Teufels widerstehen könnt. Denn wir haben nicht gegen Menschen aus Fleisch und Blut zu kämpfen, sondern gegen die Fürsten und Gewalten, gegen die Beherrscher dieser finsteren Welt, gegen die bösen Geister des himmlischen Bereichs" (Epheser 6,11–12).

Paulus warnt uns davor, den Teufel und seine Engel zu unterschätzen. Diese Mächte sind hinterlistig („Anschläge"), mächtig („Fürsten", „Gewalten", „Beherrscher") und böse („die bösen Geister"). Es sollte uns daher nicht überraschen, wenn wir vonseiten des Feindes starken Angriffen ausgesetzt sind.

Warum sollten wir an die Existenz des Teufels glauben?

Manchmal wird die Meinung vertreten: „Heutzutage kann man doch nicht mehr an den Teufel glauben." Es gibt jedoch eine Reihe von guten Gründen, die für seine Existenz sprechen.

Erstens ist diese Sichtweise biblisch. Das soll nicht heißen, dass die Bibel sich häufig mit dem Teufel beschäftigt. Im Alten Testament wird Satan nur selten erwähnt; erst im Neuen Testament kommt es zu einer klareren Sicht des Teufels. Jesus glaubte eindeutig an die Existenz Satans; er wurde ja schließlich auch von ihm auf die Probe gestellt. Zudem trieb Jesus häufig Dämonen aus, um Menschen von den Mächten des Bösen und von Sünde zu befreien; und er gab seinen Jüngern die Vollmacht, dasselbe zu tun. Im Vaterunser lehrt er uns zu beten: „Erlöse uns von dem Bösen." Auch im übrigen Neuen Testament finden sich viele Hinweise auf das Wirken des Teufels (z. B. 1. Petrus 5,8–11; Epheser 6,1–12).

Zweitens entspricht es der Überlieferung der Kirche. Christen haben zu allen Zeiten praktisch ausnahmslos an die Existenz des Teufels geglaubt. Die Kirchenväter, die Reformatoren, die großen Evangelisten wie Wesley und Whitefield und die überwältigende Mehrheit aller Christen haben gewusst, dass wir von sehr realen geistlichen Mächten des Bösen umgeben sind. Sobald wir anfangen, Gott zu dienen, wird er auf uns aufmerksam. Manche neu bekehrten Christen stellen überrascht fest, dass sie vor größere Versuchungen gestellt werden, sobald sie zum Glauben an Christus gekommen sind.

Drittens bestätigt uns der gesunde Menschenverstand, dass der Teufel existiert. Jede Theologie, die die Existenz eines personalen Teufels ignoriert, kommt in Erklärungsnöte, wenn es um solche Dinge wie Schreckenssysteme, institutionalisierte Folter und Gewalt, Massenmorde, brutale Vergewaltigungen, Drogenhandel im großen Stil, Terrorismus, Missbrauch und Misshandlung von Kindern, Okkultismus und satanistische Rituale geht.

Am 13. März 1996 ging der 44-jährige Thomas Hamilton in die Turnhalle der Grundschule in Dunblane, Schottland, und eröffnete das Feuer auf eine Klasse von Fünf- und Sechsjährigen. Das ist nur eines von vielen schrecklichen Schulmassakern, die es weltweit in den letzten Jahren gegeben hat. Bei diesem Vorfall starben ein Lehrer und 16 Kinder; 17 weitere wurden verwundet. Der Schulleiter sagte dazu: „Unsere Schule wurde vom Bösen heimgesucht."

Die Existenz des Teufels lässt sich also von der Bibel, von der kirchlichen Überlieferung und von der Vernunft her begründen. Das soll aber nicht heißen, dass er zur Zwangsvorstellung werden darf. Wie C. S. Lewis in einem berühmten Zitat schreibt:

„Es gibt zwei Irrtümer über die Teufel, in die das Menschengeschlecht leicht verfällt. Sie widersprechen sich und haben doch dieselbe Auswirkung. Der eine ist, ihre Existenz überhaupt zu leugnen. Der andere besteht darin, an sie zu glauben und sich in übermäßiger und ungesunder Weise mit ihnen zu beschäftigen. Die Teufel selbst freuen sich über beide Irrtümer gleichermaßen. Sie begrüßen den Materialisten wie den Anhänger der schwarzen Magie mit demselben Vergnügen.“[69]

Inzwischen fallen viele Menschen der entgegengesetzten Gefahr zum Opfer und entwickeln ein übertriebenes und ungesundes Interesse für den Teufel. Das Interesse für Dinge wie Spiritismus, Handlesen, Ouija-Boards, Channelling (Kontaktaufnahme mit Verstorbenen), Astrologie, Horoskope, Hexerei und okkulten Mächten nimmt unablässig zu. Die Bibel verbietet jedoch ausdrücklich jede Beschäftigung mit diesen Dingen (5. Mose 18,10; 4. Mose 19,20 ff.; Galater 5,19 ff.; Offenbarung 21,8; 22,15). Sollten wir uns in der Vergangenheit auf solche Dinge eingelassen haben, dann können wir Vergebung empfangen. Wir müssen umkehren und alles vernichten, was in irgendeiner Weise damit zu tun hat, beispielsweise Bücher, Amulette, DVDs, Zeitschriften usw. (vgl. Apostelgeschichte 19,19).

Auch Christen können ein ungesundes Interesse an solchen Dingen haben. Jemand, der gerade erst zum Glauben gekommen war, zeigte mir vor Kurzem zwei sogenannte christliche Bücher, in denen es ausschließlich um das Wirken des Feindes ging, verbunden mit wilden Spekulationen über die Zahl des „Tieres" in der Offenbarung und die Rolle von Kreditkarten! Der Autor hatte die Bücher zweifellos in guter Absicht geschrieben, dennoch ist eine so starke Fixierung auf das Werk des Teufels äußerst ungesund. In der Bibel findet man so etwas nicht. Hier richtet sich das Augenmerk immer auf Gott.

Wie sieht die Taktik des Teufels aus?

Das letztendliche Ziel Satans besteht darin, alle Menschen zu vernichten. Jesus hat gesagt: „Der Dieb kommt nur, um zu stehlen, zu schlachten und zu vernichten" (Johannes 10,10). Er möchte uns auf einen Weg bringen, der ins Verderben führt. Zu diesem Zweck setzt er alles daran zu verhindern, dass Menschen zum Glauben an Jesus Christus finden. Paulus schreibt: „Denn der Gott dieser Weltzeit [der Teufel] hat das Denken der Ungläubigen verblendet. So strahlt ihnen der Glanz der Heilsbotschaft nicht auf, der Botschaft von der Herrlichkeit Christi, der Gottes Ebenbild ist" (2. Korinther 4,4).

Solange wir blind den Wegen Satans folgen, wird uns seine Taktik vermutlich überhaupt nicht bewusst werden. Wenn wir aber den Weg einschlagen, der zum Leben führt, und unsere Augen für die Wahrheit geöffnet werden, wird uns bewusst, dass wir unter dem Beschuss des Feindes stehen.

Der erste Angriff kommt häufig durch Zweifel. Schon in den ersten Kapiteln der Bibel sehen wir, wie der Widersacher in Gestalt einer Schlange zu Eva sagt: „Hat Gott *wirklich* gesagt ...?" Sein erster Schachzug besteht darin, Zweifel zu säen.

Die gleiche Taktik können wir bei der Versuchung Jesu beobachten. Der Teufel kommt und sagt: „Wenn du wirklich Gottes Sohn bist ..." (Matthäus 4,3). Zuerst sät er Zweifel; dann kommen die Versuchungen. An seinen Methoden hat sich bis heute nichts geändert. Er sät immer noch Zweifel in uns: „Hat Gott wirklich gesagt, dass dies oder jenes falsch ist?" oder: „Wenn du wirklich Christ bist ..." Er will unsere Zuversicht in das, was Gott gesagt hat, untergraben und unsere Beziehung zu ihm infrage stellen. Wir müssen uns klarmachen, dass dies die Quelle vieler unserer Zweifel ist.

Aber der Zweifel ist nur das Vorspiel für den eigentlichen Angriff; das trifft auf Eva im Garten Eden ebenso zu wie auf Jesus in der Wüste. Im 3. Kapitel des 1. Buches Mose wird das Schema beschrieben, nach dem Satan, der „Versucher" (Matthäus 4,3), häufig vorgeht.

Gott gab Adam und Eva weitreichende Freiheiten („von allen Bäumen des Gartens darfst du essen"; 1. Mose 2,16–17), aber nur ein einziges Verbot („doch vom Baum der Erkenntnis von Gut und Böse darfst du nicht essen"). Zudem warnte er sie vor den Konsequenzen, falls sie sich nicht an das Verbot halten sollten („Denn sobald du davon isst, wirst du sterben").

Satan aber ignoriert diese umfassende Freiheit und konzentriert sich völlig auf das eine Verbot, das er dann auch noch übertreibt (vgl. 1. Mose 3,1). An seiner Taktik hat sich bis heute nichts geändert. Er ignoriert immer noch die Freiheiten, die Gott uns gibt.

Er ignoriert die Tatsache, dass Gott uns alles, was wir brauchen, im Überfluss gibt (vgl. 1. Timotheus 6,17). Er ignoriert den großen Segen, den die Beziehung zu Gott beinhaltet. Er ignoriert den Reichtum einer christlichen Ehe und Familie, die Geborgenheit eines christlichen Zuhauses, die Tiefe von Freundschaft, die wir als Christen erfahren dürfen, und unzählige andere Gaben Gottes, die er denen schenkt, die ihn kennen und lieben. Darüber verliert er kein Wort. Stattdessen konzentriert er sich auf eine ziemlich kleine und im Grunde wenig attraktive Liste von Verbotenem. Er ruft uns ständig ins Gedächtnis, dass wir uns nicht betrinken dürfen, dass wir nicht fluchen oder nicht mit jedem ins Bett gehen dürfen. Es sind relativ wenige Dinge, die Gott uns nicht erlaubt, und das aus guten Gründen.

Und schließlich leugnet der Teufel die Strafe: „Nein, ihr werdet nicht sterben" (1. Mose 3,4). Unter dem Strich sagt er damit, dass es eigentlich nichts ausmacht, wenn man Gott ungehorsam ist. Er will uns glauben machen, dass Gott ein Spielverderber ist, dass er eben nicht das Beste für uns will und dass wir etwas verpassen, wenn wir ihm gehorchen. Dabei ist genau das Gegenteil der Fall, wie Adam und Eva herausfinden mussten. Durch den Ungehorsam verpassen wir so viel von dem, was Gott für uns vorgesehen hat.

In den nächsten Versen können wir die Konsequenzen des Ungehorsams gegen Gott nachlesen. Zuerst kommt es zu Scham und Verlegenheit. Adam und Eva fühlten sich bloßgestellt und versuchten, es zu vertuschen (Vers 7). Wie schnell würden wir das Zimmer verlassen, wenn alles, was wir je getan haben, auf einer Videoleinwand zu sehen wäre, gefolgt von einer Liste aller Gedanken, die wir jemals gedacht haben! Im Grunde unseres Herzens schämen wir uns unserer Sünde; sie ist uns peinlich.

Arthur Conan Doyle, der Verfasser der „Sherlock Holmes"-Geschichten, spielte zwölf seiner Zeitgenossen einmal einen üblen Streich. Diese zwölf waren ausnahmslos bekannte und angesehene Bürger, die als Stützen der Gesellschaft galten. Er sandte ihnen allen ein Telegramm mit den Worten: „Alles entdeckt. Sofort fliehen!" Innerhalb von 24 Stunden hatten alle zwölf das Land verlassen! Jeder von uns hat Dinge in seinem Leben getan, für die er sich schämt und die auf keinen Fall bekannt werden sollten. Oft ziehen wir Mauern um uns herum hoch, um nicht entdeckt zu werden.

Als Adam und Eva im Garten waren und Gott kommen hörten, versteckten sie sich (Vers 8). Auch heute scheuen viele Menschen vor Gott zurück. Sie wollen der Tatsache nicht ins Auge sehen, dass er möglicherweise doch existiert. Wie Adam haben sie Angst (Vers 10). Manche haben echte Angst davor, in die Kirche zu gehen oder Umgang mit Christen zu pflegen. Ein Ehepaar aus unserer Gemeinde erzählte mir von einem über 100 Kilo schweren Rugby-Spieler aus Australien, den sie in die Gemeinde eingeladen hatten. Er kam bis an die Einfahrt; dann fing er im Auto zu zittern an. „Ich kann nicht. Ich habe einfach zu viel Angst, da hineinzugehen", sagte er. Er konnte Gott nicht ins Gesicht sehen. Zwischen ihm und Gott klaffte ein tiefer Graben, genau wie bei Adam und Eva. Gott reagierte unverzüglich und versuchte, die Beziehung wiederherzustellen. Er rief: „Wo bist du?" (Vers 9). Und das ruft er noch heute.

Darüber hinaus tat sich eine Kluft zwischen Adam und Eva auf. Adam beschuldigte Eva. Eva schob die Schuld auf den Teufel. Dabei waren sie, wie wir alle, selbst verantwortlich für ihre Sünde. Wir können weder Gott noch anderen Menschen und noch nicht einmal dem Teufel die Schuld zuschieben (vgl. Jakobus 1,13–15). Diese Gräben zwischen Menschen sehen wir auch in unserer heutigen Gesellschaft. Wo sich Menschen von Gott abwenden, bricht Streit aus. Wohin wir auch sehen, gibt es zerrüttete Beziehungen: zerrüttete Ehen, zerrüttete Familien, zerrüttete Beziehungen zu Kollegen, Bürgerkriege und Kriege zwischen Nationen.

Und schließlich erkennen wir an Gottes Strafe (ab Vers 14), dass Adam und Eva von Satan betrogen worden waren. Seine List hatte sie Gott entfremdet und auf einen Weg gelockt, der ins Verderben führte; Satan hatte das von Anfang an gewusst.

Satan verführt zur Sünde, sät Zweifel, betrügt und zerstört. Und er klagt an. Das hebräische Wort „Satan" bedeutet „Ankläger" oder „Verleumder". Er verleumdet Gott bei den Menschen. Gott bekommt für alles die Schuld. Gott kann man nicht vertrauen. Zweitens verklagt er die Christen vor Gott (vgl. Offenbarung 12,10). Er leugnet die Kraft des Todes Jesu. Er verurteilt uns und erzeugt Schuldgefühle – und zwar ganz allgemein und vage, nicht etwa für eine konkrete Sünde. Der Heilige Geist dagegen macht uns auf ganz konkrete Sünden aufmerksam, damit wir uns davon abwenden können.

Versuchung ist nicht dasselbe wie Sünde. Manchmal flüstert uns der Teufel einen Gedanken ein, von dem wir wissen, dass er falsch ist. In diesem Augenblick stehen wir dann vor einer Entscheidung: Akzeptieren wir oder lehnen wir ab? Wenn wir akzeptieren, sind wir auf dem besten Weg zu sündigen. Lehnen wir ab, folgen wir damit dem Beispiel Jesu, der „in allem wie wir in Versuchung geführt worden ist, aber nicht gesündigt hat" (vgl. Hebräer 4,15). Doch oft geht Satan noch raffinierter vor. Er klagt uns an, bevor wir überhaupt dazu kommen, eine Entscheidung zu treffen. Im Bruchteil einer Sekunde hält er uns auch schon vor: „Schau dich nur an! Und du willst Christ sein? Was hast du da gerade gedacht? Du kannst unmöglich Christ sein, wenn du solche schlimmen Dinge denkst!" Er will, dass wir uns darauf einlassen und sagen: „O nein! Ich kann tatsächlich kein Christ sein!" oder: „Ach, du Schande! Jetzt hab ich alles vermasselt. Jetzt spielt es auch keine Rolle mehr, ob ich noch mehr Verkehrtes tue." Und schon geht es abwärts mit uns; genau darauf hat er es abgesehen. Verklagen und Verdammen gehört zu seiner Taktik. Wenn er es schafft, solche Schuldgefühle in uns zu wecken, dann hat er schon halb gewonnen, denn wir denken: *Jetzt ist es sowieso egal, ob ich es tue oder nicht. Ich habe ja eh schon versagt.* Also tun wir das, was er uns einflüstert, und damit wird aus Versuchung Sünde.

Er will, dass das Versagen in unserem Leben zur Gewohnheit wird. Er weiß genau: Je mehr wir nachgeben und sündigen, umso mehr beherrscht die Sünde unser Leben. Die erste Heroinspritze mag vielleicht nicht unmittelbar zur Sucht führen, aber wer Tag für Tag, Monat für Monat, Jahr für Jahr Heroin spritzt, der ist süchtig und kommt nicht mehr davon los. Heroin hat dann die Macht über dich. Wenn wir gewohnheitsmäßig Dinge tun, von denen wir wissen, dass sie verkehrt sind, dann werden sie unser Leben kontrollieren. Wir werden abhängig und gehen den Weg, den Satan sich wünscht: den Weg ins Verderben (vgl. Matthäus 7,13).

Wie sieht unsere Ausgangslage aus?

Für Christen gilt: Gott „hat uns der Macht der Finsternis entrissen und aufgenommen in das Reich seines geliebten Sohnes" (Kolosser 1,13). Bevor wir Christen wurden, erklärt Paulus, lebten wir in der Finsternis, dem Herrschaftsbereich Satans. Wir waren Sklaven der Sünde und damit Tod und Verderben ausgeliefert. So sieht das Reich der Dunkelheit aus.

Nun aber sind wir laut Paulus aus dem Reich der Finsternis in das Reich des Lichts versetzt worden. In dem Augenblick, in dem wir zu Christus kommen, gelangen wir aus der Dunkelheit ins Licht; dort, im Reich des Lichts, ist Jesus der König. Dort gibt es Vergebung, Freiheit, Leben und Heil. Wenn der Wechsel vollzogen ist, gehören wir einem anderen: Jesus Christus und seinem Reich.

2003 bezahlte der spanische Fußballverein *Real Madrid* 24,5 Millionen Pfund für David Beckham, der daraufhin von *Manchester United* zu dem spanischen Verein wechselte. Angenommen, Beckham hätte eines Tages einen Anruf von Alex Ferguson, seinem ehemaligen Manager bei *ManU*, bekommen: „Beckham, wieso warst du heute Morgen nicht beim Training?"

Beckham hätte darauf geantwortet: „Ich arbeite doch gar nicht mehr bei euch. Ich spiele jetzt für einen anderen Verein!"

Unser „Vereinswechsel" ist weitaus bedeutsamer. Wir sind vom Reich der Finsternis, in dem Satan König ist, ins Reich Gottes gewechselt, wo Jesus das Sagen hat. Wenn Satan von uns verlangt, ihm zu Willen zu sein, lautet unsere Antwort: „Ich gehöre nicht mehr zu dir."

Satan ist als Feind besiegt (vgl. Lukas 10,17–20). Das Geschehen am Kreuz beschreibt Paulus in seinem Brief an die Kolosser, Kapitel 2, Vers 15 folgendermaßen: „Die Fürsten und Gewalten hat er entwaffnet und öffentlich zur Schau gestellt; durch Christus hat er über sie triumphiert." Satan und seine Gehilfen wurden am Kreuz besiegt; deshalb werden die Dämonen bei der Nennung des Namens Jesu von Entsetzen gepackt (vgl. Apostelgeschichte 16,18). Sie wissen, dass sie besiegt sind.

Unsere Situation ähnelt dem Unterschied zwischen D-Day und V-E-Day am Ende des Zweiten Weltkrieges. Am D-Day – also der 6. Juni 1944 – fand der entscheidende Kampf statt, der den Ausgang des Zweiten Weltkrieges bestimmte. Nach der Landung der Alliierten in der Normandie hatte niemand mehr ernsthafte Zweifel daran, dass man den Sieg erringen würde, und trotzdem war der Krieg noch nicht vorbei. Die Befreiungskämpfe dauerten bis zum V-E-Day am 8. Mai 1945 an. Christen leben gewissermaßen zwischen D-Day (dem Kreuz) und V-E-Day (Jesu Wiederkunft). Satan ist ein besiegter Feind, aber er treibt trotzdem noch sein Unwesen.

Jesus hat uns von aller Schuld befreit, sodass wir keine Verurteilung mehr fürchten müssen. Er hat uns von Abhängigkeiten befreit. Jesus hat die Macht dieser Dinge gebrochen und uns Freiheit geschenkt. Er überwand die Angst vor dem Tod, als er den Tod besiegte. Dadurch hat er es uns ermöglicht, von allen Ängsten frei zu werden. Schuld, Abhängigkeit und Angst gehören zum Reich der Finsternis. Jesus aber hat uns in ein anderes Reich versetzt.

Als ich Christ wurde, gab es Dinge, von denen ich praktisch augenblicklich befreit wurde. Aber es gibt andere Dinge, mit denen ich immer noch zu kämpfen habe. Mein Kampf wird erst dann wirklich vorbei sein, wenn Jesus wiederkommt. Das ist die Stellung, die wir innehaben, und wir sollten uns unbedingt der Stärke dieser Stellung bewusst sein. Jesus hat sie durch seinen Sieg am Kreuz für uns erkämpft.

Wie verteidigen wir uns?

Solange der Krieg noch nicht vorüber und Satan endgültig vernichtet ist, müssen wir dafür sorgen, dass unsere Verteidigung intakt ist. Paulus fordert uns auf: „Zieht die Rüstung Gottes an, damit ihr den listigen Anschlägen des Teufels widerstehen könnt" (Epheser 6,11). Im Anschluss führt er sechs Ausrüstungsgegenstände an, die wir brauchen. Manchmal hört man Aussagen wie: „Das Geheimnis des Christenlebens besteht in ..." Aber es gibt kein einzelnes Element, das als solches Erfolg bringt. Wir brauchen die *gesamte* Rüstung.

Als Erstes brauchen wir den „Gürtel der Wahrheit" (Vers 14). Damit ist wahrscheinlich das Fundament der christlichen Wahrheit, also die christliche Lehre gemeint. Wir sollen die ganze christliche Wahrheit (oder so viel wir können) in uns aufnehmen. Das geschieht, wenn wir die Bibel lesen, Predigten und Vorträge hören, christliche Bücher lesen und CDs oder Downloads hören. Auf diese Weise lernen wir, die Wahrheit von den Lügen Satans zu unterscheiden, denn Satan ist „ein Lügner und ist der Vater der Lüge" (Johannes 8,44).

Als Nächstes brauchen wir „den Panzer der Gerechtigkeit" (Epheser 6,14). Das ist die Gerechtigkeit, die von Gott kommt und uns durch das Werk Jesu am Kreuz zuteil wird. Sie versetzt uns in die Lage, in einer Beziehung zu Gott zu leben und ein gerechtes Leben zu führen. Wir müssen dem Teufel widerstehen. Der Apostel Jakobus schreibt: „Leistet dem Teufel Widerstand, dann wird er vor euch fliehen. Sucht die Nähe Gottes; dann wird er sich euch nähern" (Jakobus 4,7–8). Wir kommen alle immer wieder einmal zu Fall. Dann ist es wichtig, schnell wieder aufzustehen. Das geschieht, indem wir Gott sagen, wie sehr uns leidtut, was wir getan haben, und dabei die Dinge so konkret wie möglich beim Namen nennen (vgl. 1. Johannes 1,9). Dann verspricht uns Gott, die Freundschaft zu uns wiederherzustellen.

Und dann heißt es: „Zieht an als Schuhe die Bereitschaft, für das Evangelium des Friedens zu kämpfen" (Vers 15). Ich verstehe darunter die Bereitwilligkeit, über die Gute Nachricht zu reden. John Wimber pflegte zu sagen: „Es ist sehr schwer, stillzusitzen und gut zu sein." Wenn wir ständig nach Gelegenheiten Ausschau halten, die Gute Nachricht weiterzugeben, sind wir gut gegen den Feind gerüstet. Sobald wir uns vor unseren Verwandten und Arbeitskollegen zum christlichen Glauben bekennen, haben wir eine wirkungsvolle Abwehr. Das ist nicht einfach, denn wir wissen, dass andere uns nun beobachten, ob wir auch unserem Glauben entsprechend leben. Aber es bietet auch einen großen Anreiz dafür.

Das vierte Element unserer Waffenrüstung ist der „Schild des Glaubens" (Vers 16). Damit können wir „alle feurigen Geschosse des Bösen auslöschen". Vertrauensvoller Glaube ist das Gegenteil von Zynismus und Skepsis, die sich schon bei vielen Menschen verheerend ausgewirkt haben. Ein Aspekt des Glaubens wurde einmal so beschrieben: „eine Verheißung Gottes zu ergreifen und es zu wagen, daran zu glauben". Satan wird seine Geschosse des Zweifels auf uns abfeuern, um uns kleinzukriegen – aber mit dem Schild des Glaubens können wir ihm widerstehen.

Fünftens weist Paulus uns an: „Nehmt den Helm des Heils" (Vers 17). Bischof Westcott, Inhaber des Regius-Lehrstuhls für Theologie an der Universität Cambridge, wies einmal darauf hin, dass unsere Errettung drei Zeitformen kennt: Wir sind in der *Vergangenheit* von dem Preis für unsere Sünde errettet worden. Wir werden in der *Gegenwart* zunehmend mehr von der Kontrolle der Sünde errettet. Und wir werden in der *Zukunft* ganz von der Koexistenz mit der Sünde errettet werden. Diese großen Konzepte müssen wir begreifen; wir müssen sie in- und auswendig kennen, damit wir auf Zweifel und Anklagen des Feindes antworten können.

Und zum Schluss schreibt Paulus: „Und nehmt das Schwert des Geistes, das ist das Wort Gottes" (Vers 17). Wahrscheinlich meint er damit die Heilige Schrift. Jesus verteidigte sich mit Zitaten aus der Schrift, als er von Satan auf die Probe gestellt wurde. In jedem einzelnen Fall gab er eine Antwort aus dem Wort Gottes, sodass sich Satan schließlich geschlagen geben musste. Es lohnt sich in der Tat, Verse aus der Bibel auswendig zu lernen, denn mit ihrer Hilfe können wir uns an die Verheißungen Gottes erinnern und den Feind in die Flucht schlagen.

Wie greifen wir an?

Wir haben bereits gesehen, dass Satan und seine Dämonen grundsätzlich am Kreuz besiegt wurden und wir uns in der Phase der letzten Aufräumaktionen vor der Wiederkunft Jesu befinden. Als Christen brauchen wir uns nicht vor Satan zu fürchten; Satan dagegen hat einiges zu befürchten, was unser Handeln als Christen betrifft.

Wir sind zum Gebet berufen. Wir stehen in einem geistlichen Kampf, für den gilt: „Die Waffen, die wir einsetzen, sind nicht irdisch, aber sie haben durch

Gott die Macht, Festungen zu schleifen" (2. Korinther 10,4). Jesus räumte dem Gebet höchste Priorität ein; wir sollten es ebenfalls so halten. In einem alten Lied heißt es: „Satan zittert, wenn er sieht, wie der Christ sich betend kniet."

Wir sind aber nicht nur zum Gebet, sondern auch zur Tat berufen. Wieder ist es Jesus, von dem wir lernen können, dass Gebet und Handeln eng miteinander verknüpft sind. Jesus verkündigte das Reich Gottes, heilte die Kranken und trieb Dämonen aus. Er gab seinen Jüngern den Auftrag, das Gleiche zu tun. Später werden wir uns genauer ansehen, was das bedeutet.

Es ist wichtig, die Größe und Macht Gottes zu betonen; im Vergleich dazu ist der Feind relativ ohnmächtig. Wir glauben nicht an zwei entgegengesetzte, gleich starke Mächte – Gott und Satan. Dies entspricht nicht dem Bild, das die Bibel zeichnet. Gott ist der Schöpfer des gesamten Universums, Satan nur ein Teil dieser Schöpfung. Außerdem ist er ein Feind, der bereits besiegt ist und bei der Wiederkunft Jesu völlig vernichtet wird (vgl. Offenbarung 12,12).

C. S. Lewis malt in seinem Buch „Die große Scheidung" ein ausgezeichnetes Bild der Hölle, dem Wirkungsbereich Satans und seiner Dämonen. Die folgende Szene beschreibt ein Gespräch zwischen einem Mann, der soeben im Himmel angekommen ist, und seinem „Lehrer", der ihm die neue Umgebung zeigt. Er lässt sich auf Hände und Knie nieder, nimmt einen Grashalm und benutzt das spitze Ende des Halms als Zeigestock; schließlich findet er einen winzigen Spalt im Boden, der die gesamte Hölle in sich birgt.

„,Willst du also sagen, dass die Hölle – die endlose leere Stadt – unten drin steckt in einem kleinen Spalt wie diesem?'

,Ja. Die ganze Hölle ist kleiner als ein Kieselstein eurer irdischen Welt; sie ist aber noch kleiner als ein Atom dieser Welt, der Wirklichen Welt. Sieh dort den Schmetterling. Wenn er die ganze Hölle verschluckte, die Hölle würde nicht groß genug sein, ihm irgendeinen Schaden zu tun oder irgendeinen Geschmack zu haben.'

,Sie erscheint groß genug, wenn man darin ist, Herr.'

,Und dennoch: Alle Einsamkeiten, Zornanfälle, Hassempfindungen, Neidgefühle und Gelüste, die sie enthält – drängte man sie alle zusammen in eine einzige Erfahrung und legte sie in die Waagschale gegen den kürzesten Moment der Freude, empfunden von dem Geringsten im Himmel –, sie würde nicht Gewicht genug haben, um überhaupt einen Ausschlag zu geben. Den Schlechten gelingt es nicht einmal, so wahrhaft schlecht zu sein, wie das Gute gut ist. Wenn aller Jammer der Hölle zusammengenommen in das Bewusstsein jenes winzigen gelben Vögleins eindringen könnte, er würde ohne Spur verschluckt werden, so als ob man einen Tropfen Tinte in jenen großen Ozean fallen ließe, im Vergleich zu dem der Stille Ozean auf Erden ein bloßes Molekül ist.'"[70]

Kapitel 12

Warum mit anderen darüber reden?

Früher gingen mir Christen ziemlich auf die Nerven, wenn sie mir von ihrem Glauben erzählen wollten. Ich sagte mir: „Ich bin Atheist, aber ich versuche trotzdem nicht, alle anderen Menschen zum Atheismus zu bekehren." Da mischte man sich doch in die Angelegenheiten anderer Leute ein. Warum sollten Christen mit anderen über ihren Glauben reden? Ist das nicht Privatsache? Sind nicht diejenigen die besten Christen, die nicht darüber reden, sondern einfach christlich leben? Manchmal erzählen Menschen mir: „Ich kenne Leute, die gute Christen sind. Sie haben einen festen Glauben – aber sie hängen ihn nicht an die große Glocke. Ist das nicht die höchste Form des Christseins?"

"Also, ich glaub ja an Schokolade,

aber ich esse sie ganz leise,
allein, in meinem Zimmer."

Die kurze Antwort darauf lautet, dass ihnen ja irgendjemand einmal vom christlichen Glauben erzählt haben muss. Die ausführlichere Antwort lautet, dass es eine Reihe von guten Gründen gibt, mit anderen über Jesus zu reden. Erstens: Es ist ein Gebot Jesu. Tom Forrest, ein katholischer Priester, der den Papst davon überzeugte, die 90er Jahre zum „Jahrzehnt der Evangelisation" zu erklären, weist darauf hin, wie häufig das Wort „gehen" in der Bibel vorkommt (etwa 1.900-mal in der Einheits-Übersetzung, davon über 500-mal im Neuen Testament und über 100-mal allein im Matthäusevangelium). Jesus gibt seinen Jüngern immer wieder die Anweisung zu gehen:

„Geht zu den verlorenen Schafen ..."

„Geht und sagt Johannes ..."

„Geht und ladet alle ein, denen ihr begegnet."

„Geht zu allen Völkern und macht alle Menschen zu meinen Jüngern!"

Und so lauten auch im Matthäusevangelium die letzten überlieferten Worte Jesu:

„Da trat Jesus auf sie zu und sagte zu ihnen: Mir ist alle Macht gegeben im Himmel und auf der Erde. Darum geht zu allen Völkern, und macht alle Menschen zu meinen Jüngern; tauft sie auf den Namen des Vaters und des Sohnes und des Heiligen Geistes, und lehrt sie, alles zu befolgen, was ich euch geboten habe. Seid gewiss: Ich bin bei euch alle Tage bis zum Ende der Welt" (Matthäus 28,18–20).

Ein zweiter Grund, warum man mit anderen über Jesus reden sollte, liegt darin, dass sie die Gute Nachricht von Jesus dringend brauchen. Wenn wir in der

Sahara wären und eine Oase entdeckt hätten, dann wäre es extrem egoistisch, den Verdurstenden nicht zu sagen, wo sie ihren Durst stillen können. Nur Jesus allein kann den Durst in den Herzen der Menschen stillen. Oft erkennen Menschen, von denen wir es überhaupt nicht erwartet hätten, diesen Durst. Die Sängerin Sinead O'Connor sagte einmal in einem Interview: „Die Menschheit fühlt sich leer, weil unsere Spiritualität ausgelöscht wurde und wir nicht wissen, wie wir uns ausdrücken können. So werden wir letztlich dazu ermutigt, diese Leere mit Alkohol, Drogen, Sex oder Geld zu füllen. Die Leute da draußen schreien nach Wahrheit."

Drittens reden wir mit anderen, weil wir selbst die Gute Nachricht gehört haben und jetzt ein dringendes Verlangen spüren, sie weiterzusagen. Wer eine gute Nachricht erhält, will sie normalerweise auch weitererzählen. Als unser erstes Kind zur Welt kam, gab mir meine Frau Pippa eine Liste mit zehn Personen, die ich anrufen sollte. Zuerst rief ich ihre Mutter an.

Ich sagte ihr, dass wir einen Sohn bekommen hätten und dass Pippa und der Kleine wohlauf seien. Danach wollte ich meine Mutter anrufen, doch das Telefon war besetzt. Die dritte Person, die ich anrief, war Pippas Schwester. Als ich sie erreichte, hatte

"Ich weiß, du bist nur ein Briefkasten ...

... aber auch du brauchst Jesus!"

sie die Neuigkeit schon von Pippas Mutter gehört. Das Gleiche galt für alle Übrigen auf der Liste. Bei meiner Mutter war besetzt gewesen, weil Pippas Mutter sie gerade anrief. Gute Neuigkeiten verbreiten sich wie ein Lauffeuer. Ich brauchte Pippas Mutter nicht einmal zu bitten, die Nachricht weiterzugeben. Sie konnte sie sowieso nicht für sich behalten! Wenn wir einmal begriffen haben, was für eine gute Nachricht das Evangelium ist, dann werden wir es auch nicht für uns behalten können.

Aber wie stellen wir es an, anderen von Jesus zu erzählen? Ich glaube, es gibt dabei zwei gegensätzliche Gefahren. Einerseits besteht die Gefahr der mangelnden Sensibilität. Das war mein Problem, als ich gerade Christ geworden war. Ich war so begeistert von dem, was ich erlebt hatte, dass ich alle Welt dazu bringen wollte, meinem Beispiel zu folgen. Ich war erst seit wenigen Tagen Christ, als ich mit dem festen Entschluss auf eine Party ging, allen Anwesenden von meiner Entscheidung zu erzählen. Ich sah eine Bekannte tanzen und beschloss, ihr klarzumachen, dass ihr das Wichtigste fehlte. Ich ging also zu ihr hin und sagte: „Du siehst furchtbar aus. Du brauchst Jesus." Sie glaubte, ich sei übergeschnappt. Das war nicht gerade die wirkungsvollste Methode, anderen von Jesus zu erzählen. (Übrigens wurde sie später dann trotzdem noch Christ – ohne mein Zutun! – und heute ist sie meine Frau.)

Zur nächsten Party wollte ich besser gerüstet erscheinen. Ich besorgte mir also eine Auswahl an christlicher Literatur zu diversen Themen sowie ein Neues Testament. Damit stopfte ich mir sämtliche Taschen voll, die mein Anzug besaß. Auf der Party forderte ich ein Mädchen zum Tanzen auf. Das Tanzen erwies sich angesichts meines Ballasts allerdings als eine mühselige Angelegenheit, sodass wir uns hinsetzten. Es dauerte nicht lange, bis ich das Gespräch auf „Christsein" gelenkt hatte. Zu jeder Frage, die sie hatte, konnte ich ihr zu ihrer Verblüffung ein passendes Buch präsentieren. Schließlich ging sie mit einer Ladung Bücher nach Hause. Am nächsten Tag fuhr sie nach Frankreich und las auf dem Schiff eines der Bücher, das ich ihr gegeben hatte. Plötzlich wurde ihr klar, was Jesus für sie getan hatte. So drehte sie sich zu ihrem Nachbarn um und sagte: „Ich bin gerade Christ geworden!" Mit 21 starb sie bei einem Reitunfall. Ich war sehr froh darüber, dass sie vor ihrem Tod Christ geworden war – auch wenn ich nicht davon überzeugt bin, dass ich es besonders geschickt angepackt hatte.

Wenn wir wie ein Elefant im Porzellanladen herumtrampeln, gibt es früher oder später Probleme. Auch wenn wir das Thema mit dem nötigen Taktgefühl angehen, kann es zu unangenehmen Szenen kommen. In solchen Fällen neigen wir dazu, uns zurückzuziehen. Das kann ich wiederum aus eigener Erfahrung sagen. Nach ein paar Jahren war mein Problem nicht mehr ein Mangel an Sensibilität, sondern das Gegenteil: Angst. Seltsamerweise war die Zeit, in der ich

richtiggehend Angst hatte, mit Nichtchristen über Jesus zu sprechen, während meines Theologiestudiums. Einmal ging ich mit einer Gruppe von Studenten auf einen evangelistischen Einsatz in eine Gemeinde am Stadtrand von Liverpool: Wir wollten den Menschen dort die Gute Nachricht von Jesus bringen. Jeden Abend aßen wir bei einer anderen Familie aus der Gemeinde. Eines Abends wurden mein Freund Rupert und ich zu einem Ehepaar geschickt, das nur lose mit der Gemeinde verbunden war: Genau genommen galt das nur für die Frau, während der Mann überhaupt nicht zur Kirche ging. Beim Hauptgericht angekommen, fragte mich der Mann, wozu wir eigentlich hergekommen seien. Verlegen stotterte ich herum und suchte nach Ausflüchten. Er wiederholte die Frage mehrmals, bis Rupert ihm endlich geradeheraus antwortete: „Wir sind hier, um den Leuten von Jesus zu erzählen." Die Sache war mir so unendlich peinlich, dass ich am liebsten im Boden versunken wäre! Mir wurde klar, wie ängstlich ich geworden war. Ich brachte es ja kaum fertig, den Namen Jesus auch nur in den Mund zu nehmen.

Um sowohl diese Angst wie auch das Gegenteil, mangelnde Sensibilität, zu vermeiden, müssen wir uns Folgendes klarmachen: Mit anderen über Jesus zu reden ist eine natürliche Folge unserer Beziehung zu Gott. Wenn wir mit Gott leben, sollte es für uns ganz natürlich sein, anderen von dieser Beziehung zu erzählen, und zwar unter der Leitung von Gottes Heiligem Geist.

Ich sehe fünf Aspekte bei diesem Thema: Sie beginnen alle mit dem Buchstaben „P": Präsenz, Plädoyer, Proklamation, persönliche Vollmacht und priesterliches Gebet.

Präsenz

Jesus sagte zu seinen Jüngern:

„Ihr seid das Salz der Erde. Wenn das Salz seinen Ge-
schmack verliert, womit kann man es wieder salzig
machen? Es taugt zu nichts mehr; es wird weggewor-
fen und von den Leuten zertreten. Ihr seid das Licht
der Welt. Eine Stadt, die auf dem Berg liegt, kann nicht
verborgen bleiben. Man zündet auch nicht ein Licht
an und stülpt ein Gefäß darüber, sondern man stellt
es auf den Leuchter; dann leuchtet es allen im Haus.
So soll euer Licht vor den Menschen leuchten, damit
sie eure guten Werke sehen und euren Vater im Him-
mel preisen" (Matthäus 5,13–16).

Jesus fordert uns dazu auf, weitreichenden Einfluss
auszuüben („Salz der *Erde*" und „Licht der *Welt*"). Damit das überhaupt möglich wird, müssen wir auch „in
der Welt" sein – am Arbeitsplatz, in unserer Nachbar-
schaft, bei Freunden und Verwandten. Aber wir sollen
auch ein Leben führen, das sich radikal von unserer
Umwelt unterscheidet, damit wir als Salz und Licht
wirken können.

Zunächst einmal sollen wir Salz sein. In den Jahr-
hunderten vor der Erfindung des Kühlschranks wurde
Salz dazu benutzt, Fleisch zu konservieren, also vor
der Fäulnis zu bewahren. Als Christen sind wir dazu
berufen, die Gesellschaft bzw. unser Umfeld vor dem
Verfall zu bewahren. Dies tun wir unter anderem
durch unsere Worte, indem wir zu moralischen und
sozialen Fragen Stellung nehmen und uns gegen Armut und Ungleichheit engagieren.

Zweitens beruft uns Jesus dazu, das „Licht der Welt" zu sein, und er erinnert uns daran, dass ein Licht nichts nützt, wenn es abgedeckt ist. Wie bringen wir Licht in die Welt? Durch unsere „guten Werke", wie Jesus es nennt. Diese guten Werke umfassen alles, was wir sagen oder tun, weil wir Christen sind.

Wenn wir unseren christlichen Glauben an Menschen in unserer unmittelbaren Umgebung weitergeben wollen, dann dürfte die angemessenste Form die sein, ihn in der Praxis zu leben. Das gilt insbesondere für unsere Familie, die Arbeitskollegen und die Leute von nebenan.

Als ich Christ wurde, wollte ich sofort meine Eltern zu Jesus führen. Doch dann merkte ich, dass sich dies als kontraproduktiv erwies. Ein Freund machte mich darauf aufmerksam, dass ich durch den Satz „Ich bin Christ geworden" indirekt kritisiere, wie ich von meinen Eltern erzogen wurde. Wenn wir ständig über unseren Glauben reden, kann der Schuss nach hinten losgehen. Die Menschen werden eher positiv beeinflusst, wenn wir echte Liebe und Fürsorge an den Tag legen. Das gilt auch für den Arbeitsplatz. Da sollten andere unsere Beständigkeit sehen können, unsere Ehrlichkeit, unser Engagement und unsere Zuverlässigkeit. Sie sollten merken, dass wir hinter ihrem Rücken nicht schlecht über sie oder andere reden und dass wir immer wieder andere ermutigen.

Dies ist besonders dann von großer Bedeutung, wenn der eigene Ehepartner kein Christ ist. Petrus schreibt an gläubige Frauen, deren Ehemänner keine Christen sind: „Damit auch sie, falls sie dem Wort des Evangeliums nicht gehorchen, durch das Leben ihrer Frauen *ohne Worte* gewonnen werden, wenn sie sehen, wie ehrfürchtig und rein ihr lebt" (1. Petrus 3,1–2; Hervorhebung des Autors).

Bruce und Geraldine Streather heirateten im Dezember 1973. Als Geraldine 1981 Christ wurde, war Bruce nicht im Entferntesten daran interessiert. Bruce war ein vielbeschäftigter Anwalt und begeisterter Golfspieler. Die meisten Wochenenden verbrachte er auf dem Golfplatz, in die Kirche ging er nie.

Seine Frau betete zehn Jahre lang für ihn und lebte ihr Christsein praktisch. Sie übte keinen Druck auf ihn aus und sprach nicht explizit mit ihm über den christlichen Glauben. In diesen Jahren beeindruckte Bruce zunehmend, wie außergewöhnlich freundlich und zuvorkommend sie war. Das galt insbesondere seiner Mutter gegenüber, die Krebs hatte, wodurch sie immer schwieriger wurde. Schließlich lud Geraldine Bruce 1991 zu einem Alpha-Fest am Ende des Kurses ein. Er ging hin und entschloss sich, am folgenden Alpha-Kurs teilzunehmen.

Geraldine schrieb mir später: „Auf dem Nachhauseweg betete und weinte ich die ganze Zeit. Ich sagte Gott, nachdem ich Bruce zum Alpha-Kurs mitgebracht hatte, sei der Rest seine Sache. Als Bruce nach dem ersten Abend des Kurses nach Hause kam, fragte ich ihn nur, ob es ihm gefallen habe." In der siebten Woche vertraute Bruce sein Leben Christus an. Am Ende des Kurses war er der begeistertste Christ, den man sich vorstellen konnte. In ihrem Brief schrieb sie weiter: „Jetzt redet Bruce bei jeder Dinnerparty mit den Leuten über Gott, und mir bleibt nichts anderes übrig, als dem zuzuhören, was er sagt. Meine Gebete sind alle erhört worden."

Wir sind dazu berufen, Salz und Licht zu sein, nicht nur in unseren Familien und unserem engen Freundeskreis, sondern gegenüber allen Menschen, mit denen wir in Kontakt kommen. Manchmal tun wir uns schwer, über die engen Grenzen unserer eigenen kleinen Welt hinauszuschauen. Dabei sind wir zur Anteilnahme mit den Leidenden berufen. Das können wir praktizieren, indem wir ins bei humanitären Projekten engagieren, die sich um Notlagen wie Hunger, Obdachlosigkeit und Armut kümmern. Überdies sind wir auch dazu berufen, für soziale Gerechtigkeit zu kämpfen. Das können wir tun, indem wir gegen Ausbeutung, Ungerechtigkeit und Unmenschlichkeit zu Feld ziehen.

William Wilberforce war 27, als er Gottes Ruf vernahm, dem Sklavenhandel, der so unmenschlich und entwürdigend war den Kampf anzusagen. 1787 waren bereits mehr als zehn Millionen Sklaven von Afrika zu den Plantagen gebracht worden und im selben Jahr brachte Wilberforce im Unterhaus einen Antrag bezüglich des Sklavenhandels ein. Er machte sich dadurch nicht gerade beliebt, doch in seiner Rede zur Abschaffung der Sklaverei sagte er Folgendes: „Mir erschien die Verderbtheit des Sklavenhandels so enorm, so furchtbar und nicht wiedergutzumachen, dass ich mich uneingeschränkt für die Abschaffung entschieden habe. Mögen die Konsequenzen sein, wie sie wollen, ich habe für mich beschlossen, dass ich keine Ruhe geben werde, bis ich die Abschaffung des Sklavenhandels durchgesetzt habe."

In den Jahren 1789, 1791, 1792, 1794, 1796, 1798 und 1799 standen Gesetzesentwürfe zu dem Thema zur Debatte, doch alle wurden niedergeschlagen. 1831 ließ er der Antisklaverei-Gesellschaft eine Botschaft übermitteln, in der er sagte: „Unser Motto muss Ausdauer lauten, und ich vertraue darauf, dass der Allmächtige unsere Mühen schlussendlich mit Erfolg krönen wird." Im Juli 1833 wurde in beiden Häusern des Parlaments ein Gesetz zur Abschaffung der Sklaverei erlassen. Wilberforce starb drei Tage später. Er wurde in der Westminster-Abtei beigesetzt und dafür gewürdigt, dass er sich 45 Jahre lang hartnäckig für die Sklaven aus Afrika eingesetzt hatte.

In der heutigen Zeit gibt es Probleme, die ein ähnliches Ausmaß haben. Mehr als eine Milliarde Menschen leben in absoluter Armut, welche mit Unterernährung, Krankheit, Schmutz, Säuglingssterblichkeit und einer niedrigen Lebenserwartung einhergeht. 800 Millionen Menschen müssen mit weniger als einem Dollar pro Tag überleben und gehen jeden Abend hungrig ins Bett. Alle drei Sekunden fordert die Armut das Leben eines Kindes. Jeden Tag sterben 30.000 Kinder an behandelbaren Krankheiten. In Entwicklungsländern sterben täglich 8.000 Menschen an Aids. Jedes Jahr gibt es 15 Millionen vermeidbare Todesfälle und auch der Sklavenhandel ist in vielen Teilen der Welt immer noch an der Tagesordnung.

Bono, der Leadsänger der irischen Rockband „U2",
wurde 2004 eingeladen, auf der Konferenz der britischen Arbeiterpartei eine Ansprache zu halten. Dabei
erzählte er von seiner Zeit, als er in einem äthiopi-
schen Waisenhaus arbeitete:

*„Die Leute vor Ort kannten mich als ‚Dr. Guten Mor-
gen'. Die Kinder nannten mich ‚das Mädchen mit dem
Bart'. Fragt nicht, warum! Das Ganze hat mich total
umgehauen; es hat mir meine Augen geöffnet. An unserem letzten Tag im Waisenhaus legte mir ein Mann
sein Baby in den Arm und sagte: ‚Nehmen Sie ihn mit!'
Er wusste: In Irland würde sein Sohn leben können,
in Äthiopien würde er sterben. Das war der Augenblick, an dem ich mich auf diese innere Reise begab.
Das war der Augenblick, in dem ich das Schlimmste
überhaupt wurde: ein Rockstar auf einer Mission. Nur
ist das eigentlich gar keine Mission. Wenn jeden Tag
6.500 Afrikaner an einer behandelbaren, vermeidbaren
Krankheit sterben – aus Mangel an Medikamenten, die
Sie und ich in unserer Apotheke kaufen können –, dann
ist das keine Mission – das ist ein Notfall."*

Man kann leicht von der Größe der Probleme überwältigt sein und sich sagen: „Können wir da wirklich
etwas bewegen?" Können wir als einzelne Menschen
etwas tun?

Ein Mann ging eines Tages an einem Strand ent-
lang, wo das Wasser gerade zurückging, da Ebbe war.
Zehntausende von Seesternen waren im Sand ge-
strandet und starben langsam aufgrund mangelnder
Feuchtigkeit. Da sah er einen kleinen Jungen, der die
Seesterne einzeln auflas und zurück ins Meer warf. Er

ging auf den Jungen zu und sagte: „Der ganze Strand ist doch voller Seesterne. Zigtausende. Das, was du hier tust, macht doch gar nichts aus."

Der Junge warf einen weiteren Seestern ins Meer, wandte sich an den Mann und sagte: „Ich wette, für den hat es was ausgemacht."

Genauso werden wir wohl nicht alle Probleme in dieser Welt lösen, aber wir können trotzdem etwas tun. Nelson Mandela hat gesagt: „Die Geschichte wird nicht von Königen und Generälen geschrieben, sondern von Menschenmassen."

„Licht der Welt" zu sein ist jedoch nicht ausschließlich eine Frage der Lebensführung. Es braucht auch unseren Mund. Unsere Verwandten, Mitbewohner und Kollegen werden uns irgendwann Fragen über unseren Glauben stellen. Oft empfiehlt es sich, zu warten, bis sie das tun. Wenn wir gefragt werden, sollten wir immer bereit sein, Antwort zu geben. Petrus schreibt: „Seid stets bereit, jedem Rede und Antwort zu stehen, der nach der Hoffnung fragt, die euch erfüllt, aber antwortet stets freundlich und respektvoll" (1. Petrus 3,15-16).

Wenn sich eine Gelegenheit bietet, über den Glauben zu reden, wie fangen wir es am besten an?

Plädoyer

Viele bringen Einwände gegen den christlichen Glauben vor oder haben zumindest Fragen, auf die sie eine Antwort wollen, bevor sie bereit sind, an Jesus zu glauben. Sie brauchen ein überzeugendes Plädoyer für die Wahrheit. Paulus war bereit, den Versuch zu unternehmen, andere zu überzeugen. Das betrachtete er als Gebot der Nächstenliebe: „So versuchen wir, erfüllt von Ehrfurcht vor dem Herrn, Menschen zu gewinnen" (2. Korinther 5,11).

Für etwas zu plädieren ist etwas ganz anderes, als Druck auszuüben. Druck bewirkt das genaue Gegenteil von einem Plädoyer. In Thessaloniki „diskutierte", „erklärte" und „setzte" Paulus anhand der Heiligen Schrift „auseinander", dass Christus leiden und von den Toten auferstehen musste: „Einige von ihnen ließen sich überzeugen." (Apostelgeschichte 17,4). In Korinth arbeitete er unter der Woche als Zeltmacher: „An jedem Sabbat lehrte er in der Synagoge und suchte Juden und Griechen zu überzeugen" (Apostelgeschichte 18,4).

In einem Gespräch über den christlichen Glauben wird es oft Einwände geben, wir müssen in der Lage sein, richtig damit umzugehen. Bei einer Gelegenheit sprach Jesus mit einer Frau über ihr verpfuschtes Leben (vgl. Johannes 4). Dann bot er ihr ewiges Leben an. Sie wich aus und stellte ihm eine theologische Frage über den richtigen Ort für die Anbetung Gottes. Er beantwortete diese Frage, kam dann aber wieder auf den eigentlichen Punkt zurück. Diese Form der Gesprächsführung gibt uns ein gutes Beispiel.

Theologische Fragen und Einwände sind in den meisten Fällen ernst gemeint. Am häufigsten werden mir die Fragen gestellt: „Warum lässt Gott das Leid in der Welt zu?" oder: „Wie steht es mit anderen Religionen?" Darüber hinaus gibt es ein breites Spektrum weiterer Fragen. Sie können durchaus ernst gemeint sein und erfordern dann auch eine ernsthafte Antwort. Manchmal dienen solche Fragen aber auch bloß als Ablenkungsmanöver, um den eigentlichen Problemen auszuweichen. Sie sind ein Anzeichen dafür, dass man sich nicht auf das Christwerden einlassen will, und zwar nicht wegen der (vorgeschobenen) theologischen Bedenken, sondern aus moralischen Gründen. Man ist nicht dazu bereit, Christus sein Leben anzuvertrauen, weil man die Konsequenzen fürchtet, die das für den eigenen Lebensstil hätte.

Im Rahmen des vorhin erwähnten evangelistischen Einsatzes sprachen Rupert und ich bei einer Veranstaltung über unseren christlichen Glauben. Nach unserem Vortrag stellte ein Universitätsdozent eine ganze Reihe von kritischen Fragen. Ich hatte keine Ahnung, wie wir darauf antworten sollten, doch Rupert stellte ihm eine schlichte Gegenfrage: „Wenn wir alle

Ihre Fragen zu Ihrer Zufriedenheit beantworten könnten, würden Sie dann Christ werden?" Unumwunden gab unser Gegenüber zu: „Nein." Es machte folglich auch keinen Sinn, auf Fragen einzugehen, die er aus rein akademischem Interesse heraus stellte. Wenn die Fragen jedoch echt sind, dann ist ein durch Argumente, Erklärungen und Beweise gestütztes Plädoyer für den christlichen Glauben wichtig, wenn wir mit anderen über Jesus reden.

Proklamation

Wenn wir mit anderen über Jesus reden, dann ist dabei die Proklamation der Guten Nachricht sozusagen das Herzstück. Das kann auf unterschiedliche Weise geschehen.

1. Komm und sieh

Eine der effektivsten Methoden ist die Einladung, sich jemanden anzuhören, der das Evangelium gut erläutern kann. Besonders in den Anfängen unseres Christseins ist dies oft ratsamer, als zu versuchen, die Gute Nachricht selbst zu erklären.

Viele, die zum Glauben gekommen sind, haben eine Menge Freunde, die wenig oder keine Beziehung zur Kirche haben. Das bietet uns eine ausgezeichnete Gelegenheit, diese Freunde einzuladen, wie Jesus es tat: „Kommt und seht!" (Johannes 1,39). Vor Kurzem wurde eine Frau Mitte 20 Christin und fing an, eine Gemeinde in London zu besuchen. Die Wochenenden verbrachte sie allerdings weiterhin bei ihren Eltern in Wiltshire. Jetzt aber fuhr sie dort am Sonntagnachmittag um drei Uhr weg, um rechtzeitig zum Abendgottes-dienst wieder in London zu sein. Einmal blieb sie da-bei mit ihrem Auto in einem großen Stau stecken und verpasste den Abendgottesdienst. Sie war sehr ent-täuscht und besuchte ein paar Freunde, die noch gar nicht wussten, dass sie Christin geworden war. Als diese sahen, dass ihr die Tränen über die Wangen lie-fen, fragten sie sie nach dem Grund dafür. Schluch-zend entgegnete sie: „Ich habe den Gottesdienst verpasst!" Ihre Freunde waren vollkommen platt. Am darauffolgenden Sonntag kamen sie alle mit, um mit eigenen Augen zu sehen, was ihnen da bislang entgan-gen war! Einer von ihnen wurde kurz darauf Christ.

Es gibt kein größeres Vorrecht und keine größere Freude als die, jemand anderen mit Jesus Christus be-kannt zu machen. William Temple, der ehemalige Erz-bischof von Canterbury, verfasste einen Kommentar zum Johannesevangelium. Zu der Stelle „er [Andreas] führte ihn zu Jesus" (Johannes 1,42) bemerkte er kurz, aber prägnant: „Der größte Dienst, den Menschen ein-ander erweisen können."

Von Andreas erfahren wir nicht viel mehr in der Bi-bel, außer dass er immer wieder Menschen zu Jesus führte (vgl. Johannes 6,8; 12,22). Sein Bruder Simon Petrus dagegen, den er zu Jesus geführt hatte, sollte einmal die Geschichte der Christenheit entscheidend beeinflussen. Wir können nicht alle ein Petrus sein, aber wir können alle das tun, was Andreas tat, und andere zu Jesus führen.

Albert McMakin war ein Farmer, der mit 24 Jahren zum Glauben an Jesus gefunden hatte. Er war darüber so begeistert, dass er seine Bekannten scharenweise auf seinen Lastwagen lud und zu evangelistischen

Veranstaltungen fuhr. Einen gutaussehenden Farmersohn hatte er ganz besonders im Visier, aber der war schwer zu überreden, er hatte nämlich nichts anderes als Mädchen im Kopf und kein Interesse am christlichen Glauben. Schließlich gelang es Albert McMakin doch, ihn zum Mitkommen zu überreden, aber nur, indem er ihm erlaubte, seinen Lastwagen zu fahren. Als sie ankamen, beschloss Alberts Freund, sich einmal anzuhören, was der Prediger zu sagen hatte. Er war wie gebannt. Solche Dinge hatte er noch nie im Leben gehört. Er kam mehrmals wieder. Eines Abends schließlich folgte er dem Aufruf und nahm Jesus Christus als Herrn und Erlöser in sein Leben auf. Dieses Ereignis fand 1934 statt. Albert McMakins Freund hieß Billy Graham. Seither sind insgesamt 210 Millionen Menschen zu Billy Grahams Veranstaltungen gekommen, um etwas über den Glauben an Jesus Christus zu hören. Wir können nicht alle ein Billy Graham sein, aber wir können das tun, was Albert McMakin tat: Wir können unsere Freunde zu Jesus bringen.

2. Unsere eigene Erfahrung schildern

Ein effektiver Weg, um die Gute Nachricht an andere weiterzugeben, besteht darin, unsere eigenen Erfahrungen zu schildern. In Apostelgeschichte, Kapitel 26, Verse 9–23 gibt Paulus uns ein Beispiel dafür. Sein Bericht gliedert sich in drei Teile: Erst beschreibt er sein Leben vor seiner Umkehr (Verse 9–11), dann, was die Begegnung mit Jesus für ihn bedeutete (Verse 12–15), und schließlich, was seither in seinem Leben geschehen ist (Verse 19–23).

Als Jesus einen Blinden heilte, wurde der geheilte Mann von vielen Leuten ausgefragt, auch von den

Pharisäern. Sie nahmen ihn ins Kreuzverhör und wollten ihn in eine Falle locken. Der Blinde wusste nicht, was er auf all ihre Fragen antworten sollte, aber er wusste, was Gott getan hatte: „Nur das eine weiß ich, dass ich blind war und jetzt sehen kann" (Johannes 9,25). Dagegen kann man schlecht etwas einwenden.

3. Das Evangelium selbst erklären

Wenn wir jemandem erklären wollen, wie man Christ wird, kann ein gewisser Rahmen hilfreich sein. Es gibt viele unterschiedliche Möglichkeiten, das Evangelium weiterzugeben, beispielsweise mit Hilfe von guter christlicher Literatur. Anschließend können Sie Ihrem Gesprächspartner anbieten, ein Gebet mit ihm zu beten. Am Ende von Kapitel 4 in diesem Buch finden Sie ein Beispiel dafür, wie das aussehen kann.

Ein Mann aus unserer Gemeinde erzählte mir neulich, wie er zum Glauben gekommen war: Er hatte berufliche Schwierigkeiten und musste geschäftlich in die USA reisen. Er war nicht gerade in einer fröhlichen Stimmung, als er mit dem Taxi zum Flughafen fuhr. Auf dem Armaturenbrett des Wagens sah er Fotos von den Kindern des Taxifahrers. Er kam mit diesem ins Gespräch und erkundigte sich nach dessen Familie. Er konnte das Gesicht des Taxifahrers zwar nicht sehen, doch der Fahrer schien eine tiefe Liebe auszustrahlen. Im Verlauf der Unterhaltung sagte der Taxifahrer zu ihm: „Wissen Sie, ich spüre, dass Sie nicht glücklich sind. Wenn Sie an Jesus glauben, wird alles anders werden."

Der Geschäftsmann sagte zu mir: „Hier war ein Mann, der mit Autorität sprach. Und ich hatte gedacht, ich hätte das Sagen. Schließlich bezahlte ich ja." Als sie am Flughafen ankamen, sagte der Fahrer zu ihm: „Warum beten wir nicht zusammen? Wenn Sie Jesus in Ihr Leben einladen wollen, bitten Sie ihn darum." Sie beteten zusammen. Und dies veränderte das Leben des Mannes völlig.

Persönliche Vollmacht

Im Neuen Testament wird die Proklamation des Evangeliums oft von einer Demonstration der Macht Gottes begleitet. Jesus verkündete: „Die Zeit ist erfüllt, das Reich Gottes ist nahe. Kehrt um, und glaubt an das Evangelium" (Markus 1,15). Im Anschluss daran zeigte Jesus die Kraft des Evangeliums, indem er böse Geister austrieb (vgl. Markus 1,21–28) und Kranke heilte (vgl. Markus 1,29–34.40–45).

Jesus befahl seinen Jüngern, dasselbe zu tun, was er getan hatte. Sie sollten die „Werke des Reiches Gottes" tun („Heilt die Kranken, die dort sind") und das Evangelium proklamieren („und sagt den Leuten: Das Reich Gottes ist euch nahe"; Lukas 10,9). Wenn wir die Evangelien und die Apostelgeschichte lesen, stellen wir fest, dass die Jünger das auch taten. Paulus schrieb an die Thessalonicher: „Denn wir haben euch das Evangelium nicht nur mit Worten verkündet, sondern auch mit Macht und mit dem Heiligen Geist und mit voller Gewissheit" (1. Thessalonicher 1,5). Bei mir war das definitiv der Fall. Als ich zum ersten Mal die Kraft des Heiligen Geistes erlebte, konnte ich mich stark mit dem identifizieren, was Paulus in seinem Brief an die Römer, Kapitel 5, Vers 5 schreibt: „Die Liebe Gottes ist ausgegossen in unsere Herzen durch den Heiligen Geist, der uns gegeben ist." Andere Menschen erleben die Macht des Heiligen Geistes dadurch, dass sie auf überwältigende Weise von ihren Sünden befreit werden. Wenn solche Menschen die Gute Nachricht von Jesus hören, dann findet etwas Tieferes in ihren Herzen statt.

Proklamation und Demonstration gehen Hand in Hand. Oft führt das eine zum anderen. Bei einer Gelegenheit waren Petrus und Johannes auf dem Weg zum Gottesdienst im Tempel. Vor dem Eingang saß ein Mann, der von Geburt an verkrüppelt war. Seit Jahren schon saß er an diesem Platz und bettelte um Geld. Petrus erklärte ihm sinngemäß: „Tut mir leid, ich habe kein Geld, aber ich gebe dir das, was ich habe. Im Namen Jesu Christi von Nazareth: Steh auf!" Er nahm ihn bei der Hand und half ihm auf die Beine. Der Mann stand augenblicklich auf und fing an herumzulaufen. Als er begriffen hatte, dass er geheilt war, sprang er umher und lobte Gott (vgl. Apostelgeschichte 3,1–10).

Alle Bewohner dieser Stadt wussten, dass dieser Mann von Geburt an behindert gewesen war, und so hatte sich bald eine riesige Menschenmenge versammelt. Auf diese Demonstration der Macht Gottes folgte die Proklamation des Evangeliums. Die Leute wollten wissen, wie diese Heilung vonstatten gegangen war. Petrus konnte ihnen auf diese Weise von Jesus erzählen: „Und weil er an seinen Namen geglaubt hat, hat [...] der Glaube, der durch ihn kommt, [...] ihm vor euer aller Augen die volle Gesundheit geschenkt" (Apostelgeschichte 3,16). Im nächsten Kapitel werden wir uns damit näher beschäftigen, wenn wir das Reich Gottes betrachten und die Rolle, die Heilung darin spielt.

Priesterliches Gebet

Beten ist priesterliches Eintreten für andere. Wie wichtig das Gebet im Leben Jesu war, haben wir bereits gesehen. Während er einerseits das Evangelium proklamierte und veranschaulichte, verbrachte er andererseits auch viel Zeit im Gebet (vgl. Markus 1,35–37). Gebet ist ein entscheidender Faktor, wenn es darum geht, anderen die Gute Nachricht mitzuteilen. So war es auch bei Paulus. Er liebte Menschen, und aus dieser Liebe entsprang das Verlangen, für sie zu beten: „Brüder, ich wünsche von ganzem Herzen und bete zu Gott, dass sie gerettet werden" (Römer 10,1).

Wir müssen dafür beten, dass blinde Augen geöffnet werden. Viele Menschen sind dem Evangelium gegenüber blind (2. Korinther 4,4). Sie können zwar physisch sehen, doch sind sie blind für die geistliche Welt. Wir müssen beten, dass der Geist Gottes den Blinden die Augen öffnet, damit sie die Wahrheit von Jesus begreifen können.

Wenn sie zum Glauben an Christus finden, stellen die meisten von uns fest, dass jemand für sie gebetet hat. Es war vielleicht ein Familienmitglied, ein Pate oder ein Freund. Als mein Freund Ric Christ wurde, rief er einen seiner Bekannten an, von dem er wusste, dass er Christ war, und erzählte ihm, was passiert war. Der Freund antwortete: „Seit vier Jahren bete ich schon für dich." Daraufhin fing Ric an, für einen seiner eigenen Freunde zu beten: Innerhalb von zehn Wochen war auch dieser Christ geworden.

Wir müssen für unsere Freunde beten. Wir müssen aber auch für uns selbst beten. Wenn wir mit anderen über Jesus sprechen, erleben wir manchmal negative

Reaktionen. In dem Moment ist die Versuchung groß, einfach aufzugeben.

Als Petrus und Johannes den verkrüppelten Mann heilten und die Gute Nachricht verkündeten, wurden sie festgenommen, und man drohte ihnen unangenehme Konsequenzen an, sollten sie das nicht unterlassen. Manchmal stießen sie auf heftigste Ablehnung, doch sie gaben nicht auf. Stattdessen beteten sie – nicht um Bewahrung, sondern um Mut zur Verkündigung des Evangeliums und um weitere Wunder im Namen Jesu (Apostelgeschichte 4,29–31).

Es ist wichtig, dass wir unablässig „dranbleiben" und anderen immer wieder von Jesus erzählen – durch unsere Präsenz, durch unser Plädoyer, durch Proklamation und durch priesterliches Gebet. Wenn wir das tun, werden wir im Verlauf unseres Lebens erleben, wie viele Menschen ihr Leben Jesus anvertrauen.

Während des Krieges lag ein Mann sterbend im Schützengraben. Ein Kamerad beugte sich über ihn und fragte: „Kann ich irgendetwas für dich tun?"

„Nein, es geht zu Ende", entgegnete er.

„Soll ich jemandem noch etwas von dir ausrichten?"

„Ja. Du kannst diesem Mann hier an dieser Adresse etwas ausrichten. Sage ihm, dass das, was er mir als Kind beigebracht hat, mir jetzt beim Sterben hilft."

Der Mann war sein ehemaliger Sonntagsschullehrer. Als dieser die Nachricht erhielt, sagte er: „Gott sei mir gnädig! Vor Jahren habe ich mit der Sonntagsschule aufgehört, weil ich dachte, es sei doch alles zwecklos. Ich hatte den Eindruck, es nützt niemandem."

Es ist niemals zwecklos, anderen von Jesus zu erzählen. Paulus schreibt: „Das Evangelium ist die Kraft Gottes, die jeden rettet, der glaubt" (Römer 1,16).

Kapitel 13

Heilt Gott auch heute noch?

Vor einigen Jahren bat eine junge Japanerin meine Frau und mich, für die Heilung ihres Rückens zu beten. Wir legten ihr die Hände auf und baten Gott, sie zu heilen. Danach ging ich ihr konsequent aus dem Weg, weil ich nicht wusste, wie ich ihr erklären sollte, dass sie nicht geheilt worden war. Eines Tages bog ich um eine Ecke und stand direkt vor ihr. Aus Höflichkeit fühlte ich mich verpflichtet, ihr die gefürchtete Frage zu stellen: „Wie geht es Ihrem Rücken?"

„Meinem Rücken?", antwortete sie. „Oh, der ist vollkommen geheilt, seit Sie dafür gebetet haben." Ich weiß selbst nicht, warum ich darüber so überrascht war.

John Wimber kam 1982 als Gastprediger in unsere Gemeinde. Ich arbeitete damals noch als Anwalt und stand der ganzen Sache recht skeptisch gegenüber. Nicht nur, dass er aus Kalifornien gekommen war, um über das Thema „Heilung" zu sprechen, er verlangte auch von uns, Heilung zu „praktizieren". Zwar hatte ich schon mehrere Predigten zum Thema „Heilung" gehört, aber es hatte noch nie jemand den Vorschlag unterbreitet, es tatsächlich einmal ganz praktisch zu versuchen. Das war Neuland für mich. Nachdem er vor 60 Leitern der Gemeinde einen Vortrag gehalten hatte, kündigte er den Workshop an, der nach der Kaffeepause stattfinden sollte.

Wir waren ziemlich aufgeregt und zogen die Kaffeepause absichtlich in die Länge. Als wir zurück in den Versammlungsraum kamen, fanden die Menschen, die vorne gesessen hatten, es scheinbar zu egoistisch, die besten Plätze für sich zu behalten; also zogen sie eilig nach hinten! John Wimber erzählte uns, dass sein Team etwa zwölf „Worte der Weisheit" für Anwesende empfangen hatte. Dann erklärte er uns, dass ein „Wort der Weisheit" (vgl. 1. Korinther 12,8) eine übernatürliche Offenbarung von Fakten in Bezug auf eine Person oder eine Situation sei, die nicht durch den menschlichen Verstand erkannt würden, sondern die der Geist Gottes mitteile. Dabei könne es sich um ein Bild handeln, ein Wort, das man in Gedanken wahrnehme, oder auch um ein körperlich empfundenes Gefühl. Er hatte also eine ganze Reihe von diesen Worten der Weisheit parat und kündigte an, dass er die Betreffenden nach vorn rufen würde, um für sie zu beten.

Als sich aber dann einer nach dem anderen auf die zum Teil recht detaillierten Beschreibungen meldete (eine davon war, soweit ich mich erinnern kann, „ein Mann, der sich mit 14 Jahren beim Holzhacken den Rücken verletzt hat"), konnte man richtiggehend spüren, wie der Glaube in der Gemeinde wuchs. Auf jedes Wort der Weisheit meldete sich jemand. Eines davon hatte mit „Unfruchtbarkeit" zu tun. Wir kannten einander ziemlich gut und waren uns sicher, dass diese Beschreibung auf niemanden von uns zutraf. Aber dann ging eine junge Frau, die bislang kinderlos gewesen war, tapfer nach vorn. Jemand betete für sie und genau neun Monate später brachte sie das erste von fünf Kindern zur Welt!

Die Einstellung, die ich an diesem Abend an den Tag gelegt hatte, war typisch für die Ängste und die Skepsis, die viele von uns im 21. Jahrhundert dem Thema „Heilung" entgegenbringen. Ich beschloss, die Bibel speziell mit Blick auf das, was sie über Heilung sagt, durchzulesen. Natürlich heilt Gott auch durch die Mitwirkung von Ärzten, Krankenschwestern und andere medizinische Berufe. Aber je mehr ich mich damit beschäftigte, desto mehr war ich davon überzeugt, dass wir erwarten sollten, dass Gott auch heute noch durch Wunder heilt.

Heilung in der Bibel

Im Alten Testament verheißt Gott seinem Volk Heilung und Gesundheit, wenn es ihm gehorsam ist (vgl. 2. Mose 23,25–26; 5. Mose 28; Psalm 41). Mehr noch: Es entspricht Gottes Wesen zu heilen, denn er sagt von sich selbst: „Ich bin der Herr, der dich heilt" (2. Mose 15,26). Und so lesen wir von mehreren Wunderheilungen (vgl. 1. Könige 13,6; 2. Könige 4,8–37; Jesaja 38).

Eines der markantesten Beispiele ist die Heilung Naamans, eines Generals der syrischen Armee. Er war an Aussatz (Lepra) erkrankt. Nachdem er sich – allerdings recht widerwillig – siebenmal im Jordan untergetaucht hatte, „wurde sein Leib gesund wie der Leib eines Kindes, und er war rein" (2. Könige 5,14). Daraufhin erkannte er den Gott Israels als den wahren Gott an. Elisa, der ihm die Anweisungen gegeben hatte, weigerte sich, die Bezahlung anzunehmen, die Naaman ihm anbot (dann beging allerdings sein Diener Gehasi kurz darauf den schweren Fehler, heimlich selbst das Geld einzustecken).

Zum einen können wir von dieser Geschichte lernen, dass Heilung eine tiefgreifende Auswirkung auf das Leben des Betreffenden haben kann, und zwar nicht nur körperlich, sondern auch, was die Beziehung zu Gott angeht. Heilung und Glaube können eng miteinander verknüpft sein.

Zweitens: Wenn Gott schon im Alten Testament so gehandelt hat, wo es nur eine Vorahnung vom Reich Gottes und der Ausgießung des Geistes gab, dann können wir davon ausgehen, dass er heute vermehrt so handelt, seit das Reich Gottes und das Zeitalter des Geistes angebrochen sind.

Im Markusevangelium lauten die ersten Worte von Jesus: „Die Zeit ist erfüllt, das Reich Gottes ist nahe. Kehrt um und glaubt an das Evangelium" (Markus 1,15). Das Thema des Reiches Gottes nimmt eine zentrale Stellung in der Verkündigung Jesu ein. Die Begriffe „Reich Gottes" und „Himmelreich" bzw. „Reich der Himmel" kommen über 82-mal vor, letzterer ausschließlich im Matthäusevangelium.[71] Das griechische Wort für „Reich" bezeichnet nicht nur „Königreich" im politischen oder geografischen Sinn, sondern mehr noch die Aktivität des Herrschens und Regierens. So bedeutet „Reich Gottes" so viel wie „die Herrschaft Gottes".

Jesus lehrte, dass das Reich Gottes einen zukünftigen Aspekt hat, der erst durch ein einschneidendes Ereignis am „Ende der Welt" (Matthäus 13,49) in Erfüllung gehen wird. Das Ende der Welt fällt mit der

Wiederkunft Jesu zusammen. Bei seinem ersten Erscheinen kam dieser in Schwachheit; wenn er wiederkommt, wird dies „mit großer Macht und Herrlichkeit" (Matthäus 24,30) geschehen. Die Weltgeschichte bewegt sich auf ihren Höhepunkt, die Wiederkunft Jesu „in Herrlichkeit", zu (Matthäus 25,31). Insgesamt gibt es mehr als 300 Stellen im Neuen Testament, die von der Wiederkunft Christi handeln. Dieses Ereignis wird für alle sichtbar geschehen. Die Geschichte, wie wir sie kennen, findet dann ihr Ende. Es kommt zu einer allgemeinen Auferstehung und zu einem Tag des Gerichts. Für diejenigen, die Christus abgelehnt haben, wird das der Tag des Verderbens sein (vgl. 2. Thessalonicher 1,8–9); die anderen werden an diesem Tag ihr Erbe im Reich Gottes antreten (vgl. Matthäus 25,34). Es wird einen neuen Himmel und eine neue Erde geben (vgl. 2. Petrus 3,13; Offenbarung 21,1). Jesus selbst wird zugegen sein (Offenbarung 21,22–23) und mit ihm alle, die ihn lieben und ihm gehorchen. Dort herrscht unbeschreibliches Glück, das niemals enden wird (vgl. 1. Korinther 2,9). Wir bekommen einen neuen, unvergänglichen und verherrlichten Körper (vgl. 1. Korinther 15,42–43). Es gibt keinen Tod mehr, keine Trauer, keine Klage und keinen Schmerz (vgl. Offenbarung 21,4). Alle Glaubenden werden an jenem Tag vollkommen heil sein.

Bis dieser Tag kommt, heißt es auch manchmal zu warten. Paulus drückt das folgendermaßen aus: „Aber auch wir [...] seufzen in unserem Herzen und warten darauf, dass wir mit der Erlösung unseres Leibes als Söhne offenbar werden" (Römer 8,23). Das heißt, wir warten gespannt auf das kommende Zeitalter, wenn Gott „alles und in allem" sein wird (1. Korinther

15,28). Das ist ein Ausblick auf die Ewigkeit, den wir bei dieser Thematik unbedingt mit berücksichtigen sollten, da im Hier und Jetzt nicht jeder geheilt wird.

Zu den Menschen, die nicht geheilt wurden, gehört auch ein guter Freund von mir, Patrick Pearson-Miles. Er leidet an chronischem Nierenversagen und muss seit 15 Jahren zur Dialyse. Er ist ungeheuer tapfer und zudem noch ein großer Mann des Glaubens. Seit vielen Jahren betet er für Heilung, und wir haben schon oft das Gleiche getan, doch bis jetzt ist keine Heilung eingetreten. Patrick hat gesagt, wie sehr ihm ein Gespräch mit dem Prediger John Wimber (dem Gott speziell einen Heilungsdienst anvertraut hat) geholfen hat, der selbst viele Jahre lang an Krebs litt. Wimber sagte zu ihm: „Das wirkliche Geschenk ist die Erlösung, das ewige Leben – all die Dinge, die Jesus uns gibt. Wenn wir dann in diesem Leben noch körperlich geheilt werden, ist das sozusagen einfach ein Bonus." Wir sollten diese zukünftige Komponente von Gottes Reich auf keinen Fall außer Acht lassen.

Andererseits hat das Reich Gottes in den Aussagen und Taten Jesu aber auch eine gegenwärtige Komponente. Wir sehen bereits die Zeichen, die Morgendämmerung, die Knospen des anbrechenden Reiches. Jesus sagte zu den Pharisäern: „Das Reich Gottes ist unter euch" (Lukas 17,21). In seinem Gleichnis vom Schatz im Acker und der Perle (vgl. Matthäus 13,44–46) machte er deutlich, dass das Reich Gottes schon in dieser Zeit gefunden und erlebt werden kann. Jesus verdeutlichte diese gegenwärtige Wirklichkeit von Gottes Reich durch alles, was er in seinem Dienst tat: durch die Vergebung der Sünden, die Austreibung des Bösen und die Heilung der Kranken.

Das Königreich ist „schon jetzt" angebrochen, zugleich aber auch „noch nicht" da. Die Juden erwarteten, dass der Messias sofort ein vollkommenes Königreich errichten würde, wie das folgende Diagramm zeigt:

Dieses Zeitalter	Das kommende Zeitalter

Jesus modifizierte diese Anschauung, wie man dem folgenden Diagramm entnehmen kann:

Das kommende Zeitalter
prinzipiell schon angebrochen

Das kommende Zeitalter

Das erste Kommen Jesu

Der Zeitraum,
in dem wir leben

Das zweite Kommen Jesu

Dieses Zeitalter

Wir leben „zwischen den Zeiten", da das kommende Zeitalter schon in unserer Geschichte angebrochen ist. Das alte Zeitalter besteht zwar noch, doch sind die Kräfte des neuen schon in unsere Zeit eingebrochen.

Ein Viertel der Berichte in den Evangelien beschäftigt sich mit Heilungen. Obwohl Jesus nicht alle Kranken im ganzen Land heilte, lesen wir oft, dass er Kranke entweder einzeln oder in Gruppen heilte (vgl. Matthäus 4,23; Markus 6,56; Lukas 4,40; 6,19; 9,11).

Heilungen waren ein Teil seines normalen „Reich-Gottes-Handelns".

Jesus hat die gute Nachricht des Königreiches verkündet und die Kranken geheilt. Dann gab er den zwölf Aposteln den Auftrag, das Gleiche zu tun. Jesus sagte zu ihnen: „Geht und verkündet: Das Himmelreich ist nahe. Heilt Kranke, weckt Tote auf, macht Aussätzige rein, treibt Dämonen aus!" (Matthäus 10,7–8).

Aber es waren nicht nur die Zwölf, denen er diesen Auftrag gab. Jesus wählte auch eine weitere Gruppe von 72 Jüngern aus. Ihnen gab er ebenfalls den Auftrag: „Heilt die Kranken, die dort sind, und sagt den Leuten: Das Reich Gottes ist euch nahe" (Lukas 10,9). Sie kehrten zurück und berichteten voller Freude: „Herr, sogar die Dämonen gehorchen uns, wenn wir deinen Namen aussprechen" (Vers 17).

Aber der Auftrag Jesu blieb nicht auf die 12 und die 72 beschränkt. Jesus erwartete dasselbe von allen seinen Jüngern. Er wies sie nach seiner Auferstehung an: „Darum geht zu allen Völkern, und macht alle Menschen zu meinen Jüngern [...], und lehrt sie, alles zu befolgen, was ich euch geboten habe" (Matthäus 28,19–20). Er sagte also nicht: „Alles, außer natürlich, wenn es um Heilung geht."

Außerdem zeigt die Entwicklung der Gemeinde im Neuen Testament, dass die Jünger es tatsächlich praktizierten.

In der Apostelgeschichte sehen wir, wie dieser Auftrag in die Tat umgesetzt wurde. Die Jünger predigten und lehrten weiterhin, sie heilten aber auch die Kranken, weckten die Toten auf und trieben Dämonen aus (vgl. Apostelgeschichte 3,1–10; 4,12; 5,12–16; 8,5–13; 9,32–43; 14,3.8–10; 19,11–12; 20,9–12; 28,8–9).

Aus den Kapiteln 12 bis 14 des 1. Korintherbriefs geht hervor, dass nach Ansicht von Paulus diese Fähigkeiten nicht auf die Apostel beschränkt waren. Ebenso erklärt der Verfasser des Hebräerbriefes: „Auch Gott selbst hat dies bezeugt durch Zeichen und Wunder, durch machtvolle Taten aller Art und Gaben des Heiligen Geistes, nach seinem Willen" (Hebräer 2,4).

Nirgendwo heißt es in der Bibel, dass Heilungen auf eine bestimmte Zeit in der Geschichte der Kirche beschränkt seien. Ganz im Gegenteil: Heilung ist eines der Zeichen von Gottes Reich, das in der Person Jesus Christus angebrochen ist und bis heute weitergeht. Daher sollten wir erwarten, dass Gott auch heute noch durch Wunder heilt – denn dadurch baut er sein Reich.

Heilung in der Kirchengeschichte

Frühe Kirchenväter wie Quadratus von Athen, Justin der Märtyrer, Theophilus von Antiochien, Irenäus, Tertullian oder Origenes zeigen in ihren Schriften, dass Heilungen einen normalen Teil des Lebens der Kirche im ersten Jahrtausend bildeten.

Irenäus (ca. 130–200), Bischof von Lyon und einer der ersten Theologen der Kirche im ersten Jahrtausend, schrieb: „Wiederum andere heilen Kranke durch Auflegen der Hände und sie werden gesund."

Origenes (ca. 185–254), ein großer Theologe, Exeget und Schriftsteller, sagte über die Christen: „Sie treiben böse Geister aus, heilen viele Krankheiten und sagen bestimmte Ereignisse voraus […]; der Name Jesu […] kann Krankheiten wegnehmen."

Auch 200 Jahre später ging man immer noch davon aus, dass Gott Kranke durch sein direktes Eingreifen heilt.

Augustinus (354–430 n. Chr.), den viele für den größten Theologen der Kirche im ersten Jahrtausend halten, schreibt in seinem Buch „Der Gottesstaat"[72]: „Auch heute noch werden Wunder im Namen Christi vollbracht." Er nennt als Beispiel einen Blinden in Mailand, dessen Augenlicht in seinem Beisein wiederhergestellt wurde. Dann beschreibt er die Heilung eines Mannes namens Innocentius, bei dem Augustinus in dieser Zeit wohnte. Innocentius war behandelt worden, „weil er am hinteren und unteren Teil seines Leibes zahlreiche ineinander übergehende Fistelgeschwüre hatte". Eine äußerst schmerzhafte Operation hatte er schon über sich ergehen lassen. Man glaubte nicht, dass er eine zweite Operation überleben würde. Während man für ihn betete, stürzte er nieder, als ob ihn jemand gewaltsam zu Boden geschleudert hätte. Er seufzte, stöhnte und zitterte am ganzen Körper, sodass er nicht sprechen konnte. Es kam der Tag der gefürchteten Operation.

„Nun traten auch die Ärzte ein [...]. Die unheimlichen Instrumente wurden hervorgeholt, [...] man [...] entblößt die Stelle. Der Arzt blickt hin und sucht, das Messer in der Hand, nach dem aufzuschneidenden Geschwür. Er sucht mit den Augen, tastet mit den Fingern, bemüht sich auf jede Weise und findet – eine schon ganz fest gewordene Narbe. Welcher Jubel jetzt ausbrach, wie man den barmherzigen und allmächtigen Gott lobte und ihm danksagte, wie dieser Dank, begleitet von Freudentränen, aus aller Mund sich

ergoss, das erlasse man mir zu schildern. Man kann sich's besser vorstellen als es aussprechen."

Als Nächstes berichtete er die Heilung von Innocentia, einer frommen Frau aus den höchsten gesellschaftlichen Kreisen der Stadt. Die ärztliche Diagnose lautete auf unheilbaren Brustkrebs. Der Arzt wollte danach wissen, wie diese Heilung vor sich gegangen sei. Als sie ihm erzählte, sie sei von Jesus geheilt worden, war er ungehalten und schimpfte: „Ich dachte schon, du würdest mir etwas Bedeutsames sagen!" Als er sah, dass seine Gleichgültigkeit sie entsetzte, fuhr er fort: „Das ist ja nichts Besonderes, wenn Christus ein Krebsgeschwür heilt, da er doch nach vier Tagen einen Toten auferweckt hat."

Ferner berichtet er von einem Arzt, der bei seiner Taufe von seiner Gicht geheilt wurde, und von einem ehemaligen Schauspieler, der ebenfalls bei seiner Taufe geheilt wurde, und zwar nicht nur von einer Lähmung, sondern auch von einer Schwellung im Unterleib. Augustinus weiß von so vielen Wunderheilungen, dass er an einer Stelle fragt:

„Was soll ich machen? Das Versprechen, das Werk nun zu beenden, drängt und muss erfüllt werden, und so kann ich hier nicht alles vorbringen, was ich weiß [...]. Also auch jetzt noch geschehen viele Wunder. Durch wen er will und wie er will, wirkt Gott sie, der auch die, von denen wir in der Heiligen Schrift lesen, gewirkt hat."

Der englische Historiker und Gelehrte Edward Gibbon, ein Rationalist, der für sein Werk „Verfall und

Untergang des Römischen Reiches" berühmt wurde, nannte fünf Gründe für die bemerkenswert schnelle Ausbreitung des Christentums. Einer davon sind die „Wunderkräfte der Urkirche". Er schreibt: „Die christliche Kirche, angefangen von der Zeit der Apostel und ihrer ersten Jünger, erhob den Anspruch, dass in ihr Wunderkräfte, die Gabe des Zungenredens, Visionen und Prophetien, die Macht der Dämonenaustreibung, Krankenheilungen und Totenauferweckungen nie aufgehört haben." Gibbon macht darauf aufmerksam, wie inkonsequent seine eigene Zeit war, in der „ein latenter und sogar unfreiwilliger Skeptizismus auch bei den frömmsten Einstellungen" anzutreffen sei. Im Gegensatz zur christlichen Urgemeinde, so schreibt er, sei in der Kirche seiner Zeit „die Anerkennung übernatürlicher Wahrheiten nicht so sehr von aktiver Zustimmung, als von bequemer Hinnahme der Tradition geprägt. Seit Längerem gewöhnt, die unabänderliche Ordnung der Natur zu respektieren, ist unser Verstand oder zumindest unsere Vorstellungskraft nicht ausreichend darauf vorbereitet, die sichtbaren Akte Gottes als solche anzuerkennen."

Dasselbe gilt in verstärktem Maß auch für unsere Zeit.

Heilung heute

Einige Menschen glauben, dass Gott seine Wunderheilungen auf die Zeit der Urkirche beschränkt hat. Aber Gott heilt auch heute noch. Es gibt so viele wunderbare Berichte über Heilungen, dass man kaum weiß, welche man als Beispiele heranziehen soll.

Ich traf einmal eine Frau namens Jean Smith, die in ihren 60ern war. 16 ½ Jahre zuvor hatte sie eine Infektion gehabt, die ihre Netzhaut zerstört hatte, wodurch sie vollkommen erblindet war. Sie musste sich nicht nur auf ihren Blindenhund verlassen, sondern litt auch starke Schmerzen. Dann nahm sie in ihrer Ortsgemeinde in Wales an einem Alpha-Kurs teil. Beim Kurswochenende (in der Mitte des Kurses) erlebte sie die Kraft des Heiligen Geistes wie nie zuvor. Erstaunlicherweise hörte der Schmerz, den sie so viele Jahre ertragen musste, einfach auf. An dem Abend ging sie zur Kirche, um Gott zu danken. Der dortige Pfarrer bot an, sie gemäß dem biblischen Gebrauch mit Öl zu salben, um die Heilung anzuerkennen. Als sie das Öl wegwischte, blickte sie auf und sah den Abendmahlstisch vor sich. Sie ging nach Hause und konnte seit 16 ½ Jahren zum ersten Mal ihren Ehemann sehen. Sie konnte gar nicht glauben, wie weiß seine Haare geworden waren!

Raniero Cantalamessa, Prediger des päpstlichen Hauses, weist darauf hin, dass uns Christen zwei Wege offen stehen, um uns unseren Problemen zu stellen, „insbesondere gesundheitlichen Problemen: der Weg der Natur und der Weg der Gnade".

„Natur in diesem Sinne umfasst Wissenschaft, Technik und alle Ressourcen, die wir haben: kurzum, alles, was wir von Gott durch die Schöpfung bekommen haben und alles, was wir daraus durch unsere Intelligenz entwickeln konnten. Gnade weist dagegen auf Glauben und Gebete, durch die wir manchmal – so Gott will – Heilungen empfangen, die über unsere menschlichen Ressourcen hinausgehen. [...]

Als Christ kann man sich nicht damit zufrieden-
geben, Krankheit nur mit den Mitteln der ‚Natur' zu
bekämpfen: Krankenhäuser zu bauen oder die Staats-
strukturen zu benutzen, und Pflege und Trost zu spen-
den. Christen haben eine besondere Kraft, die ihnen
eigen ist und die Christus ihnen gegeben hat: ‚[Er]
gab ihnen die Vollmacht, [...] alle Krankheiten und Lei-
den zu heilen' (Matthäus 10,1). Es wäre eine Unterlas-
sungssünde, auf jene Kraft zurückgreifen zu können
und trotzdem Menschen Hoffnung zu verwehren, bei
denen die Wissenschaft alle Hoffnung zerschlagen
hat."[73]

Natürlich wird nicht jeder, für den wir beten, auch geheilt. Natürlich kann kein Mensch letztlich dem Tod
entgehen. Unser Körper baut im Laufe der Jahre immer mehr ab. Es gibt Situationen, wo es angebrachter
ist, den Betreffenden auf den Tod vorzubereiten, als
für seine Heilung zu beten. Die Liebe und Fürsorge,
mit der man sich etwa in der Hospizbewegung um Tod-
kranke und Sterbende kümmert, gibt ihnen ein Stück
Würde. Diese Haltung ist ebenfalls eine Auswirkung
des Auftrags Jesu, sich um die Kranken zu kümmern.
Wir müssen also für die Führung des Heiligen Geistes offen sein.

Doch sollte uns das nicht davon abhalten, um Heilung zu beten. Je mehr wir dafür beten, desto mehr
Menschen werden geheilt werden. Und auch die, die
nicht geheilt werden, erleben dieses Gebet gewöhn-
lich als Segen – vorausgesetzt, es geschieht mit Liebe
und Sensibilität. Ich erinnere mich noch daran, wie
während des Theologiestudiums einige von uns für
einen Mann mit einer Rückenverletzung beteten. Ich

glaube nicht, dass er geheilt wurde, aber er sagte mir später: „Das ist das erste Mal, seit ich Theologie studiere, dass ich das Gefühl habe, jemand kümmert sich um mich."

Manche Menschen besitzen auch die spezielle Gabe der Heilung (vgl. 1. Korinther 12,9). Auf der ganzen Welt finden wir heute Menschen mit dieser außergewöhnlichen Gabe der Heilung. Das heißt aber nicht, dass wir ihnen die ganze Arbeit überlassen dürften. Der Auftrag zu heilen gilt für uns alle. Genau wie wir nicht alle die Gabe der Evangelisation besitzen, aber berufen sind, mit anderen über Jesus zu reden, so haben wir auch nicht alle die Gabe des Heilens. Wir sind aber alle berufen, für die Kranken zu beten.

Wie aber nun sieht das Gebet für Kranke in der Praxis aus? Wir sollten immer im Blick behalten, dass es Gott selbst ist, der heilt, nicht wir. Deshalb gibt es keine bestimmte Technik. Wir beten in Liebe und Einfachheit. Das Motiv Jesu war sein Mitleid und Erbarmen für die Menschen (vgl. Markus 1,41; Matthäus 9,36). Wenn wir einen Menschen lieben, behandeln wir ihn stets mit Achtung und Würde. Wenn wir glauben, dass Jesus es ist, der heilt, dann beten wir in aller Einfachheit, denn es ist nicht unser Gebet, sondern die Macht Gottes, die die Heilung bewirkt.

Hier ein einfaches Schema, nach dem man beten kann:

Wo tut es weh?
Wir fragen den Hilfesuchenden, was ihm fehlt und wofür wir beten sollen.

Was ist die Ursache?

Ein gebrochenes Bein als Folge eines Autounfalls ist eine ziemlich eindeutige Sache, aber manchmal müssen wir Gott bitten, uns die Wurzel des Problems zu zeigen. Eine Frau aus unserer Gemeinde litt an Rückenschmerzen und Schmerzen in der linken Hüfte; dadurch schlief sie schlecht und war in ihrer Beweglichkeit, nicht zuletzt bei der Arbeit, beeinträchtigt. Der Arzt verschrieb Medikamente gegen Arthritis. Eines Abends bat sie um Gebet. Das junge Mädchen, das für sie betete, sagte, ihr komme das Wort „Vergebung" in den Sinn. Nach einem kurzen inneren Kampf konnte die Frau einer Bekannten vergeben, die ihr Unrecht getan hatte, und wurde teilweise geheilt. Die vollständige Heilung trat in dem Augenblick ein, als sie nach einem Gebet mit einer anderen Person einen Brief an ihre Bekannte schrieb, in dem sie ihre Vergebung zum Ausdruck brachte.

Wie beten wir?

Im Neuen Testament finden sich verschiedene Modelle für Gebet. Sie sind samt und sonders einfach gehalten. Manchmal beten wir, dass Gott im Namen Jesu heilt, und bitten den Heiligen Geist, auf den Betreffenden zu kommen. Manchmal salben wir die Person, für die wir beten, mit Öl (vgl. Jakobus 5,14). Noch häufiger legen wir beim Gebet die Hände auf (vgl. Lukas 4,40).

Wie geht es dem Betreffenden jetzt?

Nachdem wir gebetet haben, erkundigen wir uns normalerweise danach, wie es der Person jetzt geht. Manchmal spürt sie gar nichts, also beten wir weiter.

Manchmal fühlt sich der Betreffende geheilt; je nach dem kann dies erst nach einer gewissen Zeit bestätigt werden. Manchmal fühlt er sich zwar besser, aber ist noch nicht vollkommen geheilt. In diesem Fall tun wir das, was Jesus mit dem Blinden tat (vgl. Markus 8,22–25): Wir beten weiter, bis wir das Gefühl haben, wir sollten aufhören.

Was kommt dann?

Nach dem Gebet um Heilung ist es wichtig, dem anderen die Liebe Gottes zuzusprechen, ob er nun geheilt worden ist oder nicht. Man muss ihm ausdrücklich sagen, dass er wiederkommen und weiter für sich beten lassen kann. Wir dürfen dem anderen auch keine Lasten auflegen, etwa den Gedanken, es sei sein Mangel an Glauben, der die Heilung verhindert habe. Wir ermutigen immer dazu, auch weiterhin für sich beten zu lassen und fest in der heilenden Gemeinschaft der Kirche verwurzelt zu bleiben – denn sie ist der Ort, an dem die Heilung auf lange Sicht stattfindet.

Außerdem ist es wichtig, weiter beharrlich um Heilung zu beten. Man verliert leicht den Mut, besonders wenn man nicht sofort dramatische Ergebnisse sieht. Wir beten weiter aus Gehorsam gegenüber der Berufung und dem Auftrag Jesu Christi, das Reich Gottes zu proklamieren und – auch – durch Krankenheilungen zu demonstrieren. Wenn wir das Jahr um Jahr treu tun, werden wir erleben, wie Gott Menschen heilt.

Ich wurde einmal gebeten, eine Frau im Krankenhaus von Brompton zu besuchen. Sie war etwa Mitte 30, hatte drei Kinder und erwartete gerade das vierte. Ihr Lebensgefährte hatte sie verlassen und sie stand alleine da. Ihr drittes Kind hatte das Down-Syndrom und war gerade wegen eines Lochs im Herzen operiert worden. Die Operation war fehlgeschlagen und die Ärzte hatten die Hoffnung aufgegeben. Sie wollten die Maschinen abschalten und das Baby sterben lassen. Dreimal bereits hatten sie die Mutter um ihr Einverständnis gebeten. Sie hatte ihre Einwilligung verweigert und wollte noch einen letzten Versuch unternehmen. Jemand sollte für ihr Kind beten. So holte man mich. Die Mutter erklärte mir von vornherein, dass sie nicht an Gott glaube; dann zeigte sie mir ihren Sohn. Er hing an zahllosen Schläuchen. Sein Körper war aufgedunsen und voller blauer Flecke. Sie erzählte mir, die Ärzte hätten angedeutet, dass selbst für den Fall, dass ihr Sohn überleben sollte, ein bleibender Gehirnschaden zurückbleiben würde, weil sein Herz zu lange nicht geschlagen hatte. „Beten Sie doch bitte!", sagte sie.

Also betete ich, dass Gott ihn im Namen Jesu heilen möge. Dann erklärte ich ihr, wie sie Jesus ihr Leben anvertrauen konnte, und das tat sie dann auch. Zwei Tage später kam ich wieder. Kaum hatte sie mich gesehen, da lief sie mir auch schon entgegen.

„Ich habe schon versucht, Sie zu erreichen", rief sie. „Etwas Unglaubliches ist passiert. Nachdem Sie gebetet hatten, war er über den Berg. Es geht ihm besser!" Innerhalb von wenigen Tagen wurde der Kleine aus dem Krankenhaus entlassen. Ich wollte Kontakt zu der Frau halten, wusste aber nicht, wo sie wohnte, obwohl sie mehrfach auf meinen Anrufbeantworter gesprochen hatte. Etwa sechs Monate später fuhr ich in einem anderen Krankenhaus mit dem Aufzug und begegnete dort einer Mutter mit Kind, die ich nicht sofort erkannte.

„Sie sind doch Nicky, nicht wahr?", fragte die Frau. Ich bejahte. „Das hier ist der kleine Junge, für den Sie gebetet haben", sagte sie. „Es ist einfach unglaublich. Er hat sich nicht nur von der Operation erholt, sondern sein Gehör, das vorher so schlecht war, ist besser geworden. Er hat immer noch das Down-Syndrom, aber es geht ihm jetzt viel besser als vorher."

Seither habe ich zwei ihrer Verwandten beerdigt. Bei jeder dieser Beerdigungen sind Menschen auf mich zugekommen – keiner von ihnen gehörte zu einer Gemeinde – und sagten: „Sie sind doch der Mann, der für Craigs Heilung gebetet hat, und Gott hat ihn geheilt." Sie glauben alle, dass Gott ihn geheilt hat, denn sie wussten, dass er im Sterben lag. Auch die Veränderungen bei Vivienne, seiner Mutter, haben einen tiefen Eindruck hinterlassen. Nachdem sie zu Christus gekommen war, hatte sie sich so verändert, dass sie sich entschloss, ihren Lebensgefährten zu heiraten. Er war zu ihr zurückgekommen, als er die Veränderung in ihrem Leben sah. Inzwischen sind die beiden verheiratet; Vivienne ist ein völlig neuer Mensch. Bei der zweiten Beerdigung erzählte Vivienne allen ihren Verwandten und Freunden: „Ich habe nicht an Gott geglaubt, aber jetzt glaube ich!" Nicht lange danach kamen Craigs Onkel und Tante in die Kirche, setzten sich in die erste Reihe und vertrauten ihr Leben Jesus Christus an. Sie taten es, weil sie durch diese Heilung Gottes Macht erlebt hatten.

Kapitel 14

Welchen Stellenwert hat die Kirche?

Abraham Lincoln hat einmal gesagt: „Wenn man alle, die sonntagmorgens in der Kirche einschlafen, nebeneinander auf den Boden legen würde [...], dann hätten sie es wesentlich bequemer!" Harte Bänke, Lieder, die keiner singen kann, zwanghafte Stille und quälende Langeweile gehören leider zu dem landläufigen Bild eines sonntäglichen Gottesdienstes. Der Gottesdienst wird als notwendiges Übel betrachtet, das man stoisch (oder mit zusammengebissenen Zähnen) über sich ergehen lässt, bis der Geruch des Sonntagsbratens die Aussichten für den Tag wieder aufhellt.

Ein Pfarrer erklärte einmal einem kleinen Jungen die Kirche. Als er zu den Gedenktafeln für die Kriegsgefallenen kam, meinte er: „Das sind die Namen der Männer, die im Dienst für Gott und Vaterland starben."

Da fragte der Junge: „In welchem Gottesdienst? Dem Morgen- oder dem Abendgottesdienst?"

Manche denken bei dem Wort „Kirche" sofort an die Pfarrer. Wer diesen Beruf wählt, wird oft mit Unverständnis oder Misstrauen betrachtet, so als ob er für einen „richtigen" Beruf völlig untauglich sei. Vor Kurzem stand eine Anzeige in der kirchlichen Presse, die folgenden Wortlaut hatte: „Sie sind 45 und es geht nicht mehr weiter? Warum überlegen Sie sich nicht, in der Kirche zu arbeiten?" Das Bild eines Pfarrers lässt sich für manche auf die Formel bringen: „Sechs Tage ist er nicht zu sehen – und einen Tag nicht zu verstehen!"

Andere verbinden mit dem Wort „Kirche" eine bestimmte Konfession. Bevor meine Mutter Christ wurde, füllte sie einmal ein Formular aus, bei dem sie ihre Religion angeben musste. Sie schrieb: „Keine (anglikanische Kirche)"! Wieder andere denken bei dem Wort „Kirche" an ein Kirchengebäude. Sie gehen davon aus, dass man sich als Pfarrer automatisch für Kirchenarchitektur zu interessieren hat. Wenn der Pfarrer in Urlaub fährt, schickt er seinem Kollegen als Erstes eine Postkarte von der Kirche am Ort.

Vielleicht ist an einigen dieser Wahrnehmungen etwas dran, sie treffen jedoch nicht das, worum es bei Kirche wirklich geht. Es ist so ähnlich, als würde man fragen: „Was ist die Ehe?", und daraufhin gesagt bekommen, die Ehe sei ein Ring, eine Heiratsurkunde, eine Hochzeitszeremonie und ein Eheversprechen. All das kann zur Ehe dazugehören, doch diese Aspekte geben nicht wirklich wieder, worum es in der Ehe eigentlich geht. Im tiefsten Grunde der Ehe liegt etwas viel Bedeutsameres: eine auf Liebe und Verbindlichkeit basierende Vertrauensbeziehung. In ähnlicher Weise steht im Zentrum der Kirche etwas Wunderschönes: eine Beziehung zwischen Gott und seinem Volk. Seit ich Christ bin, habe ich über die Jahre nicht nur eine Zuneigung zur Kirche entwickelt, sondern sie richtiggehend lieben gelernt.

Im Neuen Testament finden sich über 100 Bilder und Vergleiche für Kirche und Gemeinde. Fünf davon, die für das Verständnis von Kirche wesentlich sind, möchte ich in diesem Kapitel herausgreifen.

Das Volk Gottes

Erstens besteht die Kirche aus Menschen. Das griechische Wort für Kirche, *ekklesia,* bezeichnet eine „Versammlung" von Menschen. Beim christlichen Glauben geht es zwar in erster Linie um eine vertikale Beziehung (unsere Gottesbeziehung), aber auch um horizontale Beziehungen (unsere zwischenmenschlichen Beziehungen). Wir gehören zu einer Gemeinde, die ihren Anfang nahm, als Abraham Gottes Ruf vernahm: Das alte Israel war nämlich ein Vorreiter der Kirche. Die weltweite Kirche umfasst über alle Länder- und Zeitengrenzen hinweg die Menschen, die sich zu Jesus Christus bekennen.

Die Taufe ist ein sichtbares Zeichen der Zugehörigkeit zur Kirche. Ebenso ist sie ein sichtbares Zeichen dessen, was es bedeutet, Christ zu sein. Sie symbolisiert die Reinigung von Sünde (vgl. 1. Korinther 6,11), das Sterben und Auferstehen mit Christus zu einem neuen Leben (vgl. Römer 6,3–5; Kolosser 2,12) und das Wasser des Lebens, mit dem der Heilige Geist uns erfüllt (vgl. 1. Korinther 12,13). Jesus selbst hat seine Jünger ausgesandt, um Menschen zu Jüngern zu machen und sie zu taufen (vgl. Matthäus 28,19).

Die weltweite Kirche ist riesig. Laut der „Encyclopaedia Britannica" umfasst sie heute mehr als zwei Milliarden Menschen: Das ist ungefähr ein Drittel der Weltbevölkerung. In vielen Teilen der Welt entscheiden sich jeden Tag Zehntausende von Menschen für das Christentum. Wenn man im Westen lebt, kann man leicht der Annahme verfallen, die Kirche sterbe aus. Es gab Zeiten, als der Westen Missionare in die Dritte Welt entsandte. Doch kann ich mich noch gut daran erinnern, dass während meiner Zeit in Cambridge drei Missionare aus Uganda kamen, um bei uns das Evangelium zu predigen. Mir wurde damals deutlich, wie sehr sich die Welt in den vergangenen 150 Jahren verändert hat. Heute brauchen wir in England genauso dringend Missionare wie überall sonst auf der Welt.

Weltweit wächst die Kirche schneller als je zuvor. 1900 gab es zehn Millionen Christen in Afrika. 100 Jahre später waren es 360 Millionen. Das gleiche Wachstum zeigt sich in Südamerika, China und verschiedenen Teilen der Welt. In Amerika gehen ungefähr 50 Prozent der Bevölkerung sonntags zur Kirche. In Großbritannien sind es dagegen nur sieben Prozent.

In mehr als 60 Ländern auf der Welt wird die Kirche verfolgt. Über 200 Millionen Christen werden wegen ihres Glaubens schikaniert, misshandelt, gefoltert oder hingerichtet. Sie müssen sich täglich vor Geheimpolizei, selbsternannten Wächtern oder Staatsunterdrückung und Diskriminierung fürchten.[74] Dennoch behauptet sich allen Berichten zufolge die Kirche in jenen Teilen der Welt überaus gut.

Im Neuen Testament erwähnt Paulus einzelne Ortsgemeinden, beispielsweise die Gemeinden „in Galatien" (1. Korinther 16,1), in „der Provinz Asien" (1. Korinther 16,19) und „alle Gemeinden Christi" (Römer 16,16). Diese Ortsgemeinden scheinen sich sogar noch in kleinere Einheiten aufzugliedern, die sich in den Wohnungen der Mitglieder trafen (vgl. Römer 16,5; 1. Korinther 16,19).

Insgesamt scheint es im Neuen Testament drei Arten von Versammlungen gegeben zu haben: Große, mittelgroße und kleine. In der Literatur über Gemeindewachstum ist zuweilen die Rede von einer dreiteiligen Struktur, bestehend aus Gottesvolk, Gemeinschaft und Gruppe. Alle drei sind von Bedeutung und ergänzen einander.

Die erste Ebene ist die des Gottesvolkes. Sie gewinnt Gestalt in einer Art Großveranstaltung, die in zahlenmäßig starken Gemeinden mit dem Sonntagsgottesdienst identisch sein kann. Bei kleineren Gemeinden kann das heißen, dass mehrere von ihnen zu einem gemeinsamen Gottesdienst zusammenkommen. Im Alten Testament versammelte sich Gottes Volk an besonderen Feiertagen, beispielsweise zum Passah-, Pfingst- oder Neujahrsfest. Solche großen Zusammenkünfte von Christen sind wichtig für die gemeinsame Inspiration. Wir bekommen eine Sicht für die Größe Gottes, ein tiefes Gefühl für Anbetung und eine neue Zuversicht, wenn wir uns isoliert fühlen. Darüber hinaus lassen sie die Präsenz der Gemeinde in der Gesellschaft deutlich sichtbar werden. Doch solche Großversammlungen allein reichen nicht aus. Sie bieten keine Umgebung, in der sich Freundschaften unter Christen leicht entwickeln können.

Bei diesem dreistufigen Modell stellt Gemeindeversammlung eine Gruppe mittlerer Größe dar. Sie ermöglicht es, dass die meisten Mitglieder sich untereinander persönlich kennen. Hier können sich dauerhafte Freundschaften unter Christen entwickeln. Hier können zudem die Gaben und Dienste des Heiligen Geistes in einer Atmosphäre gegenseitiger Liebe und Annahme ausgeübt werden. Man kann Risiken eingehen und darf Fehler machen. Hier kann der Einzelne beispielsweise lernen, einen Vortrag zu halten, die Anbetung zu leiten, für Kranke zu beten, die Gabe der Prophetie zu entwickeln oder laut zu beten.

Die dritte Ebene ist die der Gruppe, sei es Kleingruppe oder Zellgruppe. Solche Gruppen bestehen aus zwei bis zwölf Mitgliedern, die sich zum Bibellesen und gemeinsamen Gebet treffen. In diesen Gruppen entwickeln sich die Freundschaften mit dem größten Tiefgang innerhalb der Gemeinde. Hier können wir offen über unsere Zweifel, Ängste und Fehler sprechen. Wir können uns gegenseitig ermutigen, zusammen essen und das Gute im Leben genießen. Wir können Gebetsanliegen nennen und füreinander da sein, wenn man Schwierigkeiten hat. Es sollte ein Ort der Vertrautheit, Verantwortlichkeit und Wertschätzung sein.

Die Familie Gottes

Zweitens ist die Kirche die Familie Gottes. Wenn wir Jesus Christus als unseren Herrn und Erlöser annehmen, werden wir zu Kindern Gottes (vgl. Johannes 1,12). Hier liegt der Grund für die Einheit der Kirche. Gott ist unser Vater, Jesus Christus unser Retter und der Heilige Geist ist Gott in uns. Wir gehören alle derselben Familie an. Auch wenn es in einer Familie manchmal Streit zwischen Geschwistern gibt und man sich vielleicht längere Zeit aus dem Weg geht, bleiben sie doch nach wie vor Geschwister. Nichts kann diese Beziehung beenden. Deshalb ist die Kirche eins, auch wenn sie oft den Eindruck vermittelt, sie sei gespalten.

Das bedeutet nicht, dass wir uns mit Uneinigkeit zufriedengeben dürften. Jesus betete für seine Jünger, „dass sie eins sind wie wir" (Johannes 17,11). Paulus mahnte: „Bemüht euch, die Einheit des Geistes zu wahren" (Epheser 4,3). Wie eine zerstrittene Familie sollten wir stets nach Versöhnung streben. Die Menschwerdung Jesu verlangt nach einem sichtbaren Ausdruck unserer unsichtbaren Einheit. Natürlich darf diese Einheit nicht auf Kosten der Wahrheit erreicht werden, sondern so, wie es der mittelalterliche Theologe Rupertus Meldenius ausdrückte: „In den wesentlichen Fragen: Einheit. In den nicht-wesentlichen: Freiheit. Und Liebe in beidem."

Wir sollten auf allen Ebenen nach Einheit streben, in der Kleingruppe wie in der Gemeinschaft und auf der Ebene des Gottesvolkes; innerhalb unserer Konfession wie auch zwischen den Konfessionen. Diese Einheit wird zum einen erreicht, indem Theologen und Kirchenführer in den Dialog treten und an den theologischen Unterschieden arbeiten. Sie wird aber auch erreicht, und zwar meistens weitaus effektiver, wenn „normale" Christen zusammenkommen, um Gott zusammen anzubeten und zusammenzuarbeiten. Je näher wir zu Christus, unserem Zentrum, kommen, umso näher kommen wir auch einander. David Watson hat dazu einen treffenden Vergleich formuliert:

„Wenn man im Flugzeug sitzt und die Maschine ab-hebt, verlieren die Hecken und Zäune, die am Boden so groß und beeindruckend wirken, plötzlich ihre Be-deutung. Genauso werden die Zäune zwischen uns unwichtig, wenn wir gemeinsam erleben, wie uns die Macht des Heiligen Geistes in die Gegenwart Jesu führt. Von unserem Platz aus an der Seite Jesu im Him-mel erscheinen die Unterschiede zwischen den Chris-ten oft kleinkariert und unbedeutend."[75]

Da wir alle denselben Vater haben, sind wir Brüder und Schwestern und dazu berufen, einander zu lieben. Der Evangelist Johannes formuliert das sehr klar:

„Wenn jemand sagt: Ich liebe Gott!, aber seinen Bru-der hasst, ist er ein Lügner. Denn wer seinen Bruder nicht liebt, den er sieht, kann Gott nicht lieben, den er nicht sieht. Und dieses Gebot haben wir von ihm: Wer Gott liebt, soll auch seinen Bruder lieben. Jeder, der glaubt, dass Jesus der Christus ist, stammt von Gott, und jeder, der den Vater liebt, liebt auch den, der von ihm stammt" (1. Johannes 4,20–5,1).

Raniero Cantalamessa sagte einmal vor Tausenden Vertretern verschiedener Konfessionen: „Wenn wir als Christen untereinander zerstritten sind, sagen wir da-mit zu Gott: ,Entscheide dich zwischen uns und den an-deren!' Aber der Vater liebt alle seine Kinder. Wir sollten lieber sagen: ,Wir nehmen alle als unsere Geschwister an, die du als deine Kinder angenommen hast.'"

Wir sind zur Gemeinschaft miteinander berufen. Das griechische Wort *koinonia* bedeutet „Gemeinsamkeit" oder „Anteilhabe". Es wird auch für die Ehe verwendet, die innigste Verbindung zweier Menschen. Wir haben Gemeinschaft mit Gott, dem Vater, dem Sohn und dem Heiligen Geist (vgl. 1. Johannes 1,3; 2. Korinther 13,14), und wir haben Gemeinschaft miteinander (vgl. 1. Johannes 1,7). Die Gemeinschaft der Christen sprengt alle Grenzen von Rasse, Hautfarbe, Bildung, Herkunft und sonstigen gesellschaftlichen Differenzierungen. In ihr gibt es ein Niveau an Beziehungen, das ich außerhalb der Kirche nirgendwo erlebt habe.

John Wesley sagte: „Das Neue Testament kennt kein Christentum von Einzelgängern." Wir haben hier keine Wahl: Wir sind zur Gemeinschaft miteinander berufen. Es gibt zwei Dinge, die wir nicht allein tun können: Wir können nicht allein heiraten und wir können nicht allein Christ sein. Professor C. E. B. Cranfield drückte dies einmal folgendermaßen aus: „Der unabhängige Christ, der zwar Christ sein will, aber über eine konkrete, sichtbare Form von Kirchengemeinschaft auf Erden erhaben ist, ist schlicht und einfach ein Widerspruch in sich selbst."

Der Verfasser des Hebräerbriefes ermahnt seine Leser: „Lasst uns aufeinander achten und uns zur Liebe und zu guten Taten anspornen. Lasst uns nicht unseren Zusammenkünften fernbleiben, wie es einigen zur Gewohnheit geworden ist, sondern ermuntert einander, und das umso mehr, als ihr seht, dass der Tag naht" (Hebräer 10,24–25). Häufig verlieren Christen ihre Liebe zu Gott und ihre Begeisterung für ihren Glauben, weil sie die Gemeinschaft vernachlässigen.

Ein Mann, der diese Begeisterung verloren hatte, traf einen weisen älteren Christen. Sie saßen im Wohnzimmer vor dem Kamin. Der alte Mann sagte kein Wort, sondern ging zum Feuer, nahm eine rotglühende Kohle heraus und legte sie beiseite. Noch immer schwieg er. Innerhalb kürzester Zeit hatte die Kohle ihre Glut verloren. Anschließend legte der Mann sie wieder ins Feuer zurück. Nach kurzer Zeit glühte sie wieder. Noch war kein einziges Wort gefallen, doch als er sich verabschiedete, wusste der andere sehr genau, warum sich seine Leidenschaft für den Glauben so abgekühlt hatte: Ein Christ ohne Gemeinschaft ist wie eine Kohle, die aus dem Feuer genommen wurde.

Ein junges Ehepaar, das vor Kurzem zum Glauben kam, schrieb mir folgende Zeilen:

„Seit einem Jahr gehen wir jetzt schon in die Gemeinde und fühlen uns hier richtig zu Hause. Eine solche Atmosphäre von Liebe, Freundschaft und Begeisterung findet man nirgendwo sonst. Die Freude und der Spaß hier übersteigen alles, was in Kneipen, auf Partys oder in einem Restaurant geboten wird [...], und das schockiert mich etwas (obwohl ich diese Dinge auch weiterhin genieße). Für uns beide sind der Sonntagsgottesdienst und die Veranstaltung am Mittwoch die zwei Höhepunkte der Woche. Manchmal kommt es uns so vor, als tauchten wir hier zum Luftholen auf, besonders weil man bis mittwochs oft das Gefühl hat, im Arbeitsalltag unterzugehen! Wenn wir einmal eines von beiden verpasst haben, fühlen wir uns irgendwie ‚verwässert'. Natürlich können wir auch allein und zu zweit mit Gott reden, aber ich habe das Gefühl, wenn

wir als Gemeinde zusammenkommen, dann ist das wie ein Blasebalg, der die Flammen unseres Glaubens immer neu anfacht."

Der Leib Christi

Drittens ist die Kirche der Leib Christi. Paulus verfolgte gerade die christliche Kirche, als ihm auf dem Weg nach Damaskus Jesus Christus begegnete.

Jesus fragte ihn: „Saul, Saul, warum verfolgst du *mich*?" (Apostelgeschichte 9,4; Hervorhebung des Autors). Paulus war Jesus nie zuvor begegnet. Jesus gab ihm durch diese Worte zu verstehen, dass er ihn selbst verfolgte, wenn er die Christen verfolgte. Es ist durchaus möglich, dass Paulus durch diese Begegnung erkannte, dass die Kirche der „Leib Christi" ist. „Er nennt die Kirche Christus", schrieb Calvin, der Reformator des 16. Jahrhunderts. Wir Christen stellen Christus für die Welt dar. In einem alten Lied heißt es:

„Er hat nur unsre Hände,
zu wirken heut' sein Werk.
Er hat nur unsre Füße,
zu gehen seinen Weg.
Er hat nur unsre Stimme,
zu künden seinen Tod.
Er hat nur uns als Helfer,
zu tun, was heut' tut Not."

Im 12. Kapitel des 1. Korintherbriefes führt Paulus diese Analogie weiter aus. Der Leib ist eine Einheit

(Vers 12), doch bedeutet Einheit nicht Einheitlichkeit. Innerhalb des Leibes gibt es eine schier grenzenlose Vielfalt. Menschen haben unterschiedliche Begabungen und können sich unterschiedlich einsetzen, doch für alle gibt es einen Platz. Gott hat für jeden von uns eine Aufgabe in der Gemeinde, nicht um sich damit hervorzutun, sondern für das Allgemeinwohl (Vers 7). Wenn wir unsere Aufgabe nicht wahrnehmen, wird der gesamte Leib in Mitleidenschaft gezogen. Manchmal ist die Kirche mit einem Fußballspiel verglichen worden: 22 Menschen, die unbedingt eine Verschnaufpause brauchen, und 22.000 Zuschauer, die unbedingt Bewegung brauchen. Jeder von uns verkörpert Jesus und kann Gutes tun, ungeachtet, wo wir sind: in unseren Familien, bei der Arbeit, zu Hause und unter Freunden.

John Wimber erzählte, dass er einmal nach dem Sonntagsgottesdienst von jemandem aus der Gemeinde angesprochen wurde, der einem notleidenden Mann begegnet war. Er machte seinem Ärger Luft: „Dieser Mann hat ein Bett gebraucht, etwas zu essen und finanzielle Unterstützung, bis er wieder auf die Beine kommt und eine Arbeit findet. Ich bin schwer enttäuscht! Ich habe versucht, in der Gemeinde anzurufen, aber da hatte keiner Zeit und keiner konnte mir helfen. Zu guter Letzt musste ich ihn die Woche über bei mir wohnen lassen. Es ist ja wohl doch Aufgabe der Gemeinde, sich um solche Leute zu kümmern!" John Wimber überlegte einen Moment und erwiderte dann: „Mir scheint, das hat sie auch getan."

Welche Einstellung sollten wir zu anderen Teilen des Leibes Christi haben? Paulus setzt sich mit zwei falschen Einstellungen auseinander.

Zum einen spricht er zu jenen, die sich minderwertig vorkommen und das Gefühl haben, nichts beitragen zu können. Beispielsweise, so sagt Paulus, könnte der Fuß sich für weniger wertvoll als die Hand halten oder das Ohr für weniger wertvoll als das Auge (Verse 14–19). Wir neigen alle dazu, neidisch zu sein.

Die Gefahr ist groß, dass wir uns in der Gemeinde umsehen und uns für minderwertig halten. Als Folge davon sitzen wir untätig herum. In Wirklichkeit werden wir alle benötigt. Gott hat „jedem" (Vers 7) Gaben gegeben. Dieses „jeder" zieht sich wie ein roter Faden durch das 12. Kapitel des 1. Korintherbriefes. Jeder hat zumindest eine Gabe, die für das Funktionieren des Leibes absolut notwendig ist. Nur wenn jeder von uns die Rolle übernimmt, die Gott ihm zugedacht hat, kann die Kirche so funktionieren, wie sie es sollte.

In den folgenden Versen wendet sich Paulus dann an jene, die sich überlegen fühlen und meinen, ohne die anderen auskommen zu können (Verse 21–25). Wiederum stellt Paulus klar, wie unvernünftig eine solche Haltung ist. Ein Körper ohne Füße büßt viel von seinen Möglichkeiten ein (vgl. Vers 21). Oft sind gerade jene Teile, die man nicht sieht, wichtiger als diejenigen, die ein höheres Ansehen genießen.

Wenn wir die richtige Haltung haben, erkennen wir, dass wir alle im gleichen Boot sitzen. Wir sind alle Teile eines Teams – und jedes Teil beeinflusst das Ganze. „Wenn darum ein Glied leidet, leiden alle Glieder mit. Wenn ein Glied geehrt wird, freuen sich alle anderen mit ihm" (Vers 26). Wenn alle ihren Beitrag leisten, entsteht etwas wirklich Schönes, wie bei einem Orchester, in dem viele Menschen mitspielen. Das gilt auch für die weltweite Kirche. Wir sollten sie nicht ablehnen, weil sie anders sind als wir. Es ist viel spannender, zu erkennen, dass uns andere Teile der Kirche bereichern können.

Ein heiliger Tempel

Viertens erleben wir in der Kirche die Gegenwart Gottes. Das einzige Kirchengebäude, von dem das Neue Testament berichtet, ist ein „Gebäude" aus Menschen. An die Christen in Ephesus schreibt Paulus: „Durch ihn werdet auch ihr im Geist zu einer Wohnung Gottes erbaut" (Epheser 2,22). Jesus ist der Eckstein dieses Gebäudes. Er hat die Kirche gegründet; um ihn herum ist sie gebaut. Das Fundament sind die „Apostel und Propheten" (Vers 20); das Gebäude als Ganzes stellt einen heiligen Tempel dar, der aus „lebendigen Steinen" besteht (1. Petrus 2,5).

Im Alten Testament waren zuerst die Stiftshütte und später der Tempel für Israel der zentrale Ort der Anbetung Gottes. Hierhin kamen die Israeliten, um Gott zu begegnen. Manchmal erfüllte Gottes Gegenwart den Tempel (vgl. 1. Könige 8,11) und hier vor allem das Allerheiligste. Der Zutritt dorthin unterlag daher strengsten Beschränkungen (vgl. Hebräer 9).

Durch seinen Tod am Kreuz hat Jesus ermöglicht, dass alle Gläubigen jederzeit Zugang zum Vater haben. Gottes Gegenwart ist nun nicht länger auf einen Tempel beschränkt: Durch seinen Geist lebt er jetzt in allen Gläubigen. Seine Gegenwart ist in besonderer Weise spürbar, wenn Christen sich versammeln (vgl. Matthäus 18,20). Sein neuer Tempel ist die Kirche, „eine Wohnung Gottes im Geist".

Professor Gordon Fee schreibt, dass „Gegenwart"
ein „köstliches Wort" sei. Wenn man jemanden liebt,
wünscht man sich mehr als alles andere seine Gegenwart. Briefe sind gut; Fotos sind großartig; Telefon-
anrufe sind fantastisch. Doch all das ersetzt nicht die
leibhaftige Gegenwart der Person.[76] Die Gegenwart
Gottes war das, was Adam und Eva im Garten von
Eden verloren. Allerdings verhieß Gott, seine Gegenwart wiederherzustellen: Im Alten Testament war die
Gegenwart Gottes im Tempel, und nach Pfingsten, als
der Geist Gottes ausgegossen wurde, lebte sie inmitten seines Volkes.

Paulus schreibt zu einzelnen Christen: „Oder wisst
ihr nicht, dass euer Leib ein Tempel des Heiligen Geistes ist, der in euch wohnt und den ihr von Gott habt?"
(1. Korinther 6,19). Doch noch häufiger schreibt er,
dass die Kirche, die versammelte Gemeinde von Christen, der Tempel des Heiligen Geistes ist. Dort lebt Gott
mit seinem Geist. Im Alten Bund, in der Zeit vor Jesus, hatte man durch einen Priester (griechisch *hie-
reus*; vgl. Hebräer 5,6) bzw. Hohepriester (griechisch
archiereus; vgl. Hebräer 4,14), der für die Gläubigen
die Opfer darbrachte, Zugang zu Gott. Nun hat Jesus,
unser großer Hohepriester, das höchste Opfer darge-
bracht, indem er sich selbst als Opfer für unsere Sünden gab. Jesus ist „am Ende der Zeiten ein einziges
Mal erschienen, um durch sein Opfer die Sünde zu til-
gen" (Hebräer 9,26). Wir brauchen keine Opfer mehr
für unsere Sünden darzubringen; wir könnten es auch
gar nicht. Stattdessen müssen wir uns immer wieder
daran erinnern, dass er das Opfer für uns gebracht
hat. Wenn wir das Abendmahl feiern (das vor allem
im römisch-katholischen Bereich auch „Eucharistie"

genannt wird), denken wir mit Dankbarkeit an sein Opfer und bekommen Anteil an dessen Auswirkungen.

Wenn wir Brot und Wein in Empfang nehmen, schauen wir in vier Richtungen:

1. Wir blicken dankbar zurück

Jesus Christus selbst stellt beim letzten Abendmahl mit seinen Jüngern die direkte Verbindung zwischen Brot und Wein und seinem Leib und Blut her, das er schließlich am Kreuz vergießen wird. Wenn wir das heilige Abendmahl bzw. die heilige Kommunion empfangen, blicken wir mit Dankbarkeit auf das Kreuz zurück, wo er für uns starb, damit unsere Sünden vergeben werden und wir von unserer Schuld befreit werden können (Matthäus 26,26–28).

2. Wir blicken voller Hoffnung nach vorn

Jesus hätte uns auch eine andere Form der Erinnerung an seinen Tod hinterlassen können, doch er gab uns ein gemeinsames Mahl. Größere Anlässe werden oft mit einem feierlichen Mahl begangen. Eines Tages werden wir „das Hochzeitsmahl" Jesu Christi im Himmel feiern (Offenbarung 19,9). In Brot und Wein erleben wir einen Vorgeschmack darauf (Lukas 22,16; 1. Korinther 11,26).

3. Wir blicken auf die christliche Familie um uns herum

Das gemeinsame Essen des Brotes und das Trinken aus einem Becher symbolisiert und bewirkt unsere Einheit mit Christus und auch unsere Einheit als Christen: „Ist der Kelch des Segens, über den wir den Segen sprechen, nicht Teilhabe am Blut Christi? Ist das Brot, das wir brechen, nicht Teilhabe am Leib Christi? Ein Brot ist es. Darum sind wir viele ein Leib; denn wir alle haben teil an dem einen Brot" (1. Korinther 10,17). Das ist der Grund, weshalb wir das Brot und den Wein nicht allein essen und trinken. Das gemeinsame Essen und Trinken soll uns nicht nur an unsere Einheit erinnern, sondern diese Einheit zugleich auch stärken, wenn wir auf unsere Brüder und Schwestern blicken, für die Christus starb.

4. Wir blicken erwartungsvoll nach oben

Jesus versprach, nach seinem Tod durch seinen Geist bei uns zu sein, ganz besonders da, wo Christen sich versammeln: „Denn wo zwei oder drei in meinem Namen versammelt sind, da bin ich mitten unter ihnen" (Matthäus 18,20). Wenn wir das heilige Abendmahl bzw. die heilige Kommunion empfangen, schauen wir also erwartungsvoll nach oben. Wir haben dabei die Erfahrung gemacht, dass es zu einer manchmal überaus machtvollen Begegnung mit Christus und zu Entscheidungen für ihn und zu Heilungen kommt. Mit diesem Verständnis feiern wir das Abendmahl in unserer Kirche.

Die Braut Christi

Fünftens liebt Jesus die Kirche: Sie ist die Braut Christi. Dies ist eines der schönsten Bilder für Kirche im Neuen Testament. Paulus schreibt über die Beziehung zwischen Mann und Frau in der Ehe: „Dies ist ein tiefes Geheimnis; ich beziehe es auf Christus und die Kirche" (Epheser 5,32).

Um die Beziehung zwischen Gott und Mensch zu beschreiben, zieht das Neue Testament Vergleiche zu den engsten Beziehungen, die wir kennen. Häufig wird sie zum Beispiel mit der Beziehung zwischen Eltern und Kind verglichen. An dieser Stelle legt Paulus jedoch nahe, dass möglicherweise der beste Vergleich die eheliche Liebe zwischen Mann und Frau ist. Das ist die Liebe, die Jesus uns entgegenbringt. Augustinus hat gesagt: „Gott liebt jeden von uns, als gäbe es nur einen einzigen zu lieben."

So wie im Alten Testament Gott als Ehemann Israels beschrieben wird (vgl. Jesaja 54,1–8), so redet Paulus im Neuen Testament von Christus als dem Bräutigam der Kirche. Hier liegt deshalb auch das Vorbild für alle menschlichen Ehebeziehungen. So weist Paulus die Männer an: „Ihr Männer, liebt eure Frauen, wie Christus die Kirche geliebt und sich für sie hingegeben hat, um sie im Wasser und durch das Wort rein und heilig zu machen. So will er die Kirche herrlich vor sich erscheinen lassen, ohne Flecken, Falten oder andere Fehler; heilig soll sie sein und makellos" (Epheser 5,25–27).

Dieses Bild einer heiligen, strahlenden Kirche mag vielleicht nicht völlig zu dem gegenwärtigen Zustand der Kirche passen, doch wir bekommen eine Ahnung davon, was Jesus mit seiner Kirche vorhat. Eines Tages wird er in all seiner Herrlichkeit zurückkehren. In der Offenbarung sieht Johannes in einer Vision „die heilige Stadt, das neue Jerusalem, von Gott her aus dem Himmel herabkommen; sie war bereit wie eine Braut, die sich für ihren Mann geschmückt hat" (Offenbarung 21,2). Heute ist die Kirche klein und schwach. Eines Tages werden wir sie so sehen, wie sie dem Willen von Jesus nach sein soll. In der Zwischenzeit müssen wir daran arbeiten, dass das, was wir leben und erleben, der Vision des Neuen Testaments von Kirche möglichst nahe kommt.

Die Liebe Christi sollten wir aus ganzem Herzen erwidern. Wir bringen unsere Liebe zu ihm dadurch zum Ausdruck, dass wir versuchen, ein heiliges und reines Leben zu führen: Wir wollen ihm eine Braut sein, die ihre Berufung erfüllt und seiner würdig ist. Das wünscht er sich für uns, so gehen seine Absichten für uns in Erfüllung. Wir müssen umgestaltet und schön gemacht werden, bis wir bereit sind, seine Braut zu sein.

Jackie Pullinger, die ich schon zuvor erwähnt habe, arbeitet in Hongkong vor allem mit Heroinabhängigen und Prostituierten. Jackie lernte in diesem Rahmen eine 72-jährige Frau namens Alfreda kennen, die seit 60 Jahren heroinabhängig war und von Prostitution lebte. Als Jackie sie zum ersten Mal traf, saß sie in einem heruntergekommenen Teil der Stadt vor einem Bordell. Dreimal am Tag spritzte sie sich Heroin in den Rücken, da die Blutadern an ihren Beinen und Armen schon kaputt und vernarbt waren. Sie hatte keinen Ausweis und existierte in den Augen der Regierung von Hongkong deswegen überhaupt nicht. Dann vertraute sie ihr Leben Christus an und nahm seine Vergebung für sich in Anspruch. Sie lebte von nun an in einem von Jackies Häusern und veränderte sich durch Gottes Heilungsprozess allmählich.

Später lernte sie einen 75-jährigen Mann kennen, Little Wa, und die beiden heirateten. Jackie nannte ihre Hochzeit „die Hochzeit des Jahrzehnts", weil Alfreda, ehemals eine Prostituierte und Heroinabhängige, vor den Traualtar trat – gereinigt, vergeben und durch die Liebe Jesu Christi verwandelt. Für mich ist das ein Bild der Kirche. Es gibt nur einen Weg hinein in die Gemeinde, und zwar indem man sagt: „Gott, sei mir gnädig – mir, einem Sünder." Wenn wir das tun, erwidert Gott darauf in seiner Liebe: „Du bist Teil meines Volkes. Du gehörst zu meiner Familie. Du verkörperst mich; du bist mein Leib auf Erden. Du bist mein heiliger Tempel; mein Heiliger Geist lebt in dir. Du bist meine Braut."

Kapitel 15

Wie mache ich das Beste aus meinem Leben?

Wir haben nur ein Leben, auch wenn wir uns vielleicht mehr wünschten. Der britische Schriftsteller D. H. Lawrence sagte einmal: „Könnte man doch nur zwei Leben haben: das erste, um Fehler zu machen, und das zweite, um von ihnen zu profitieren."[77] Aber für das Leben gibt es keine Generalprobe; die Vorstellung läuft gleich von Anfang an.

Auch wenn wir in der Vergangenheit Fehler gemacht haben, ist es mit Gottes Hilfe möglich, aus dem Rest noch etwas zu machen. Paulus erklärt in seinem Brief an die Römer, Kapitel 12, Verse 1–2, wie das geht.

„Angesichts des Erbarmens Gottes ermahne ich euch, meine Brüder: Bringt euren Leib als lebendiges und heiliges Opfer dar, das Gott gefällt; das ist für euch der wahre und angemessene Gottesdienst. Gleicht euch nicht dieser Welt an, sondern wandelt euch und erneuert euer Denken, damit ihr prüfen und erkennen könnt, was der Wille Gottes ist: das Gute, Wohlgefällige und Vollkommene."

Was sollen wir tun?

Mit der Vergangenheit brechen

Als Christen sind wir berufen, uns von der Gesellschaft um uns herum zu unterscheiden. Wenn Paulus schreibt: „Gleicht euch nicht dieser Welt an", dann spricht er von einer Welt, die sich von Gott abgewendet hat. Die freie Übersetzung von A. J. Phillips lautet für diesen Vers folgendermaßen: „Lasst euch nicht von der Welt um euch herum in ihre Form pressen!" Das fällt gar nicht so leicht, denn wir stehen unter einem ständigen Druck, genauso zu sein wie alle anderen – denn es ist sehr schwer, anders zu sein.

Ein junger Polizist legte seine Abschlussprüfung am *Hendon Police College* im Norden Londons ab. Eine der Fragen lautete:

„Sie sind in einem Londoner Außenbezirk auf Streife. Plötzlich explodiert eine Gasleitung in einer Straße in Ihrer Nähe. Bei Ihren Nachforschungen stellen Sie fest, dass die Explosion ein riesiges Loch in den Bürgersteig gerissen hat; daneben liegt ein umgestürzter Kleinbus, in dem es stark nach Alkohol riecht. Beide Insassen, ein Mann und eine Frau, sind verletzt. Sie erkennen, dass es sich bei der Frau um die Ehefrau Ihres Vorgesetzten handelt, der sich gegenwärtig in den USA aufhält. Ein vorbeikommender Autofahrer bietet Ihnen seine Hilfe an. Sie erkennen, dass dieser Mann wegen eines bewaffneten Raubüberfalls gesucht wird. Plötzlich stürzt ein Mann aus einem nahe gelegenen Haus und ruft, seine Frau erwarte ein Kind und der Schock der Explosion habe die Geburt eingeleitet. Ein anderer Mann, der von der Wucht der Explosion in ei-

nen Kanal geschleudert wurde, schreit um Hilfe, da er nicht schwimmen kann.

Beschreiben Sie unter Berücksichtigung der Bestimmungen des ‚Mental Health Act' (,Gesetz für geistige Gesundheit'), wie Sie in dieser Situation vorgehen würden."

Der Beamte dachte einen Moment lang nach, nahm dann seinen Kugelschreiber und schrieb: „Ich würde meine Uniform ausziehen und mich unter die Leute mischen."

Für diese Antwort haben wir viel Verständnis. Als Christ wäre es oft am einfachsten, die Uniform auszuziehen und „sich unter die Leute zu mischen". Aber wir sind berufen, anders zu sein und unsere christliche Identität zu wahren, in welcher Situation wir auch sein mögen.

Ein Christ ist berufen, Schmetterlingspuppe zu sein, nicht Chamäleon. Eine Schmetterlingspuppe ist ein Entwicklungsstadium, bei dem aus einer Raupe ein wunderschöner Schmetterling wird. Ein Chamäleon ist eine Echse, die nach allgemeiner Überzeugung ihre Hautfarbe der jeweiligen Umgebung anpassen kann; viele können die unterschiedlichsten Schattierungen von Grün, Gelb, Cremefarben und Dunkelbraun annehmen. „Chamäleon-Christen" tun das Gleiche: Sie passen sich ihrer jeweiligen Umgebung an. Unter Christen sind sie Christen, in einer nichtchristlichen Umgebung passen sie ihre Maßstäbe den dort vorherrschenden an. Dann kann es einem so gehen, wie es einem Chamäleon bei einem Experiment ergangen sein soll, bei dem man es auf ein buntkariertes Muster setzte: Es explodierte! Der „Chamäleon-Christ" sieht sich nahezu unerträglichen Spannungen ausgesetzt und kann sein Potenzial nicht entfalten.

"Ein belegtes Brötchen gefällig, Geliebter im Herrn?"

Christen sind nicht dazu berufen, sich ihrer Umgebung anzupassen, sondern anders zu sein. Anderssein hat nichts mit absonderlich sein zu tun. Wir sind nicht dazu berufen, seltsame Kleidung zu tragen oder einen frommen Jargon zu verwenden. Wir dürfen normal sein! Die Beziehung zu Gott sollte zu einer Integration unserer Persönlichkeit führen. Je mehr wir wie Jesus werden, desto „normaler" werden wir. Als der Philosoph Sören Kierkegaard im 19. Jahrhundert Christ wurde, erklärte er: „Jetzt kann ich – mit Gottes Hilfe – ich selbst werden."[78]

Wenn wir Christus nachfolgen, haben wir die Freiheit, Verhaltensmuster und Angewohnheiten abzulegen, die uns selbst und andere belasten. Beispielsweise sollten wir nicht länger Rufmord begehen. Christsein bedeutet, dass wir unsere Zeit nicht mehr mit Klagen und Meckern verbringen sollten (falls wir das früher getan haben). Es bedeutet, dass wir uns im Bereich der Sexualmoral von jetzt an nicht mehr nach den Maßstäben der Gesellschaft richten. Dies mag sich alles recht negativ anhören, aber das ist es ganz und gar nicht. Anstatt schlecht über andere herzuziehen, sollten wir ihnen Mut machen und aus Liebe zu ihnen versuchen, sie aufzubauen. Anstatt zu klagen und zu meckern, sollten wir dankbar und froh sein. Anstelle mit allen möglichen Partnern ins Bett zu gehen, sollte man an uns ablesen können, was für ein Segen es ist, wenn man sich an Gottes Maßstäbe hält.

Dieses letztgenannte Beispiel bezieht sich auf einen Bereich, in dem Christen dazu berufen sind, anders zu sein. Das dürfte vielen nicht leicht fallen. Wenn ich über den christlichen Glauben spreche, dann tauchen immer wieder Fragen zu einem Thema auf: der

Sexualmoral. Am häufigsten wird gefragt: „Wie steht es mit Sex außerhalb der Ehe? Ist das falsch? Wo steht das in der Bibel? Warum ist es falsch?"

Wie auch in anderen Bereichen so ist Gottes Plan hier weitaus besser als alles andere. Gott hat die Ehe erfunden. Er hat auch den Sex erfunden. Er schaut nicht etwa kopfschüttelnd auf die Menschen herab und fragt sich: „Ach, du meine Güte! Was werden die bloß als Nächstes machen?" C. S. Lewis hat darauf hingewiesen, dass die Lust eine Erfindung Gottes sei, nicht des Teufels. Die Bibel bejaht unsere Sexualität. Gott hat uns als geschlechtliche Wesen erschaffen und unsere Sexualorgane zu unserem Genuss entworfen. Die Bibel besingt im Hohelied sogar die sexuelle Intimität, die Freude und die Erfüllung, die sie mit sich bringt.

Der Erfinder dieser Sache sagt uns auch, wie wir sie voll genießen können. Geschlechtsverkehr findet seinen angemessenen Rahmen in der lebenslangen Verbindung der Ehe, zwischen einem Mann und einer Frau. In 1. Mose, Kapitel 2, Vers 24 finden wir die Grundlage für das christliche Verständnis von Sexualität und Ehe, auch Jesus zitiert diese Stelle: „Darum wird der Mann Vater und Mutter verlassen, um seiner Frau anzuhangen, und die zwei werden ein Fleisch sein" (Markus 10,7–8). Zur Ehe gehört das offizielle Verlassen des eigenen Elternhauses und eine neue lebenslange Bindung. Dazu gehört auch das „Anhangen" – das hebräische Wort bedeutet buchstäblich zusammenkleben –, und zwar nicht nur körperlich-biologisch, sondern auch emotional, psychologisch, sozial und geistlich. Der christliche Rahmen für eine „Ein-Fleisch"-Verbindung ist also die Ehe. Die biblische Lehre der Ehe ist die positivste und aufregendste

Sicht der Ehe, die es gibt: Sie bietet uns Gottes vollkommenen Plan.

Gott warnt uns vor der Gefahr, die Grenzen, die er gezogen hat, zu überschreiten. Man kann eben nicht „mal schnellen Sex haben". Jeder Geschlechtsverkehr führt zu einer „Ein-Fleisch"-Verbindung (vgl. 1. Korinther 6,13–20). Wenn diese Verbindung zerbricht, werden Menschen tief verletzt. Kleben Sie einmal zwei Stück Pappe zusammen und reißen Sie sie anschließend auseinander. Sie können das Reißen hören und auf jedem Teil bleiben Fetzen des anderen zurück. Wo zwei Menschen ein Fleisch und dann auseinandergerissen werden, bleiben Narben zurück. Ein Teil von uns selbst bleibt an dem anderen haften, wenn eine Beziehung zerbricht. Überall in unserem Umfeld können wir beobachten, was passiert, wenn Gottes Maßstäbe ignoriert werden. Wir sehen das an zerrütteten Ehen, gebrochenen Herzen, verletzten Kindern, Geschlechtskrankheiten und Menschen, die einfach kaputt sind. Andererseits sehen wir in vielen christlichen Ehen, die sich an Gottes Maßstäbe halten, welchen Segen Gott für den ganzen Bereich Ehe und Sexualität bereithält.

Dafür ist es auch nie zu spät. Durch Jesus kann Gottes Liebe Vergebung schenken, Wunden heilen und zerbrochene Menschen wieder heil machen. Es ist aber weitaus besser, das Ganze von vornherein zu vermeiden.

Wir wollen uns nicht in das Schema der Welt pressen lassen. Stattdessen wollen wir der Welt etwas viel Besseres zeigen. Wo ein Licht scheint, werden Menschen davon angezogen.

Machen Sie einen Neuanfang

Paulus schreibt in seinem Brief an die Römer, Kapitel 12, Vers 2: „Wandelt euch!" Mit anderen Worten: Wir sollen einer Schmetterlingspuppe gleichen, die sich in einen hübschen Schmetterling verwandelt. Viele Menschen haben aber Angst vor Veränderung: Zwei Raupen sitzen auf einem Blatt und unterhalten sich. Da fliegt ein wunderschöner Schmetterling vorbei. Daraufhin sagt die eine Raupe zu der anderen: „Du wirst nie erleben, dass ich mal zu so was werde!" So groß ist die Angst davor, etwas aufzugeben, was uns vertraut ist.

Gott verlangt nicht von uns, dass wir irgendetwas aufgeben, das gut ist. Aber er möchte, dass wir unseren „Müll" loswerden. Erst wenn wir den „Müll" unseres Lebens hinter uns lassen, können wir die schönen Dinge genießen, die Gott für uns bereithält. In unserem Gemeindebezirk gab es eine Frau, die auf der Straße lebte und tagsüber bettelte. Sie sprach Passanten an, und wenn man ihr nichts gab, konnte sie sehr aggressiv werden. Jahrelang zog sie mit ihren zahllosen Plastiktüten durch die Straßen. Als sie starb, übernahm ich die Beerdigung. Ich hatte nicht damit gerechnet, dass überhaupt jemand kommen würde, dennoch waren sogar mehrere ausgesprochen gut gekleidete Leute anwesend. Später erfuhr ich, dass diese Frau ein großes Vermögen geerbt hatte, einschließlich einer Luxuswohnung und vielen wertvollen Gemälden. Doch sie zog es vor, mit ihren Plastiktüten voller Müll auf der Straße zu leben. Sie brachte es nicht fertig, ihren alten Lebensstil aufzugeben, und konnte so nie richtig in den Genuss ihres Erbes kommen.

Als Christen haben wir ein viel größeres Erbe: alle Reichtümer Christi. Um diese Reichtümer genießen zu können, müssen wir den „Müll" unseres Lebens hinter uns lassen. Paulus fordert uns auf: „Verabscheut das Böse" (Römer 12,9). Das müssen wir hinter uns lassen.

In den darauf folgenden Versen gibt Paulus uns einen kleinen Einblick in die Schätze, die uns erwarten:

„Eure Liebe sei ohne Heuchelei. Verabscheut das Böse, haltet fest am Guten! Seid einander in brüderlicher Liebe zugetan, übertrefft euch in gegenseitiger Achtung! Lasst nicht nach in eurem Eifer, lasst euch vom Geist entflammen und dient dem Herrn! Seid fröhlich in der Hoffnung, geduldig in der Bedrängnis, beharrlich im Gebet! Helft den Heiligen, wenn sie in Not sind; gewährt jederzeit Gastfreundschaft! Segnet eure Verfolger; segnet sie, verflucht sie nicht. Freut euch mit den Fröhlichen und weint mit den Weinenden. Seid untereinander eines Sinnes; strebt nicht hoch hinaus, sondern bleibt demütig! Haltet euch nicht selbst für weise. Vergeltet niemand Böses mit Bösem! Seid allen Menschen gegenüber auf Gutes bedacht! Soweit es euch möglich ist, haltet mit allen Menschen Frieden! Rächt euch nicht selber, liebe Brüder, sondern lasst Raum für den Zorn Gottes; denn in der Schrift steht: Mein ist die Rache; ich werde vergelten, spricht der Herr. Vielmehr: Wenn dein Feind Hunger hat, gib ihm zu essen, wenn er Durst hat, gib ihm zu trinken; tust du das, dann sammelst du glühende Kohlen auf sein Haupt. Lass dich nicht vom Bösen besiegen, sondern besiege das Böse durch das Gute!" (Römer 12,9–21).

Aufrichtige Liebe

Das griechische Wort für „aufrichtig" bedeutet „ohne Heuchelei", ohne „So-tun-als-ob". Wörtlich heißt das: ohne Maske. Beziehungen in der Welt um uns herum sind oft recht oberflächlich. Wir neigen dazu, eine Fassade zu errichten, um uns zu schützen. Bei mir war das jedenfalls so, bevor ich Christ wurde (und leider in einem gewissen Maß auch noch eine Zeitlang danach). Es war, als sagte ich mir: „So, wie ich bin, mag ich mich eigentlich nicht. Also tue ich so, als wäre ich jemand anderes."

Wenn der andere dasselbe macht, dann begegnen sich nur noch zwei Masken oder Fassaden. Die wahren Menschen begegnen sich gar nicht mehr. Dies ist das Gegenteil von „Liebe ohne Heuchelei". Aufrichtige Liebe bedeutet, dass man die Fassade aufgibt und das Risiko eingeht, sein wahres Ich zu zeigen. Wenn wir zutiefst wissen, dass Gott uns so liebt, wie wir sind, haben wir die Freiheit, unsere Maske abzunehmen. Dadurch bekommen unsere Beziehungen eine völlig neue Tiefe.

Begeisterung für Gott

Manche werden zynisch, wenn es um Begeisterung geht, aber die Sache ist deswegen nicht verkehrt. Unsere Beziehung zu Gott bringt Freude und Begeisterung mit sich, wir lassen uns dann gern „vom Geist entflammen" (vgl. Römer 12,11).

Einige Menschen erleben Christus anfänglich auf ganz erstaunliche Weise, andere spüren überhaupt nichts, und wieder andere haben große Schwierigkeiten. Viel wichtiger ist jedoch, wie ihre Gottesbeziehung zehn Jahre später aussieht. Ähnlich wie bei einer

Ehe ist die langfristige Entwicklung am wichtigsten. Ob man nun großartige Flitterwochen hat oder nicht, spielt keine Rolle. Einige haben sie, andere nicht. Ein Ehepaar, mit dem ich befreundet bin, zog sich in seinen Flitterwochen einen derart starken Sonnenbrand zu, dass die beiden sich die gesamten zwei Wochen lang gegenseitig nicht anfassen konnten! Vor Kurzem erzählte mir jemand, dass seine Großeltern ihre Flitterwochen auf einem Kanalboot verbringen wollten. Noch in der ersten Nacht sank das Boot. Sie mussten sich durch eine Kaution aus der Patsche helfen und dann mit einem Bus nach Hause fahren! Doch 63 Jahre später sind sie immer noch glücklich verheiratet, und allein darauf kommt es an. Paulus sagt: „Lasst nicht nach in eurem Eifer", sondern „lasst euch vom Geist entflammen und dient dem Herrn!" Je länger wir Christen sind, desto mehr sollte unsere Begeisterung wachsen.

Diese Anfangserfahrung soll eigentlich von Dauer sein und nicht allmählich im Sand versickern: „Lasst nicht nach in eurem Eifer, lasst euch vom Geist entflammen und dient dem Herrn!" Je länger wir Christ sind, desto größer sollte unsere Begeisterung werden.

Harmonische Beziehungen

Paulus ermahnt die Christen, in Einheit miteinander zu leben, freigebig zu sein (Vers 13), jederzeit Gastfreundschaft zu gewähren (Vers 13), anderen zu vergeben (Vers 14), mitfühlend zu sein (Vers 15) und mit allen in Frieden zu leben (Vers 18). Dies ist ein großartiges Bild für die christliche Familie, in die Gott uns einlädt, mit einer Atmosphäre von Liebe, Freude,

Geduld, Treue, Freigebigkeit, Gastfreundschaft, Segen, Harmonie, Demut und Frieden. Hier wird das Gute nicht vom Bösen besiegt, sondern das Böse vom Guten.

So sehen einige der Schätze aus, die uns erwarten, wenn wir den Müll hinter uns lassen.

Wie tun wir das?

„Bringt euren Leib dar [...]"

Das erfordert einen Willensakt. Paulus fordert uns dazu auf, in Anbetracht der großen Gnade Gottes unser ganzes Leben als ein lebendiges, Gott wohlgefälliges Opfer darzubringen (vgl. Römer 12,1). Gott möchte, dass wir ihm uns ganz zur Verfügung stellen.

Erstens stellen wir ihm unsere Zeit zur Verfügung. Die Zeit ist unser kostbarstes Gut. Wir müssen sie ihm restlos zur Verfügung stellen. Dies bedeutet nicht, dass wir nur noch beten oder in der Bibel lesen, sondern dass wir Gottes Prioritäten in unserem Leben befolgen. Es kann leicht passieren, dass man falsche Prioritäten setzt. In einer Zeitung erschien folgende Anzeige: „Farmer sucht Frau mit Traktor zwecks Beziehung und evtl. Ehe. Bitte mit Bild vom Traktor!"

Beziehungen stehen in unserer Prioritätenliste ganz oben an und dabei hat unsere Beziehung zu Gott den absoluten Vorrang. Wir müssen Zeit für ihn allein reservieren. Wir müssen uns auch Zeit für das Zusammensein mit anderen Christen nehmen: sonntags zum Gottesdienst und vielleicht auch eine Veranstaltung unter der Woche, in der wir einander ermutigen und stärken.

Zweitens müssen wir Gott unsere Ziele und Ambitionen zur Verfügung stellen und ihm sagen: „Herr, ich vertraue dir und übergebe dir alle meine Ziele und Pläne." Er will, dass wir sein Reich und seine Gerechtigkeit als Allererstes anstreben: Dann, so verspricht er, wird er uns mit allem versorgen, was wir brauchen (vgl. Matthäus 6,33). Dies bedeutet nicht unbedingt, dass unsere früheren Ziele und Absichten vollkommen verschwinden müssen, vielleicht rücken sie nur an die zweite Stelle hinter dem, was Christus für uns vorgesehen hat. Das Streben nach beruflichem Erfolg ist nichts Schlechtes, vorausgesetzt, dass unser Hauptmotiv bei allem das Streben nach dem Reich Gottes und seiner Gerechtigkeit ist und dass wir alles, was wir haben, zu seiner Ehre einsetzen.

Drittens sollten wir ihm unseren Besitz und unser Geld zur Verfügung stellen. Das Neue Testament verbietet an keiner Stelle Privatbesitz, Geldverdienen, Sparen oder auch den Genuss der angenehmen Seiten des Lebens. Es verbietet aber, aus Selbstsucht Güter für sich selbst anzuhäufen, sich von materiellen Dingen beherrschen zu lassen und sein Vertrauen auf Reichtum zu setzen. Dieser verspricht zwar scheinbar Sicherheit, bringt aber doch nur fortwährend Unsicherheit und führt uns von Gott weg (vgl. Matthäus 6,19–24). Großzügiges Geben ist als Antwort auf Gottes Großzügigkeit und auf die Nöte anderer angebracht. Es ist zugleich das beste Mittel, die Herrschaft des Materialismus über unser Leben zu brechen.

Als Nächstes müssen wir ihm unsere Ohren zur Verfügung stellen. Das hat mit dem zu tun, worauf wir hören. Wir müssen bereit sein, uns keinen Klatsch oder andere Dinge anzuhören, die Menschen schlechtmachen. Stattdessen müssen wir ein feines Gehör für das entwickeln, was Gott uns durch die Bibel, durch Gebet, durch Bücher und Vorträge usw. sagen will.

Wir vertrauen ihm auch unsere Augen an und das, was wir sehen. Auch hier gibt es Dinge, die uns schaden, indem sie zu Neid, sexueller Begehrlichkeit oder anderen Sünden führen. Anderes kann uns dafür näher zu Gott bringen. Anstatt Menschen zu kritisieren, denen wir begegnen, sollten wir sie mit den Augen Gottes betrachten und uns fragen: „Wie kann ich zum Segen für diese Menschen werden?"

Dann müssen wir ihm unseren Mund zur Verfügung stellen. Der Apostel Jakobus erinnert uns daran, welch machtvolles Werkzeug die Zunge ist (vgl. Jakobus 3,1–12). Wir können unsere Zunge dazu verwenden, zu zerstören, zu betrügen, zu fluchen, zu klatschen oder uns selbst in Szene zu setzen. Wir können unsere Zunge aber auch dazu gebrauchen, Gott anzubeten und andere zu unterstützen.

Schließlich stellen wir Gott auch unsere Hände zur Verfügung. Mit unseren Händen können wir entweder auf den eigenen Vorteil hinarbeiten oder anderen praktische Hilfe leisten.

Zu guter Letzt stellen wir ihm unsere Sexualität zur Verfügung. Wir können sie entweder zu unserer eigenen Befriedigung nutzen oder sie für unseren Ehepartner bewahren.

Wir können uns aber nicht heraussuchen, was von dem allen wir tun wollen. Wenn Paulus schreibt: „Bringt euren Leib dar", dann meint er damit uns selbst, mit allem, was dazugehört. Paradoxerweise finden wir erst dann echte Freiheit, wenn wir ihm alle Bereiche unseres Lebens anvertrauen. Für sich selbst zu leben bedeutet Sklaverei, aber „ihm zu dienen ist die vollkommene Freiheit", wie es im Gebetbuch der anglikanischen Kirche heißt.

„[...] als lebendiges Opfer"

All das hat seinen Preis. Es kann uns Opfer kosten. William Barclay hat einmal gesagt: „Jesus ist nicht gekommen, um das Leben leicht, sondern um die Menschen groß zu machen."[79] Wir müssen bereit sein, Gottes Weg zu gehen, nicht unseren eigenen. Wir müssen bereit sein, alles aufzugeben, von dem wir wissen, dass es verkehrt ist: Dinge in Ordnung zu bringen und Wiedergutmachung zu leisten und in einer möglicherweise feindseligen Umwelt für Jesus Farbe zu bekennen.

In vielen Teilen der Welt bedeutet Christsein, mit Verfolgung rechnen zu müssen. In diesem Jahrhundert sind mehr Christen für ihren Glauben gestorben als in jedem anderen. Viele sitzen in Gefängnissen und werden gefoltert. Wir haben in der freien Welt das Vorrecht, in einer Gesellschaft zu leben, in der Christen nicht verfolgt werden. Die Kritik und der Spott, die uns manchmal begegnen, sind kaum der Rede wert im Vergleich zu dem Leiden der Urgemeinde und den Verfolgungen unserer Geschwister in anderen Ländern heutzutage.

Dennoch kann unser Glaube Opfer bedeuten. So wurde beispielsweise einer meiner Freunde von seinen Eltern enterbt, als er Christ wurde. Ich kenne ein Ehepaar, das sein Haus verkaufen musste, weil sie als Christen die Steuerbehörde wissen ließen, dass sie bei ihrer Steuererklärung jahrelang betrogen hatten.

Ich hatte einen guten Freund, der mit seiner Freundin schlief, bevor er Christ wurde. Als er darüber nachdachte, Christ zu werden, merkte er, dass das nicht so bleiben konnte, wenn er wirklich Christus nachfolgen wollte. Mehrere Monate lang rang er mit sich. Schließlich wurden er und seine Freundin Christen und beschlossen, von diesem Augenblick an nicht mehr miteinander zu schlafen. Aus verschiedenen Gründen war es ihnen in den folgenden zweieinhalb Jahren nicht möglich zu heiraten. Ihre Entscheidung für Christus war mit einem Opfer verbunden. Gott hat die beiden dann später mit einer glücklichen Ehe und vier wunderbaren Kindern reich gesegnet. Doch am Anfang mussten sie einen Preis bezahlen.

Warum sollen wir das tun?

Was Gott mit unserer Zukunft vorhat

Gott liebt uns und möchte das Beste für uns. Er möchte, dass wir ihm unser Leben anvertrauen, damit wir erkennen können, „was der Wille Gottes ist: das Gute, Wohlgefällige und Vollkommene" (Römer 12,2).

Manchmal denke ich, dass der Teufel hauptsächlich damit beschäftigt ist, den Menschen ein falsches Bild von Gott zu vermitteln. Das hebräische Wort „Satan" bedeutet auch „Verleumder". Er verleumdet Gott und will uns einreden, man könne diesem nicht vertrauen. Er stellt ihn als Spielverderber dar, der uns das Leben vergällen will. Oft schenken wir diesen Lügen Glauben. Wir meinen, wenn wir unser Leben unserem himmlischen Vater anvertrauen, dann nimmt er uns jeden Spaß. Stellen Sie sich einmal einen menschlichen Vater vor. Angenommen, einer meiner Söhne käme zu mir und sagte: „Papa, heute würde ich gerne alles tun, was du sagst." Das Letzte, was ich darauf antworten würde, wäre: „Gut. Darauf habe ich schon lange gewartet. Ich sperre dich jetzt ein und du verbringst den ganzen Tag im Schrank."

Der bloße Gedanke, Gott würde uns schlechter behandeln als ein menschlicher Vater, ist absurd. Er liebt uns mehr, als jeder menschliche Vater es könnte, und will nur das Beste für uns. Gott meint es gut mit uns; er will nur das *Gute*. Er will das *Wohlgefällige* – was ihm und uns auf lange Sicht gefällt. Und er will das *Vollkommene* – wir könnten es nicht besser machen.

Leider meinen manche, sie könnten es besser machen. Sie sagen sich: „Ich kann es schon etwas besser als Gott. Gott ist nicht so ganz auf dem Laufenden. Er versteht die moderne Welt nicht richtig und das, was uns heute Spaß macht. Ich glaube, ich nehme die Zügel lieber selbst in die Hand und lasse Gott aus dem Spiel." Aber wir können es nie besser machen als Gott und manchmal richten wir bei dem Versuch ein entsetzliches Durcheinander an.

Einer meiner Söhne hatte über das Wochenende eine Hausaufgabe bekommen: Er musste ein Werbeplakat für einen römischen Sklavenmarkt herstellen. Er verbrachte den größten Teil des Wochenendes mit diesem Projekt. Als er es fertig gemalt und alle Inschriften geschrieben hatte, wollte er, dass das Poster auch 2.000 Jahre alt aussah. Er hatte gehört, dass man dazu das Papier über eine Flamme halten muss, bis es sich braun verfärbt, dadurch wirkt es dann sehr alt. Dies ist für einen Neunjährigen keine einfache Aufgabe, sodass meine Frau Pippa mehrfach anbot, ihm zu helfen. Er ließ sich aber nicht überzeugen und bestand darauf, es selbst zu tun. Die Folge war, dass das

Poster als Aschehäufchen endete und es viele Tränen der Enttäuschung und des verletzten Stolzes gab.

Manche Menschen bestehen darauf, ihr Leben selbst in die Hand zu nehmen. Sie wollen keine Hilfe, sie wollen Gott nicht vertrauen, und oft endet alles in Tränen. Doch Gott gibt uns eine zweite Chance. Mein Sohn malte ein neues Poster und diesmal vertraute er Pippa das schwierige Ansengen des Papiers an. Wenn wir Gott unser Leben anvertrauen, wird er uns zeigen, was sein Wille ist – das Gute, Wohlgefällige und Vollkommene.

Was Gott für uns getan hat

Die kleinen Opfer, die Gott von uns verlangt, sind nichts im Vergleich zu dem Opfer, das er für uns gebracht hat. C. T. Studd, der im 19. Jahrhundert Kapitän der englischen Kricket-Nationalmannschaft war und Reichtum und Luxus (und Kricket!) aufgab, um Gott in China zu dienen, sagte einmal: „Wenn Jesus Christus Gott und für mich gestorben ist, dann gibt es nichts, was ich für ihn tun kann, das zu schwer wäre."[80] C. T. Studd schaute auf Jesus. Der Verfasser des Hebräerbriefes fordert uns auf: „Lasst uns mit Ausdauer in dem Wettkampf laufen, der uns aufgetragen ist, und dabei auf Jesus blicken, den Urheber und Vollender des Glaubens. Er hat angesichts der vor ihm liegenden Freude das Kreuz auf sich genommen, ohne auf die Schande zu achten, und sich zur Rechten von Gottes Thron gesetzt" (Hebräer 12,1–2).

Wenn wir Jesus anschauen, Gottes einzigen Sohn, der „das Kreuz auf sich genommen" hat, dann sehen wir, wie sehr Gott uns liebt. Es wäre absurd, ihm nicht zu vertrauen. Wenn Gott uns so sehr liebt, können wir sicher sein, dass er uns nichts Gutes vorenthalten wird. Paulus schrieb: „Er hat seinen eigenen Sohn nicht verschont, sondern ihn für uns alle hingegeben – wie sollte er uns mit ihm nicht alles schenken?" (Römer 8,32). Unser Motiv, als Christ zu leben, ist die Liebe des Vaters. Unser Vorbild ist das Beispiel

des Sohnes. Und das Mittel, um dieses Leben zu führen, ist die Kraft des Heiligen Geistes.

Wie großartig ist Gott! Und was für ein Vorrecht, als sein Freund durchs Leben gehen zu dürfen, von ihm geliebt zu werden und ihm unser Leben lang zu dienen! Das ist die beste, lohnendste, sinnvollste und erfüllendste Art zu leben. Und hier finden wir dann auch die Antworten auf die großen Lebensfragen.

William Holman Hunt (1827–1910): „Das Licht der Welt"

Fragen zur Vertiefung

von David Stone

Pfarrer Dr. David Stone hat die folgenden Fragen entworfen, um Ihnen zu helfen, den Kern dessen, was Nicky Gumbel meint, gezielter zu erfassen. Zugleich dienen sie als eine Herausforderung, diese Kernpunkte im eigenen Leben umzusetzen. Die Fragen können individuell beantwortet oder in Kleingruppen eingesetzt werden.

Kapitel 1: Hat das Leben mehr zu bieten?

1. Weshalb halten Ihrer Meinung nach viele heute den christlichen Glauben für unwahr, unwichtig oder unattraktiv (S. 15)?

2. Inwieweit teilen Sie diese Meinung? Warum? Was könnte Sie zu einer anderen Sichtweise bewegen?

3. Was ist die Ursache für das „Gefühl, dass etwas fehlt" (S. 17)? Inwieweit entspricht das Ihrer Erfahrung?

4. „Ein Leben ohne eine Beziehung zu Gott durch Jesus Christus ist wie ein Fernsehgerät ohne Antenne." Was empfinden Sie bei dieser Aussage? Warum?

5. Welche möglichen kritischen Reaktionen auf den christlichen Glauben schildert Nicky Gumbel hier (S. 22 ff.)? Wie lassen sie sich beantworten?

6. Nicky Gumbel unterscheidet streng zwischen einer rein gedanklichen Zustimmung zur Wahrheit und der eigenen Erfahrung dieser Wahrheit. Warum ist diese Unterscheidung insbesondere für den christlichen Glauben so wichtig?

7. Wenn wir uns selbst gegenüber ehrlich sind (im Hinblick auf unsere Motive, Gedanken, Worte und Handlungen): Wie viele von uns sind „anständige" Menschen?

8. Was bedeutet „ewiges Leben"? Kann es hier und jetzt schon beginnen? Wenn ja, wie?

Kapitel 2: Wer ist Jesus?

1. Welche Antwort würden Sie jemandem geben, der meint, Christ zu werden sei ein „blinder Sprung ins Ungewisse" (S. 29)?

2. Nicky Gumbel findet das neutestamentliche Material zu Jesus überzeugend. Finden Sie das auch? Warum?

3. Was sagen Sie zu der Aussage des Kabarettisten: „Ans Christentum kann ich nicht glauben, aber ich halte Jesus für einen großartigen Menschen" (S. 34)?

4. „Tatsächlich zog Jesus nicht herum und verkündete überall: ‚Ich bin Gott.'" Welche Gründe sprechen angesichts dieser Tatsache für die Göttlichkeit Jesu (S. 34 ff.)?

5. Wie kann man den direkt und indirekt erhobenen Anspruch Jesu bezüglich seiner Identität als Gottes Sohn prüfen (S. 41 ff.)?

6. Warum ist die leibliche Auferstehung Jesu „das Fundament des christlichen Glaubens" (S. 45 ff.)? Was halten Sie von den Beweisen für dieses Ereignis? Welche Konsequenzen ziehen Sie daraus?

7. Nicky Gumbel sieht „nur drei realistische Möglichkeiten", wer Jesus sein kann (S. 40 f.). Welche sind das? Welche davon halten Sie für richtig? Warum?

8. Wenn Jesus der Sohn Gottes ist, was bedeutet das dann für Sie?

Kapitel 3: Warum starb Jesus?

1. Was ist nach Nicky Gumbel „das größte Problem [...], mit dem sich die Menschen, und zwar alle, konfrontiert sehen" (S. 54)? Stimmen Sie seiner Sicht zu? Warum?

2. Warum besteht das Neue Testament darauf, dass die Übertretung eines Gebots gleichbedeutend ist mit dem Übertreten des gesamten Gesetzes (S. 55)?

3. Halten Sie Sünde auch für etwas, das zur Abhängigkeit führt? Können Sie dafür Beispiele nennen? Was sind die Folgen solcher Sünden und der daraus resultierenden Abhängigkeit?

4. Welche weiteren Konsequenzen der Sünde nennt die Bibel (S. 57 f.)? In welchem Ausmaß haben Sie das selbst erlebt?

5. Was hat Gott mit der menschlichen Sünde gemacht (S. 58 ff.)? Woher wissen Sie (falls Sie es wissen!), dass er die Probleme gelöst hat, die mit Ihrer Sünde zu tun haben?

6. Was bedeutet „Rechtfertigung" (S. 65)? Wie werden wir durch den Tod Jesu gerechtfertigt?

7. Was bedeutet die Aussage „von der Macht der Sünde befreit" (S. 64)? Inwiefern trifft es zu, „dass die Macht, die die Sünde über uns hat, gebrochen ist"?

8. Der Verfasser des Hebräerbriefes macht die Aussage: „Denn das Blut von Stieren und Böcken kann unmöglich Sünden wegnehmen." Was war dann der Sinn des ausgefeilten alttestamentlichen Opfersystems (S. 63 f.)?

9. Was würden Sie auf den Vorwurf antworten, Gott sei ungerecht, „weil er einen Unschuldigen, nämlich Jesus, an unserer Stelle bestraft habe" (S. 67)?

10. Haben Sie je schon einmal wie John Wimber gedacht: „Das mach ich nicht" (S. 68 f.)? Ist etwas geschehen, das Sie bewogen hat, Ihre Auffassung zu ändern?

Kapitel 4: Was kann mir Gewissheit im Glauben geben?

1. Was fällt Ihnen bei dem Begriff einer „Beziehung zu Gott" ein (S. 72)? Was empfinden Sie dabei?

2. „Woher wissen wir, dass wir ewiges Leben haben?" (S. 74). Ist die Behauptung, man könne als Christ sicher sein, dass man das ewige Leben hat, anmaßend? Was würden Sie darauf antworten?

3. Warum ist es so wichtig, sich auf die Verheißungen der Bibel zu verlassen, statt auf seine eigenen Gefühle (S. 75)?

4. Auf welche dieser Verheißungen konzentriert sich Nicky Gumbel (S. 77 f.)? Welche bedeuten Ihnen am meisten? Warum? (Versuchen Sie ruhig, die entsprechenden Bibelstellen auswendig zu lernen.)

5. Was würden Sie jemand antworten, der Ihnen sagt, er versuche, ein einigermaßen anständiges

Leben zu führen, und hoffe deshalb, in den Himmel zu kommen?

6. Was war so besonders am Tod Jesu (S. 79 ff.)? Was bewirkte er? Welche Bedeutung hat das für Sie?

7. Wie verhilft uns das Wirken des Heiligen Geistes zu der Gewissheit, dass wir wirklich Christen sind? Inwieweit haben Sie das in Ihrem eigenen Leben beobachten können?

8. „Eine solche Gewissheit hat nichts mit Anmaßung zu tun" (S. 86). Erleben Sie immer noch Zweifel, die Ihre Gewissheit, Christ zu sein, untergraben? Hat Ihnen dieses Kapitel geholfen, mit diesen Zweifeln fertig zu werden?

Kapitel 5: Warum und wie bete ich?

1. Haben Sie auch erlebt, dass „sich Zufälle ereignen", wenn Sie beten (S. 89)?

2. Wenn wir beten, dann ist „die ganze göttliche Trinität daran beteiligt" (S. 89 ff.). Wie?

3. Nicky Gumbel nennt verschiedene Gründe dafür, warum wir beten sollten (S. 92 ff.). Welche davon treffen auf Sie zu?

4. „Viele Menschen [...] sind sehr skeptisch, ob Gebet die äußeren Umstände oder andere Menschen beeinflussen kann." Was würden Sie darauf antworten?

5. Welche Gründe gibt es dafür, „dass wir nicht immer das bekommen, worum wir gebeten haben" (S. 95 ff.)?

6. Was sind die Hauptbestandteile des Gebets (S. 100)?

7. Wie kann uns das Vorbild des Vaterunsers im Gebet leiten (S. 100 ff.)?

8. Ist es in Ordnung, wenn wir für unsere eigenen Anliegen beten (S. 103 f.)? Welche Vorbedingungen nennt Nicky Gumbel hier?

9. Fällt es Ihnen schwer, mit anderen zusammen laut zu beten? Warum fordert Nicky Gumbel hier zur Ausdauer auf?

10. Warum steht das Gebet „im Zentrum des christlichen Glaubens" (S. 107)?

Kapitel 6: Wie kann man die Bibel lesen?

1. Können Sie nachempfinden, wegen der Bibel „außer sich vor Freude" zu sein (S. 108 f.)? Warum?

2. Was ist der Hauptunterschied zwischen der Bibel und anderen „inspirierten" Büchern (S. 112 f.)?

3. Für Jesus „waren die Aussagen ‚der Schriften' identisch mit den Aussagen Gottes" (S. 113). Teilen Sie seine Überzeugung?

4. Haben Sie Probleme mit der Bibel, die es Ihnen schwer machen, sie als Wort Gottes zu sehen und ihr zu vertrauen? Wie lassen sich diese lösen?

5. Haben Dinge, die Sie in der Bibel gelesen haben, Ihren Glauben oder Ihr Verhalten verändert (S. 116 ff.)?

6. Was würden Sie jemand antworten, der behauptet, die Bibel mit all ihren Vorschriften sei „viel zu restriktiv" (S. 117)?

7. Nicky Gumbel schreibt, dass die Bibel nicht nur ein Ratgeber, sondern auch ein „Liebesbrief" ist (S. 119). Haben Sie das selbst schon erlebt?

8. Was erwarten Sie, wenn Sie die Bibel lesen (S. 122 f.)? Helfen Ihnen die Aussagen von Nicky Gumbel hier weiter?

9. Welchen praktischen Rat würden Sie jemand geben, der erleben möchte, wie Gott durch die Bibel zu ihm spricht (S. 125 ff.)?

Kapitel 7: Wie führt uns Gott?

1. Wie treffen wir unsere Entscheidungen im Leben? Welche Möglichkeiten gibt es?

2. Was hindert uns daran, Gottes Führung für unser Leben zu empfangen (S. 130 f.)?

3. Auf welche Weise spricht Gott heute zu seinem Volk (S. 133 ff.)?

4. Wie kann Gebet stärker zu einem wechselseitigen Gespräch werden (S. 137 f.)?

5. Welche Rolle spielt der gesunde Menschenverstand, wenn es darum geht, Gottes Willen für unser Leben zu finden (S. 142)?

6. Welchen Rat würden Sie jemandem geben, der einen geistlichen Ratgeber sucht (S. 146 ff.)?

7. Was sollten wir tun, wenn die von Gott erhoffte Antwort lange auf sich warten lässt (S. 148 ff.)?

8. Was sollten wir tun, wenn wir glauben, „unser Leben [...] verpfuscht zu haben" (S. 151)?

Kapitel 8: Wer ist der Heilige Geist?

1. Wie finden Sie die Vorstellung eines „Heiligen Geistes" – unangenehm oder unverständlich (S. 154)?

2. Welcher Zusammenhang besteht zwischen Jesus und dem Heiligen Geist (S. 155; 165 f.)?

3. Welche Parallelen gibt es zwischen dem Handeln des Heiligen Geistes in der Bibel und heute (S. 157 f.)?

4. Was ist der Hauptunterschied zwischen dem Wirken des Heiligen Geistes im Alten und im Neuen Testament? Wie sieht das im Vergleich zu heute aus (S. 161 ff.)?

5. Was ist der Unterschied zwischen der „Taufe" im Geist und der „Erfüllung mit dem Geist" (S. 165 ff.)?

6. Wie hat Petrus die Ereignisse an Pfingsten erklärt (S. 168)?

Kapitel 9: Was tut der Heilige Geist?

1. Was geschieht, wenn jemand „wiedergeboren" wird (S. 169 f.)?

2. Was ist das primäre Werk des Heiligen Geistes in einem Menschen, bevor dieser Christ wird (S. 171)?

3. Wie ändert sich unser Status vor Gott, wenn wir Christ geworden sind (S. 171 ff.)?

4. Wie hilft uns der Heilige Geist, „die Beziehung zu Gott zu entwickeln und zu pflegen" (S. 177 ff.)?

5. Auf welche Weise macht uns der Heilige Geist Jesus ähnlicher (S. 181 f.)?

6. Was können Christen Ihrer Meinung nach tun, um „die Einheit des Geistes zu wahren" (S. 183 f.)?

7. Was sieht Nicky Gumbel als „eines der größten Probleme für die Kirche insgesamt" (S. 186)? Warum ist das Ihrer Meinung nach ein solches Problem? Was kann man dagegen unternehmen?

8. Wie wächst die christliche Familie? Welche Rolle spielt der Heilige Geist dabei?

9. Nicky Gumbel sagt, dass zwar „der Heilige Geist in jedem Christen wohnt", aber „nicht jeder Christ [...] vom Geist erfüllt" ist (S. 189). Welchen Rat würden Sie jemandem geben, der beides möchte?

Kapitel 10: Wie werde ich mit dem Heiligen Geist erfüllt?

1. „Im Idealfall würde jeder Christ in dem Augenblick seiner Umkehr mit dem Heiligen Geist erfüllt" (S. 191). Warum geschieht das Ihrer Meinung nach nicht immer?

2. Für wie wichtig halten Sie Erfahrungen mit der Kraft des Heiligen Geistes (S. 193 f.)?

3. Warum ist es so wichtig, Emotionen in der Beziehung zu Gott angemessen auszudrücken (S. 194 f.)? Worin unterscheidet sich das von bloßer Emotionalität?

4. Wozu ist die „Gabe des Zungenredens" bzw. des „Sprachengebets" da (S. 198 ff.)?

5. Was würden Sie auf die Aussage erwidern, dass ein Christ, der die Gabe des Sprachengebets nicht hat, etwas Entscheidendes verpasst (S. 201 f.)?

6. Welchen Rat würden Sie jemand geben, der darum betet, mit dem Heiligen Geist erfüllt zu werden, aber noch keine Antwort erhalten hat?

Kapitel 11: Wie widerstehe ich dem Bösen?

1. Warum „tun sich viele Menschen im Westen mit dem Glauben an den Teufel schwerer als mit dem Glauben an Gott" (S. 210)?

2. Wieso ist es im Blick auf die Teufel gefährlich, „sich in übermäßiger und ungesunder Weise mit ihnen zu beschäftigen" (S. 214)?

3. Welche Taktik verfolgt der Teufel im Leben eines Einzelnen (S. 215 ff.)?

4. Worin besteht der Unterschied zwischen einer Versuchung, eine Sünde zu begehen, und der Sünde selbst (S. 219 f.)? Warum ist diese Unterscheidung so wichtig?

5. Wie ändert sich unser Verhältnis zum Teufel, wenn wir Christen werden (S. 221 ff.)? Was sind die praktischen Konsequenzen?

6. Im Epheserbrief, Kapitel 6 erwähnt Paulus sechs Teile der „Waffenrüstung" des Christen. Was be-

deuten diese einzelnen Teile Ihrer Meinung nach in der Praxis?

7. Inwiefern sind wir als Christen berufen, an dem geistlichen Kampf zwischen Gut und Böse teilzunehmen (S. 226 ff.)?

Kapitel 12: Warum mit anderen darüber reden?

1. Was würden Sie jemand antworten, der behauptet, Christsein sei „Privatsache" (S. 229)?

2. Nicky Gumbel erwähnt „zwei gegensätzliche Gefahren" (S. 232). Worin bestehen sie?

3. Was bedeutet es praktisch, „Salz" und „Licht" für unsere Umgebung zu sein (S. 235 ff.)?

4. Wie kann man sich besser auf die Einwände vorbereiten, die manche gegenüber dem christlichen Glauben haben (S. 241 f.)?

5. Auf welche Weise können wir Menschen zu Jesus führen (S. 244 ff.)?

6. „Gebet ist ein entscheidender Faktor, wenn es darum geht, anderen die Gute Nachricht mitzuteilen" (S. 250 f.). Warum?

7. Wie sollten wir damit umgehen, wenn andere negativ darauf reagieren, dass wir über Jesus reden (S. 251)?

Kapitel 13: Heilt Gott auch heute noch?

1. Was würden Sie jemandem sagen, der bei der Frage nach der Heilung die typischen Ängste und Skepsis empfindet (S. 254 f.)?

2. Was meint Nicky Gumbel mit dem „Schon jetzt" und dem „Noch nicht" des Reiches Gottes (S. 258 f.)? Inwiefern hilft diese Unterscheidung, das Thema „Heilung" besser zu verstehen?

3. Was würden Sie jemandem entgegnen, der behauptet, der Auftrag Jesu, die Kranken zu heilen, gelte für uns heute nicht mehr (S. 260 ff.)?

4. „Nicht jeder, für den wir beten, wird auch geheilt" (S. 265 f.) Warum nicht? Wie gehen wir damit um?

5. Weshalb „beten wir in aller Einfachheit" (S. 266) um Heilung? Weshalb ist das wichtig? Welche praktischen Schritte empfiehlt Nicky Gumbel?

6. Was würden Sie jemandem sagen, der denkt, die Heilung sei nicht eingetreten, weil der Kranke nicht genug Glauben hatte (S. 268)?

7. Weshalb ist es wichtig, hartnäckig für Heilung zu beten, auch „wenn man nicht sofort dramatische Ergebnisse sieht" (S. 268)?

Kapitel 14: Welchen Stellenwert hat die Kirche?

1. Wie würden Sie das Wort „Kirche" bzw. „Gemeinde" definieren?

2. Inwiefern macht das griechische Wort für „Kirche/Gemeinde" deutlich, worum es geht (S. 273 ff.)?

3. Welche drei Formen von Zusammenkünften werden im Neuen Testament erwähnt (S. 275 f.)? Was kennzeichnet sie jeweils?

4. „Deshalb ist die Kirche eins, auch wenn sie oft den Eindruck vermittelt, sie sei gespalten" (S. 276 ff.). Was können wir tun, um Dinge, die uns trennen, zu überwinden?

5. „[...] wir können nicht allein Christ sein" (S. 279). Stimmen Sie dem zu? Warum?

6. Wozu braucht man eigentlich seine Mitchristen (S. 279 ff.)? Und inwiefern brauchen diese ganz konkret Sie?

7. Was bedeutet es in der Praxis, dass Christen „ein Tempel des Heiligen Geistes" sind (S. 284 f.)?

8. Wie kann man das Abendmahl in einer tieferen Weise feiern (S. 286 f.)?

9. Wo bleibt die Kirche/Gemeinde hinter den Vorgaben des Neuen Testaments zurück (S. 288)? Was könnten wir tun, um das zu ändern?

Kapitel 15: Wie mache ich das Beste aus meinem Leben?

1. Auf welche Weise will die Welt uns „in ihre Form pressen" (S. 292)? Wie kann man diesem Druck widerstehen?

2. „Geschlechtsverkehr findet seinen angemessenen Rahmen in der lebenslangen Verbindung der Ehe, zwischen einem Mann und einer Frau" (S. 296). Warum ist das so? Welche Gefahr besteht, wenn man diese Grenze überschreitet?

3. Was würden Sie jemandem sagen, der diese Grenze überschritten hat und das jetzt bitter bereut (S. 297)?

4. „Erst wenn wir den ‚Müll' unseres Lebens hinter uns lassen, können wir die schönen Dinge genießen, die Gott für uns bereithält" (S. 298). Was bedeutet das für Sie praktisch?

5. Was würden Sie jemand sagen, der Schwierigkeiten hat, zu glauben, „dass Gott uns so liebt, wie wir sind" (S. 299)?

6. Wie können wir Gottes Prioritäten für unser Leben herausfinden (S. 302 ff.)?

7. Welche praktischen Schritte sollten wir unternehmen, wenn wir einen Bereich in unserem Leben entdecken, den wir Gott nicht vollständig anvertraut haben (S. 302)?

8. Wo haben Sie es erlebt, dass „unser Glaube Opfer bedeuten" kann (S. 305 f.)? War es das wert?

9. „Gott liebt uns und möchte das Beste für uns" (S. 306). Warum fällt es manchmal schwer, das zu glauben?

10. „Wenn wir Jesus anschauen [...]" (S. 308). Was heißt das praktisch? Wie hilft uns das, als Christen zu leben?

Anmerkungen

[1] Ronald Brown: *Bishop's Brew*, Arthur James Ltd 1989.
[2] Barack Obama: „Hoffnung wagen: Gedanken zur Rück-besinnung auf den American Dream", Riemann Verlag 2008, S. 261.
[3] Mit freundlicher Genehmigung von Bernard Levin.
[4] Ebd.
[5] Leo Tolstoy: *A Confession and Other Religious Writings*, Penguin 1988.
[6] C. S. Lewis: „Timeless at Heart", in: *Christian Apologe-tics*, Fount 2000.
[7] Francis Collins: *The Language of God*, Free Press 2006 (Deutsch: „Gott und die Gene", Gütersloher Verlagshaus 2007).
[8] Alexander Solschenizyn: „Der Archipel Gulag", 1918–1956, Teil 4, Kapitel 1.
[9] Zitiert von Philip Yancey: „Gnade ist nicht nur ein Wort", Brockhaus 2005, S. 276.
[10] *The Sunday Times*, 22. September 2001.
[11] Paul Tillich: *Writings on Religion,* hrsg. von Robert P. Scharlemann, Walter de Gruyter 1987, S. 160.
[12] Josephus: *Antiquitates Judaicae*, XVIII, 63 f. Selbst wenn der Text beschädigt sein sollte, wie manche vermuten, bestätigt das Zeugnis des Josephus dennoch die histori-sche Existenz Jesu.

[13] F. F. Bruce: *The New Testament Documents: Are They Reliable?*, mit einer Einleitung von N. T. Wright, Eerdmans 2003, S. 11.

[14] F. J. A. Hort: *The New Testament in the Original Greek*, Bd. 1, Macmillan 1956, S. 561.

[15] Frederic Kenyon: *The Bible and Archaeology*, Harper and Row 1940.

[16] Wenn Sie sich weiter mit der Historizität der Evangelien beschäftigen möchten, verweise ich auf R. T. France: *The Evidence for Jesus*, aus der *Jesus Library*, Hodder & Stoughton 1986, oder N. T. Wright: *Jesus and the Victory of God,* SPCK 1996. Im Deutschen z. B.: Hugo Staudinger: „Die historische Glaubwürdigkeit der Evangelien", Verlag J. W. Naumann 1974/3.

[17] C. S. Lewis: „Pardon, ich bin Christ", Brunnen Verlag 1982, S. 56–57.

[18] Ebd., S. 57.

[19] Bernard Ramm: *Protestant Christian Evidences,* Moody Press 1971.

[20] Mit freundlicher Genehmigung von Bernard Levin.

[21] Basierend auf derartigen Detailbeschreibungen hat ein Expertenteam von Medizinern untersucht, wie sich Jesu Leiden auf seinen Körper ausgewirkt haben muss. Das Team kam zu dem Ergebnis, dass Jesus medizinisch gesehen unmöglich noch am Leben gewesen sein konnte, als er vom Kreuz heruntergenommen wurde, weil er einen hypovolämischen Schock und einen durch Erschöpfung verursachten Erstickungstod erlitten hatte. Ein Bericht dieser Studie erschien im *Journal of the American Medical Association,* Ausgabe 255, 21. März 1986.

[22] Josh MacDowell: *The Resurrection Factor,* Here's Life Publishers 1981.

[23] Michael Green: *Man Alive!*, Inter Varsity Press 1968.

[24] Sir Arthur Conan Doyle: „Sherlock Holmes. Im Zeichen der Vier", Loewe Verlag 1994.

[25] C. S. Lewis: „Pardon, ich bin Christ", a. a. O., S. 58.

[26] Raniero Cantalamessa: *Life in Christ,* Vineyard Publishing 1997, S. 7. (Deutsch: Das Leben in Christus. Ein Glaubenskurs der Erneuerung, Styria 1990.)

[27] Jeffrey Myers: *Somerset Maugham,* University of Michigan Press 2004, S. 347.

[28] Bischof J. C. Ryle: *Expository Thoughts on The Gospel*, Bd. III, Johannes 1,1–10,30, Evangelical Press 1977.

[29] John Stott: *The Cross of Christ*, Inter Varsity Press 1996. (Deutsch: „Das Kreuz: Zentrum des christlichen Glaubens", Francke 2009.) Siehe auch den Katechismus der Katholischen Kirche, Erster Teil, Zweiter Abschnitt, Zweites Kapitel, Artikel 4, § 615, unter der Überschrift „Jesus setzt seinen Gehorsam an die Stelle unseres Ungehorsams": „Durch seinen Gehorsam bis zum Tod wurde Jesus zum leidenden Gottesknecht, der stellvertretend ,sein Leben als Sühnopfer hingab', ,die Sünden von vielen trug' und so ,die vielen gerecht macht', indem er ,ihre Schuld auf sich lädt' (Jesaja 53,10–12)."

[30] Raniero Cantalamessa: *Life in Christ,* Vineyard Publishing 1997, S. 52–53. (Deutsch: „Das Leben in Christus. Ein Glaubenskurs der Erneuerung", Styria 1990.)

[31] Religiöse Konzepte müssen mit Hilfe von Metaphern und Gleichnissen ausgedrückt werden. Für den Sühnetod Christi gibt es keine alleingültige Metapher, kein allumfassendes Gleichnis. Es handelt sich stets nur um Annäherungen. Wie die unterschiedlich großen Radien eines Kreises laufen sie alle auf einen zentralen Punkt zu, ohne ihn je wirklich zu berühren.

[32] John Wimber: *Equipping the Saints*, Jahr 2, Nr. 2, Frühjahr 1988, Vineyard Ministries 1988.

33 Lesslie Newbigin: *Foolishness to the Greeks,* SPCK 1995, S. 127. (Deutsch: „Den Griechen eine Torheit. Das Evangelium und unsere westliche Kultur", Aussaat Verlag 1989.)

34 C. S. Lewis: „Der letzte Kampf", Brendow Verlag 2000, S. 159–160.

35 Andrew Murray: *Believer's Secret of the Master's Indwelling,* Bethany House Publishing 1986. (Deutsch: Erschienen in der Reihe Geheimnisse des christlichen Lebens, Brunnen Verlag.)

36 C. S. Lewis: „Der innere Ring und andere Essays", Brunnen Verlag 1982, S. 94.

37 Für weitere Informationen zum Thema empfehle ich Pete Greig: „Offline: Warum antwortest du nicht, Gott?", Brunnen-Verlag 2009.

38 Martin Luther: „Kleiner Katechismus: Auslegung des Vaterunsers", hier zitiert nach: „Evangelisches Gesangbuch" (Ausgabe Bayern), S. 1558 f.

39 Stanley Baldwin: *This Torch of Freedom,* Ayer Publishing 1971, S. 92.

40 Zitiert von Alister McGrath in seiner Gedenkrede beim Latimer Trust 2005.

41 Siehe auch Nicky Gumbel: „Heiße Eisen angepackt", Verlag C. M. Fliß 1995 und „Und wenn es ihn doch gibt?", Gerth Medien 2010.

42 Albert Einstein: *Ideas and Opinions,* Crown Publishers 1954.

43 John W. Wenham: *Christ and the Bible*, Tyndale 1972.

44 Dei Verbum, Kapitel 3, 11. Nachzulesen hier: http://www.vatican.va/archive/hist_councils/ii_vatican_council/documents/vat-ii_const_19651118_dei-verbum_ge.html

45 John Pollock: „Billy Graham. Die offizielle Biografie", Brockhaus 1967.

[46] Stephen Neill: *The Supremacy of Jesus,* Hodder & Stoughton 1984.

[47] Rick Warren: „Leben mit Vision", Gerth Medien 2003, S. 183.

[48] Eine Bibellesehilfe für Anfänger bietet Nicky Gumbel: „30 Tage: Eine praktische Einführung ins Bibellesen", Gerth Medien 2001.

[49] Philip Yancey und Paul Brand: *In the Likeness of God*, Zondervan 2002, S. 218. (Deutsch: Nach seinem Bild, Burg Verlag 1988.)

[50] J. I. Packer: *Knowing God,* Hodder & Stoughton 1973.

[51] Michael Bourdeaux: *Risen Indeed*, Darton, Longman Todd 1983.

[52] Oscar Wilde: „Ein idealer Gatte: Komödie in vier Akten", Reclam 1986.

[53] Es handelt sich hier um meine eigene Nacherzählung des Berichts von Charles Marsh in The Beloved Community: *How Faith Shapes Social Justice from the Civil Rights Movement to Today,* Basic Books, New York 2005.

[54] Corrie ten Boom und Jamie Buckingham: „Mit Gott durch dick und dünn", Hänssler 2008.

[55] F. W. Bourne: Billy Bray: *The King's Son*, Epworth Press 1937.

[56] Papst Johannes Paul II.: *You Have Received a Spirit of Sonship,* Vatican City 1993.

[57] Anselm von Canterbury: *Proslogion,* Bd. I, hrsg. von J. Hopkins und H. Richardson, SCM Press 1974. (Deutsch: Anselm von Canterbury: *Proslogion,* hrsg. von F. v. Schmitt, Frommanns Studientexte, Frommann-Holzboog 1995/3.)

[58] Malcolm Muggeridge: *Conversion*, Collins 1988.

[59] Richard Wurmbrand: *In God's Underground*, Hodder & Stoughton 1977. (Deutsch: „In Gottes Untergrund. Mit

Christus 14 Jahre in kommunistischen Gefängnissen", Stephanus Edition 1993.)

60 *Discourses* III.13.

61 Jürgen Moltmann: „Kirche in der Kraft des Geistes. Ein Beitrag zur messianischen Ekklesiologie", Kaiser 1975.

62 Murray Watts: *Rolling in the Aisles*, Monarch Publications 1987.

63 In den vergangenen Jahren hat es viele Diskussionen darüber gegeben, wie man diese Erfahrung mit dem Heiligen Geist bezeichnen sollte: „Geistestaufe", „Erfüllung", „Freisetzung", „Bevollmächtigung" oder anders. Bei allem, was zu diesem Thema geschrieben wurde, bin ich doch der Ansicht, dass aus dem Neuen Testament nicht direkt hervorgeht, welcher Begriff der richtige ist. Was dagegen eindeutig feststeht, ist die Tatsache, dass wir die Kraft des Heiligen Geistes persönlich brauchen. Ich selbst meine, dass der Begriff „die Erfüllung mit dem Geist" dem Neuen Testament am ehesten entspricht, und verwende ihn deshalb in diesem Kapitel.

64 Martyn Lloyd-Jones: *Romans*, Bd. VIII, Banner of Truth 1974.

65 Augustinus: „Bekenntnisse", Marix Verlag 2008, S. 15.

66 John Wimber & Kevin Springer (Hrsg.): „Die Dritte Welle des Heiligen Geistes. Was kommt nach der Erneuerung?", Projektion J Verlag 1988, S. 219 f.

67 Alan MacDonald: *Films in Close Up,* Frameworks 1991.

68 Michael Green: *I Believe in Satan's Downfall*, Hodder & Stoughton 1981.

69 C. S. Lewis: „Dienstanweisungen an einen Unterteufel", Herder Verlag 1977[17], S. 7.

70 C. S. Lewis: „Die Große Scheidung", Johannes Verlag 1996[9], S. 130 f.

71 Die beiden Begriffe bedeuten das Gleiche. Der Begriff

„Himmel" war eine geläufige jüdische Bezeichnung für Gott, um dessen heiligen Namen nicht aussprechen zu müssen. Das Vorkommen im Matthäusevangelium spiegelt die Tatsache wider, dass es für Juden geschrieben war, im Unterschied etwa zum Markus- und Lukasevangelium, die sich an eine heidnische Leserschaft richteten.

[72] Siehe Augustinus: „Der Gottesstaat", Buch xxii, Kap. viii, § 3–5, 20–21.

[73] Raniero Cantalamessa: *Come Creator Spirit,* Liturgical Press 2003, S. 277. (Deutsch: „Komm, Schöpfer Geist: Betrachtungen zum Hymnus Veni Creator Spiritus", Herder 2007.)

[74] Ort und Ausmaß der Christenverfolgung in der Welt befinden sich in einem beständigen Wandel. Aktuelle Berichte und Informationen darüber, wie man diesen Teil der Kirche durch Gebet und andere Mittel unterstützen kann, gibt es zum Beispiel unter www.opendoors-de.org.

[75] David Watson: *I Believe in the Church,* Hodder & Stoughton 1978.

[76] Gordon Fee: *Paul, The Spirit and the People of God*, Hodder & Stoughton, 1997. (Deutsch: „Der Geist Gottes und die Gemeinde: Eine Einladung Paulus ganz neu zu lesen", Leuchter Edition 2005.)

[77] *The Selected Letters of D. H. Lawrence*, hrsg. von James T. Boulton, Cambridge University Press 2000, S. 396.

[78] Sören Kierkegaard: *Papers and Journals,* hrsg. von Alastair Hannay, Penguin Classics 1996, S. 295.

[79] William Barclay: *The Parables of Jesus,* Westminster John Knox Press 1999, S. 221.

[80] Norman P. Grubb: C. T. Studd, Cricketer and Pioneer, CLC 1985, S. 141.